콤무니타스 이코노미

콤무니타스 이코노미

모두를 위한 경제는 어떻게 가능한가

루이지노 브루니 지음

강영선, 문병기, 서보광, 손현주, 유철규,

이가람, 천세학, 최석균, 허문경 옮김

북돋움COOP

일러두기

1. 저자의 주석은 각주로 넣고, 저자의 각주에 대한 옮긴이의 설명은 각주 안에 따로 표시했다.
2. 옮긴이의 주석은 본문의 해당 구절에 색으로 표시하고 본문에 상자 글로 넣었다.
3. 번역의 저본은 《La ferita dell'altro—Economia e relazioni umane》(2020, Marietti 1820)이고, 영역본 《The Wound and the Blessing - Economics, Relationships, and Happiness》(N. Michael Brennen 역, 2012, New city press)를 참고했다.
4. 번역문의 성경은 《새번역 성경》을 인용했다.

안나, 조반니, 마르타, 굴리엘모, 로마노, 아고스티노,
브루노를 비롯해 타인들에 의한 상처를 축복으로 승화시켜냄으로써
그 상처를 사랑할 줄 알았던 많은 분들께 이 책을 헌정한다.

또한 그사이 달릴 길을 다 달리고 삶의 여정을 마친 친구이자
사상의 스승, 주세페 마리아 잔기께 헌정한다.

한국의 독자들에게

제가 크나큰 애정을 가지고 있는 책《La ferita dell'altro-Economia e relazioni umane(타인에 의한 상처-경제와 인간관계)》가《콤무니타스 이코노미-모두를 위한 경제는 어떻게 가능한가》라는 한국어본으로 출판되어 정말 기쁘고 자랑스럽습니다.

한국은 제가 매우 좋아하는 나라입니다. 공동체 의식과 직업 윤리 등이 어우러져 형성된 관대한 문화 덕분에 한국은 시민경제의 새로운 실험실 중 하나가 되었습니다.

제가 한국에 깊이 빠져서 결코 벗어날 수 없게 되어버린 것처럼, 한국의 독자들도 이 책을 좋아하게 되기를 바랍니다.

이 책을 함께 번역하기로 결정하고 이렇게 멋지게 해낸 한국의 동료들에게 깊은 감사를 드립니다.

2020년 가을, 루이지노 브루니

차례

**국가도 시장도 아닌,
무엇이 있을 수 있는가?**

그때, 우리들의 열정은 뜨거웠고 실천은 넘쳤다. 대안에 대한 갈급함이 2012년 12월 협동조합기본법을 발효시켰고, 그 후 2년이 채 안 되어 6,000여 개의 협동조합이 생겼으며, 지금도 거의 모든 지방자치단체들이 사회적 경제에 예산을 배정하고 있다. 한국에서 사회적 경제 붐이 일고 대학원도 여럿 생겼다.

그러나 10년 가까이 지난 지금, 우리가 보기엔 죽어가고 있다. 번아웃burnout 증후군이라는 말이 일상이 되었다. 여전히 조직들은 각자도생하고 있다. 각자도생은 살아남기 위한 노력이지만 사회적 경제의 원리가 아니다. 실천은 많은데 비전이 없다. 그런 실천은 번아웃으로 끝난다. 예산을 따서 하루하루 조직을 유지하기 위해 무의미하게 반복하는 노력 말고 무엇이 남았나? 이제 지쳤고 열정 페이는 바닥을 드러냈다. 열정에 휘말려 10년을 살았지만 남은 것은 회의와 번아웃뿐이다.

우리는 이제야 어떻게 시작해야 하는지, 남들은 어떻게 하는지 진심으로 알아보고 싶어졌다. 이제는 맹목적 실천이 아닌 비전이 필요한 때가 아닌가. 그런데 비전은 어디서 오는가? 사회적 경제의 비전은 특출한 개인이 만들 수 있는 것이 아니다. 그 첫걸음은 무엇인가? 이런 문제의식에서 우리는 함께 《콤무니타스 이코노미》를 번역하기 시작했다.

대안을 찾아서: 포기란 없다

마거릿 대처Margaret Thatcher 영국 총리가 의회 연설에서 하이에크 Friedrich Hayek의 책을 들어 단상에 내리치며 "이제 영국에 사회(혹은 사회 공동체)란 없다. 있는 것은 여자라는 이름의 개인과 남자라는 이름의 개인뿐이다"라고 외친 것은 신자유주의의 도래를 알리는 일화로 유명하다. (1987년 9월의 인터뷰에서 한 말이라는 주장도 있으나 중요하지는 않다.) 그리고 "(신자유주의 이외의) 대안은 없다(There is no alternative, TINA)"라고 선언했다.

그러나 대안을 찾으려는 사람들의 열정은 뜨겁기만 했고 포기란 없었다. 세계 각지에서 대안적인 삶의 모습이 발견되기 시작했다. 근대 주류 사상은 두 가지 사회 관리 메커니즘으로 시장과 국가를 제시했다. 그러나 시장도 아니고 국가도 아닌 삶의 다른 관리 원칙에 대한 갈급함은 커지기만 했다. 이탈리아(특히 에밀리아로마냐 지역)는 그 대표적 사례로 주목받았다. 《콤무니타스 이코노미》는 이탈리아의 대안적 삶에 대한 사회사상 및 경제 이론적 천착이다.

시장과 국가 말고 다른 방식으로 사회를 운영하는 방식은 너무나 많이 발견되고 있다. 대안을 찾는 사례들과 이론적, 실천적 노력을 한국에서는 뭉뚱그려 '사회적 경제'라 부른다. 이는 정확한 표현이 아닐 수 있다. 비영리조직, 제3부문, 자원활동조직, 독립부문, 연대경제, 시민경제 등 표현은 무수히 많다.

이 책은 이탈리아의 사례이기도 하지만 국가도 시장도 아닌 삶의 원리에 관한 깊은 이야기이다. 만약 주류 사회과학(특히 주류 경제학)이 추구하는 방식대로 사회적 경제 운용 원리에 대한 일반 원칙을 찾고자 한다면 현재로서는 어려워 보인다. 사회적 경제의 개념과 그것이 포괄하는 경제 조직들은 나라마다 자신의 역사 속에서 만들어진 것이므로 서로 같을 수가 없고, 각기 고유한 의미를 갖기 때문이다. 유럽 전체가 노동시장에서 쫓겨난 사람들의 삶을 고민해왔다. 국제노동기구(ILO, 2010)[1]가 야심 차게 사회적 경제의 실체를 보겠다는 프로젝트를 진행했지만, 결론은 "아직 보편적으

---

1   ILO, "The Resilience of Social and Solidarity Enterprises: the Example of Cooperatives," *Global Jobs Pact Policy Briefs*, No.10, 2010.

로 정의되지 않은, 진화하고 있는 개념evolutionary concept"이라고 제시하는 데 그쳤다. 즉, 잘 모르겠다는 말이다. 지역과 나라마다 사회적 경제를 지탱한 원리와 역사가 다르다는 말이기도 하다. 원시 기독교 공동체 원칙부터 자유주의 원리까지 스펙트럼의 광범위함을 ILO 연구팀이 이해했다는 뜻이다.

유명한 이탈리아의 협동조합 사례를 알기 위해 한국에서 수백 팀이 찾아갔다. 그러나 결국은 사회적 경제의 제1 원리라 할 만한 '연대의 원리,' '혼자 살 수 없고 함께 사는 삶의 원리'를 이해할 수 없었다. 일제 강점기를 거치고, 개발독재를 거쳐 1998년 외환위기를 겪으며 숨 가쁘게 산 우리는 그런 것을 경험하지 못했기 때문이다. 우리가 아는 삶의 원리는 '각자도생'이다. 결국 "한국에서 오는 견학 팀은 왜 매번 같은 질문만 하는가? 거기서는 서로 공유하고 연대하지 않는가?"라는 핀잔만 들었다. '어떻게 연대가 가능한가?'라는 질문에 대해 마지막 답으로 돌아오는 것은 항상 '우리는 그렇게 살아왔다'였다. 많은 사람들이 이탈리아의 에밀리아로마냐 이야기를 하지만 그 밑에서 움직이는 원리에는 아무도 주목하지 않는다. 아니, 하기 어렵다.

《콤무니타스 이코노미》는 모처럼 맷돌에 갈린 콩가루 개인이 아니라, 본래 인간은 더불어 함께 산다는 아주 상식적인 원리에 대한 고민과 실천을 담은 드문 책이다. 이탈리아의 시민경제학이라고 알려진 사회적 경제 논의를 이론, 실천적으로 대표하는 루이지노 브루니의 글을 이해하고 그것이 대안이 될 수 있는지, 한국에서 어떻게 창의적으로 재해석할지 고민하는 일은 독자의 몫일 수밖에 없다.

사회적 경제를 일컫는 무수한 개념이 있고 일반화하기 어렵다고 했지만, 핵심적 분류 기준의 하나는 시장과 사회, 그리고 양자 간의 관계이다. 평이하게 예를 들어보면 프랑스에서 자주 쓰는 연대 경제는 공적 영역과의 결합을 좀 더 강조하는 반면, 이탈리아의 시민경제는 시장과의 결합을 좀 더 강조한다고 알려져 있다. 시장과 사회, 그리고 양자 간의 다양한 이해를 알아보기 위해서는 기준점이 필요한데, 그 기준점으로 근대 부르주아 혁명(시민혁명)으로 시작되었고 우리가 살아가는 이 시스템의 주류가 이해하는 관점을 알아볼 필요가 있다.

시장과 사회, 그리고 둘 사이의 관계

사회, 시장, 개인을 어떻게 이해하는가는 주류 사회과학만이 아니라 사회적 경제를 이해하는 데 매우 중요하다. 근대 부르주아 혁명으로 탄생된 현 시스템의 주류 원리는 '자유주의'라 불리며, 이른바 '근대의 기획(설계)'이라 불린다. 평등하고 자유로운 개인의 존재, 그들 간의 자발적 계약에 기초한 사회 질서 설계의 원리와 지속 가능성에 관한 모색이다. 거기에는 토머스 홉스Thomas Hobbes, 존 로크John Locke, 애덤 스미스Adam Smith, 제러미 벤담Jeremy Bentham, 장 자크 루소Jean Jacques Rousseau 등이 등장한다. 여기서는 토머스 홉스와 애덤 스미스에 논의를 국한한다.

프랑스 대혁명의 이념이라고 알려진 자유, 평등, 박애(또는 형제애Fraternité), 얼마나 가슴 뛰는 사회질서의 이념인가? 이 이념의 힘으로 봉건적 구질서와 신분의 족쇄에서 벗어나고자 했던 대중(농노)은 기꺼이 혁명에 참여하고 무력을 제공했다. 혁명에는 구질서를 부정하고 새로운 질서를 제시하는 행위가 필수적이다. 근대 부르주아 혁명은 이념적으로 인간의 역사에서 최초로 개인을 탄생시켰다.

개인이 성립되었다는 것은 각 구성원이 봉건적 구공동체로부터 떨어져 나온 것이다. 혈연, 신분, 세습, 호혜, 지연, 종교, 충성과 헌신, 신뢰 등 봉건 공동체를 구성했던 모든 인간관계는 부정되었다. 현재 우리가 사는 사회, 경제 시스템은 근대 부르주아 혁명으로부터 탄생했다. 보통은 1789년의 프랑스 대혁명을 떠올리지만 사상적으로는 1642년의 청교도 혁명이 더 중요하다. 그 혁명의 여파에서 시민사회의 기초 원리를 최초로 제시하고자 한 홉스의 《리바이어던》(1651)이 태어났기 때문이다. 홉스에게 새로운 질서의 시작점은 '만인에 대한 만인의 투쟁(the War of all against all)'이다. 혁명의 결과로 모든 봉건적 족쇄에서 풀려나 광야에 홀로 선 개인, 그 자리가 시작점이며 태초이다. 하지만 공동체의 족쇄가 풀렸다는 것은 공동체의 보호도 제거되었다는 뜻이다.

홉스의 기획을 간략히 보자. (간략하므로 과장과 비약이 있을 수 있다.) 청교도 혁명이 갖는 사상적 특징을 홉스적으로 표현한다면, 청교도들이 생각하는 부르주아적 자유는 개인이 자신의 고유한 신앙으로 신과의 고독한 대화를 통해 얻은 양심에 토대를 둔다. 그 양심은 모든 사람이 같을 수 없다. 이렇게 되면 공통의 신의 뜻이 구성원에게 공유되지 않는다. 사제를 통한 고해성사와 그 답변은 구성원에게 공통의 가치관(양심)을 부여하는 중요한 장치이다. 그러나 이제는 공동체의 가치관을 형성하고 지탱할 수 없게 되었다. '나는 왜 농노이고 당신은 왜 영주인가?'라는 질문에 대해 구시대는 '신에게 물어보라'라고 답했다. 그러나 이제 혁명은 그따위 답변을 한번에 날려버렸다.

전통적인, 그리고 공동체적인 연결을 끊어버린 채 개인은 광야에 홀로 서게 된 것이다. 그리고 이제 개인은 서로 다른 가치관을 지니게 되었고, 나에게 선인 것이 상대에게는 악이며, 그 반대도 성립하는 선악 기준의 충돌이라는 조건에 직면하게 되었다. 이것이 새로운 질서 구성의 출발점이다. 여기서 공통의 권력이 없다면 법이 존재할 수 없으며, 법이 존재하지 않는다면 옳음과 옳지 않음이라는 것도 없다. 나의 것과 너의 것을 구별할 수도 없다. 나의 것은 내가 손에 들고 있는 동안만 내 것이다. 이 상태는 결코 바람직하지도, 지속 가능하지도 않다. 그래서 개인의 권리를 조금씩 떼어내어 광야의 바깥에 모아놓고 광야의 질서를 강제적으로 유지할 필요가 있다. 그것이 국가이며, 국가에 요구되는 역할은 단 두 가지이다. 사유재산의 보호와 계약의 보호이다.

모든 전통적 관계와 단절된 채 홀로 선 개인들에게 유일하게 남는 것은 서로의 필요에 의한 교환 관계뿐이다. 이 교환 관계는 사유재산을 전제해야 가능한 계약 관계이다. 여기서 광야의 성격을 볼 필요가 있다. 만약 사회라는 것이 개인 간 관계의 합이라면, 이제 유일하게 남은 개인 간 관계는 교환 관계뿐이므로 이 개인과 교환 관계의 총합이 사회이다. 이 개인 간 교환 관계의 합을 우리는 시장이라 부른다. 따라서 시장이 곧 사회이다. 그리고 국가는 시장 바깥에 존재한다. 시장의 원리와 국가의 원리가 서로 구분되는 두 가지 질서이다. 주류 근대 사회과학이 국가와 시장 이외의 다른 질서(예를 들어 사회적 경제, 시민경제 등)를 이해하기 어려운 이유가 바로 여기에 있다. 시장이 곧 사회인데 어떻게 사회적 경제의 중요한 고전을 쓴 칼 폴라니Karl Polanyi에게서처럼 시장과 사회가 대립할 수 있을까? 시장이 사회라면 사회 속의 인간관계는 교환 관계뿐이어야 할 텐데 어떻게 다른 인간관계가 중요한 역할을 할 수 있겠는가? 시장이 곧 사회인데 사회적 경제라니 무슨 소리인가? 마거릿 대처의 '사회란 없다'라는 선언의 뿌리가 여기에 있다.

이 책에 자주 등장하므로 애덤 스미스의 기획을 잠깐 짚고 갈 필요가 있다. 애덤 스미스 또한 홉스적 문제의식, 달리 표현하면 부르주아 혁명으로 탄생한 새로운 사회질서가 지속 가능한가에 답해야 한다는 시대적 과제를 공유한다. 그는 산업혁명을 목전에 두고(《국부론》 출간은 1776년이다), 아직 실현되지 않은 근대 사회의 경제적 질서를 체계적으로 제시하고자 했다. 그러나 그 기획은 홉스와 좀 다르다.

애덤 스미스는 홉스와 달리 국가 권력의 강제에 의하지 않고도 새로운 시민사회의 경제적 질서가 작동할 수 있으며 지속 가능하다고 보았다. 그의 《도덕감정론》에 제시된, 사람들 사이의 공감sympathy의 원리가 그것을 가능하게 하리라는 것이다. 이런 의미에서 보면, 경제학에서 삶과 행복의 질을 제거하고, 칼라일Thomas Carlyle이 명명한 대로 경제학을 우울한 과학dismal science이 되게 한 원흉을 애덤 스미스라고 보는 것은 적어도 스미스에게는 약간 억울한 일일 것이다. 이 책에서 루이지노 브루니는 이탈리아 시민경제학의 뿌리라고 보는 안토니오 제노베시의 경제학과 애덤 스미스의 경제학을 대립시키지만, 스미스에게는 여기에 억울한 부분이 있을 수 있다는 해석도 가능하다.

역자들이 보기에 이 책이 가지고 있는 시장과 사회의 관계는 칼 폴라니와 다르고 주류 사회과학의 관점과도 다르다. 폴라니에서처럼 시장과 사회는 대립하고 충돌하는 것이 아니다. 그렇다고 시장은 광야에 홀로 선 개인으로만 출발하지도 않는다.

근대 부르주아 혁명은 옛 인간관계를 통째로 파괴하는 것이 아니며 재구성하는 것이다. 이것이 우리가 번역하는 책의 핵심이며, 시장을 시민 간 상호 교류의 공간으로 이해하는 길이다. 시장의 교환 관계는 신뢰와 같은 비시장적 관계들에 의존해야 한다는 것이 루이지노 브루니의 관점이다. 앞에서 이탈리아의 시민경제는 시장과의 결합을 좀 더 강조하는 것으로 알려져 있다고 썼는데, 이는 바로 시장과 사회를 이해하는 이론적 관점에 기인한다. 시장의 교환 관계는 계약 두 당사자에게 인간적 상처를 주지 않도록 설계되었지만, 그런 설계는 불가능하고 인간적 삶은 타인과의 관계 속에서만 존재한다. 타인과의 관계는 필연적으로 상처의 위험을 안고 있다. 이 상처의 위험을 피하려고 하기보다는 오히려 받아들일 때 인간관계는 축복이 된다는 것이 이 책이 던지는 또 하나의 중요한 주장이다.

사회적 경제와 한국 사회, 그리고 이 책의 의미

한국에서 '사회란 무엇인가'라는 문제는 여전히 본격적으로 제기되지 않고 있다. 국가는 역사적 경험을 통해 분명하게 다가온다. 우리는 조선 시대와 일제 강점기를 거쳐 군사독재 정부를 지나왔다. 세금을 거두는 이가 어느 날 갑자기 포졸에서 칼 찬 순사로, 다시 총 찬 군인으로 바뀐다. 세금을 걷어가는 이들이 왜 바뀌는지는 여전히 모호하다. 국가 권력을 신의 영역에서 끌어내리고 아래로부터 다시 구성하는 유럽의 근대 혁명적 변화가 한국에는 없었다. 권력은 여전히 신비의 영역이다.

유럽은 협동조합 운동이 1830~40년대에 꽃을 피웠다. 그 이념적 기초의 하나인 사회주의도 출현했다. 보통은 사회주의를 시장경제나 자본주의에 대비시켜온 것이 우리 사회의 오랜 관행이었다. 그러나 사회주의의 이념적 대립물은 개인주의이다. 통상 로빈슨 크루소의 우화를 인용하여 "태초에 개인이 있었다"로 시작하는 주류 사회과학(경제학)의 시장 우화에는 개인주의가 깔려 있다. 혼자 살 수 있다는 것이다. 어쩔 수 없이 강자의 논리로 이어지고, 각자도생할 수 있는 힘을 가진 자의 논리로 이어진다. 반면 사회적 경제의 서사는 태초부터 인간은 사회적 존재이며 사회 안에서 함께 노동하는 관계적 존재라고 보는 것이다.

유럽의 협동조합 운동이 1830~40년대에 활성화된 것은 우연이 아니다. 그때 이미 유럽의 자본주의는 자본주의가 보여줄 수 있는 모든 명암을 드러낸 상태였다. 엄청난 생산 능력과 부의 축적, 그러나 동시에 빈곤의 확대와 양극화, 생태계 파괴와 인구 폭발 등 현재 우리가 겪고 있는 모든 현상이 다 드러났다. 그 결과 국가를 통해서도 시장(노동시장)을 통해서도 의식주를 해결할 수 없는 광범한 대중이 등장했다. 국가도 시장도 해결할 수 없다면 어찌해야 하는가? 혼자 할 수 있는 일이 아니다. 그때 활성화되는 것이 사회적 경제이다. 그 모습이 나라마다 다른 것은 자연스럽다. 사회적 경제는 서로 다른 삶의 현장에서 애쓰는 무수한 노력들이 창의적으로 얽히는 곳이기 때문이다.

근대 사회는 부르주아 혁명 이후 새로운 원리가 제시되었고, 우리가 사는 한국 사회는 이 원리가 수입되어 운영되었다. 그것은 개항일 수도, 일제일 수도, 미 군정일 수도 있다. 한국 사회에서 여전히 '사회'가 충분히 발견되지 않는 것을 이렇게 설명해보고자 한다. 자유주의 관점에서 선악의 기준은 상대적인 것이며 개개인이 선악의 궁극적 판단자이다. 여기에 서서 노숙자 문제를 평가해보자.

자유주의 관점에서 보면 노숙자는 자신의 고유한 선악 기준에 의해 노숙자 지위를 선택했다. 대신 나는 이윤을 추구하기로 선택했고, 가장으로서, 직장인으로서, 경영인으로서 스트레스를 감수하기로 했다. '내가 당신의 선택을 존중하니, 당신도 나의 선택을 존중해주시오.' '우리는 다시 만날 일이 없겠네요.'

그런데 이상한 사람들이 있다. 노숙자에게 가서 "술 먹지 말고 시설에 가서 씻고 자라"는 등 잔소리하면서 노숙자의 자유를 방해하려는 사람들이 있다. 마치 자신들의 선악 기준이 노숙자의 그것보다 우월하다는 듯이 행동한다. 나는 적어도 노숙자의 선택을 존중하며 우월감을 내세우지 않는다. 더 이상한 일이 있다. 노숙자의 자유를 방해하는 사람들이 자기 돈으로 그렇게 한다면 나는 그나마 존중한다. 그러나 내 돈을 가져가서 그렇게 한다. 이것이 바로 노숙자를 위해 무언가를 하려는 사회적 경제 관계자들을 바라보는 전형적인 자유주의 논리에 따른 비판 중 하나이다.

　사회적 경제의 이론적 진전은 이 자유주의 논리를 어떻게 극복할 것인가와 밀접히 관련되어 있다. '사회 모두의 이익'이라는 명분과 공공선公共善이라는 이름으로 행해지는 모든 일은 반드시 어떤 개인의 이익과 다른 개인의 손실로 끝난다는 하이에크의 일갈에도 불구하고 사회의 발견을 위하여 우리는 무엇인가 시작하지 않을 수 없다. 《콤무니타스 이코노미》는 그 질문에 답하는 데 큰 힘을 줄 것으로 믿는다. 2년에 걸친 번역 작업을 하면서 얻은 역자들의 경험이기도 하다.

역자를 대표하여, 유철규

그래도 우리는 만나야 한다

communitas
economy

이런 도시를 한번 상상해보자. 이 도시의 아파트는 세대별로 완벽하게 독립되어 있다. 외부의 소음과 타인의 시선이 모두 차단되어 이웃 간에 서로 방해할 수도 없다. 이 도시에는 시끄럽거나 서로 다투는 소리가 들리는 아파트가 하나도 없다.

몇 개 남지 않은 고층 빌딩은 계단이나 통로에서 사람들이 마주치지 않도록 지어져 있다. 의사소통은 모두 이메일을 통해 이루어지고, 좀 더 신중한 결정을 하려면 화상통화를 한다. 광장이나 근린 지역 등 한때 공동으로 사용했던 공간들은 전부 구획을 나누고 사유화해서 각 개인이 모두 자신만의 조그만 공간을 보장받고 이 공간의 보안을 유지하며 통제한다.

생활용품은 모두 온라인으로 주문만 하면 바로 집으로 배달되기 때문에 밖으로 나가 아까운 시간을 허비할 필요가 없다. 또한 사람들은 혼자서 컴퓨터나 TV 앞에서 점점 더 많은 시간을 보내지만 매우 정교해진 쌍방향 미디어의 발달로 인해 하루 종일 다른 누군가와 함께 있다는 느낌을 받는다. 대학 강의도 인터넷을 통해 듣고, 고도로 훈련된 교수들이 세계 어디서든 학생들을 개별적으로 직접 지도할 수 있기 때문에 얼굴을 맞대고 만날 필요가 전혀 없다.

이러한 도시가 '이상적인' 이유는 모든 갈등의 전제 조건이 사전에 전부 제거되었기 때문이다. 공동의 땅, 공통의 기반, **콤무니타스**, 곧 공동체적 삶의 필요성 자체가 미리 제거된 것이다.

여러분은 이러한 도시에 살고 싶은가? 아마도 그렇다고 답할 사람이 많을 것 같다. 왜냐하면 이런 정형화된 장면은 오늘날 우리의 시장사회가 추구하는 모습과 매우

> 콤무니타스(communitas)는 라틴어 communis에서 유래한 것으로 선물, 즉 무상의 나눔을 서로 실행할 수 있을 정도로 친밀한 관계를 가진 사람들의 생활 공동체를 말한다. 그러나 콤무니타스는 인간 삶의 터전이지만 개인적 자유와 권리가 위협받는다는 양면성을 지닌다. 이와 같은 의무와 부담으로부터의 면제를 임무니타스(immunitas)라고 한다.

유사하기 때문이다. 그렇다, 시장이다. 시장과 시장의 논리가 바로 이러한 모습에 정당성을 부여해준다.

이 책은 왜 이와 같은 모습이 나타나게 되었는지에 대해 몇 가지 설명을 해보고자 한다. 나아가 나처럼 그러한 전망에 대해 우려를 금치 못하는 사람들을 위해서 몇 가지 숙고의 실마리도 제시하고

자 한다.

이 책을 쓰게 된 것은 내게 불현듯 떠오른 하나의 이미지와 그에 기반한 직관 덕분이다. 나는 성서의 〈창세기〉에 나오는 야곱과 천사가 씨름하는 이미지에서 어떤 영감을 얻었다. 그것은 곧 모든 진정한 인간관계에는 '상처wound'와 '축복blessing'이라는 결코 분리될 수 없는 상관관계가 있다는 직관으로 이어졌다.

사람은 살면서 어느 때인가 한 단계 더 성숙한 인간으로 접어들게 된다. 그것은 타인과의 만남, 그 만남 속에 담긴 피할 수 없는 상처, 그리고 그 상처를 넘어야 만날 수 있는 축복의 연결을 이해하는 순간이다.

어둡고 위험한 타인의 영역을 일일이 경험하지 않고서는 진짜 인생을 만날 수 없다는 것, 그리고 이러한 고통스러운 '씨름'을 벗어나려고 애쓴다면 결국 삶에서 만날 수 있는 다른 기쁨들도 만나지 못할 것이라는 점을 이해할 때 우리는 더 성숙한 인간으로 거듭날 수 있다. 어떤 의미에서는 이 책의 여정이 모두 이 생각에서 출발했다고 할 수 있다. 결국 이 책은 경제학과 이 '씨름'의 대화이며 타인으로 인한 상처나 축복과 경제학이 어떻게 서로 대화할 수 있을지 모색하는 과정이다.

왜 이러한 대화를 시도하는가?

경제학이라는 학문은 개인의 희생 없는 공동생활을 전제로 함으로써 타인과의 직접적이고 개인적인 관계에 따른 접촉과 전염의 위험으로부터 벗어나 안전지대로 도피하려는 근대 후기의 큰 길을 대표한다고 할 수 있다. 바로 이러한 이유로, 오늘날 시장경 제의 인본주의는 문명의 큰 결실들을 가져왔음에도 불구하고 현 대 시장사회의 암울하고 쓸쓸한 표류에 대해 상당 부분 책임을 져 야 한다. 물론 시장경제의 인본주의만이 유일한 요인은 아니다. 과 학 기술 역시 이 과정에서 또 다른 주된 요인으로 작용했다고 할 수 있다.[1]

진정 이것이 현재 나타나고 있는 무미건조한 삶의 현실이다. 그 근원에는 다음과 같은 거대한 환상이 있다. 즉 시장이, 혹은 관료 적이고 위계적인 어떤 기업이 우리에게 고통 없고 평화로운 어떤 좋은 공동생활을 선사할 수 있으리라는 환상, 그리고 우리가 타인 과 만날 때, 우리에게 상처를 주지 않는 타인만 만나도록, 또 우리 와 싸우지도 않고 우리에게 아무 해도 끼치지 않으면서 그저 사고 파는 거래만 하는 타인만 만나도록 미리 배치해주리라는 환상이 다. 실제로 포스트모던 시대의 익명화된 시장에서 우리는 점점 더 이러한 방식으로 서로와 '우연히 마주칠encounter' 뿐이다.

그러나 인간다움이란 무상성에서 출발한다는 것을 진리로 받아 들인다면 아마도 우리는 지금 그러한 인간다움의 범주에서 벗어

---

1 우리가 만약 나-너 개인 관계(I–Thou personal relationship)에서 중재자로서의 과학 기술 의 역할을 탐구하고자 한다면, 이 책에 나오는 이야기와 매우 유사한 이야기를 할 수 있 다고 나는 확신한다.

나고 있는 것이 아닐까 한다. 무상성은 언제나 인간관계에서 위험한 만남, 따라서 때로는 고통이 될 수도 있는 경험을 수반할 수 있다.

그러나 우리가 시장에 기대하는, 아무런 상처 없는 타인과의 무해한 만남은 사실 기만이다. '행복의 역설'에 대한 최근의 연구가 점점 더 확증해주는 것처럼, 이런 상처 없는 만남은 그 사람 개인 차원에서나 사회 차원에서나, 온전히 인간다운 삶에 이르게 하지 못하는 만남이기도

무상성(無償性, Gratuitousness)은 '보답을 생각하지 않는 나눔, 내어줌'을 말하는데, 주는 이가 받는 이에게 아무 요구 없이 건네는 선물이 무상성의 가장 좋은 예이다. 주는 이의 선의가 완성되기를 바라며 베푸는 무상성에는 인간관계의 결속을 가능하게 하는 결합의 가치가 있다.

행복의 역설(paradox of happiness)은 리처드 이스털린(Richard Easterlin, 1974)에 의해 처음 제기되었고 큰 반향을 일으켜 오늘날 경제학에서 행복을 다루는 계기가 되었다. 인구통계학자인 이스털린은 국가 간의 비교를 통해서 행복과 소득 간에는 명백한 상관관계가 없다는 것, 즉 소득의 증가는 수입이 적을 때는 매우 중요하지만 수입이 어느 정도 이상이 되면 그 영향력이 훨씬 적어진다는 것을 증명했다.

하다. 이 주제에 대해서는 책의 말미에서 다시 다루게 될 것이다. 사실 오늘날 우리는 현대 사회의 이러한 거대한 환상 때문에 기쁨 없는 삶이라는 희생을 치르고 있으며, 이제 누군가는 이런 것들의 **허상**을 드러낼 때가 되었다.

책의 첫머리부터 다소 신랄한 어조로 시작하게 되었지만 나는 비관론자가 아니고 시장 및 작금의 사회를 적대시하지도 않거니

와 고대나 전근대의 공동체에 대한 향수에 빠져 있는 것은 더더욱 아니다. 사실 나는 이 세상을 넓고 긍정적인 시선으로 관찰하려 하고 또 그렇게 묘사하려고 한다. 또한 경제학을 포함해 내가 인용하는 역사의 주인공들이 가는 여정에서 나는 그들과 연대하는 동반자이고 싶다. 앞으로 이야기하려는 것은 우리가 겪고 있는 역사적 위기—본질적으로는 사람과 사람 사이의 관계의 위기—를 불러온 요인들 중에 상대적으로 눈에 덜 띄는 몇 가지 동태적 현상을 이해하고자 하는 하나의 시도일 뿐이다. 또한 이 책 전체의 중심 논조로 삼고자 하는 희망과 관련해서 그 희망의 근거에 대한 담론을 제시하려는 것이기도 하다.

그러므로 이 책 전체를 통해서 주로 동료나 평소 얼굴을 마주하는 사람들 사이의 수평적 인간관계에 대해 다차원적이고 입체적인 성찰을 시도하려고 한다. 반면에 비대칭적 권력 관계에 있는 사람들 사이에 대해서는 거의 다루지 않을 것이다.

앞으로 보게 되겠지만 본질적으로 경제학은 인간이 지닌 관계성의 광범위한 영역 안에서 단 한 가지 관계의 형태, 곧 에로스와 흡사한 관계에만 집중해왔다. 그러면

> 에로스(eros)는 일반적으로 감각적이고 본능적인 사랑을 가리키지만, 철학적 의미에서는 자신에게 부족한 부분을 채우고 충족감을 얻는 이상적 상태를 추구하는 사랑이다.

> 필리아(philia)는 보통 우애를 가리키는데, 넓은 의미의 우정을 뜻하며 자기 자신과 대등하게 남을 사랑하는 것이다.

서 우정에 해당하는 **필리아**는 소홀히 했고, 무상성이라는 특성을 뚜렷이 지니는 **아가페**는 전적으로 소외시켜왔다고 할 수 있다. 경제학이 이

아가페(agape)는 신이 인간에게 주는 아낌없는 사랑을 의미하며, 조건을 고려하지 않고 어떤 대상에게도 국한되지 않으면서 모든 대상에게 자연스럽게 사랑을 실천하는 것이다.

러한 속성을 띠는 것은 아가페에는 완벽하게 통제할 수 없는 잠재적인 고통의 부담이 내재되어 있기 때문이다. 바로 이러한 이유로 인간의 사랑을 에로스, 필리아, 아가페라는 세 가지 범주로 나누는 고전적인 분류 방식이 이 책의 또 다른 중요한 주제이자 후술하는 내용에 대한 해석의 열쇠가 될 것이다.

나는 이 책이 시장에 대한 반대 의견을 부추기거나 시장 없는 사회 건설을 지향하는 것이 아님을 거듭 강조하고 싶다. 이 책에 숨어 있는 의도는 타인 및 공동체가 지닌 극적인 신비神秘와의 만남이 왜 중요하고 시급한지에 대해 몇 가지 설득력 있는 이유를 제시하려는 것이다. 다시 한번 강조하지만 이러한 타인 및 공동체와의 만남을 위해 시장 없는 전근대 사회로 복귀하거나 오늘날 여러 형태로 존재하는 **공동체주의** 중의 한 형태로 돌아가지 않아도 된다.

사실 인간의 역사를 보면 시장이 없는 곳에서 서로 간의 사랑이 그 빈자리를 채워주지는 못했다. 특히 대규모 공동체에서는 시장의 계약이 없는 빈자리에 종종 가장 강한 자가 가장 약한 자를 착취하는 권력 관계가 형성되었다. 물론 시장에도 강한 자와 약한 자

공동체주의(communitarianism)는 구성원들 간의 접촉과 갈등이 없는 임무니타스가 이기적 개인주의의 팽배와 원자화 등의 현대적 병리 현상을 낳은 데 대한 반작용으로 부각된 것이다. 공동체에 대한 개인의 귀속감과 공공의 이익 우선을 강조하는 노력이 공동체주의의 특징인데, 이 때문에 개인의 주체성이 다소 취약하고 전체성이 강조되는 '마을(촌락)'의 의미를 내포한다는 점에서 비민주적인 측면을 우려하는 비판도 있다.

가 있다. 그러나 시장에서는 보통 그들이 누구인지 분간할 수 있고 그들 간의 관계의 비대칭성을 극복하려는 시도가 가능하다.

확신하건대 시장이나 계약이 없는 사회는 어엿한 문명 사회가 아니다. 하지만 동시에 인간관계를 단지 시장이나 계약으로만 관리하려는 사회는 문명 수준이 더더욱 낮아질 수도 있음을 나는 확신한다. 이 책에서 우리가 펼쳐나갈 논의의 상당 부분은 대개 '~없는without'과 '~만으로only'라는 두 개의 단어가 만들어내는 논리적 공간 안에서 전개된다.

시장은 사람들이 희생 없이도 만날 수 있고, 중재를 통해 상호 유익한 방식으로 만날 수 있는 '자유 구역free zone'이라고 할 수 있기에, 문명의 승리이자 도구이다. 때때로 시장은 심지어 무상성과 동맹을 맺을 수도 있으며, 인간의 공동생활이 보다 자유롭고 형제애 넘치도록 해줄 수도 있다.

과거와 최근의 사회적 경제와 시민경제civil economy의 많은 경험들, 그리고 모두를 위한 경제Economy of Communion, EoC의 많은 경험들이 그에 대한 증거가 될 것이다. 무상성에 대해 우리가 마음을 열고, 또한 타인 때문에 상처받는 것이 무서워 도망가지 않는 한, 시장은 타인과 진정으로 만나는 장소이자 축복의 장소가 될 수 있다.

끝으로 비록 이 책이 중재의 '제3자성thirdness'과 연결된 몇 가지 문제 되는 측면을 주로 강조하기는 하지만, 중재가 잠재적으로 문명을 촉진하는 역할을 한다는 점을 잊어서는 안 될 것이다. 특히 시장의 발달이 미흡하고 평등과 자유의 경험이 늘 위협받는 사회에서는 시장 가격의 중재 및 분산화 시스템과 법의 중재 시스템이 타인으로부터 상처받는 것을 확실히 보호해줄 수 있는데, 이 또한 긍정적이고 문명 촉진적인 기능을 발휘하는 것이라고 할 수 있다.

그럼에도 불구하고 임계점, 곧 문턱이 존재한다. 그 임계점을 넘어서면 시장의 익명적 관계가 만들어내는 아노미anomie 현상, 곧 규범의 실종, 고독, 그리고 동질감을 느끼게 해주던 연결 고리의 상실 등이 초래된다. 나는 부유한 서구 사회들이 이 임계점을 이미 넘어섰다는 인상을 받고 있다. 이 임계점은 인간다움이라는 영역의 경계선을 나타내는 문턱이기도 하다.

이러한 주제에 대한 논의를 뒤에서 차례로 발전시키고 부연하게 될 것인데, 장을 달리해가며 이러한 주제의 다양한 측면들에 대해서 탐구하려고 한다.

형제애, 상호성相互性. reciprocity, 무상성, 책임성, 사랑, 행복 등 이 책의 대화를 구성하는 다양한 단어들은 서로 다른 언어학적, 이론적 연혁을 가지고 있지만 어느 정도는 상호 보완적이다. 우리는 이론과 역사를 작업의 주요 도구로 삼아 논의를 구성해나갈 것이다. 나는 이제 막 시작되려고 하는 이 논의가 무엇보다도 삶에 긴요한 것이 되기를, 활발한 생명력을 지니게 되기를 바란다.

이 책은 지식인에 국한되지 않는 다양한 사람들과의 수년에 걸친 대화의 결과물이다. 알렉산드르 아라가옹Alexandre Aragaõ, 레오 안드링가Leo Andringa, 안토니오 바지오Antonio M. Baggio, 스테파노 바르톨리니Stefano Bartolini, 니콜로 벨란카Nicolò Bellanca, 크리스티나 칼보Cristina Calvo, 피에로 코다Piero Coda, 루카 크리벨리Luca Crivelli, 알베르토 페루치Alberto Ferrucci, 마르코 푸를로티Marco Furlotti, 엘레나 그라나타Elena Granata, 베네데토 구이Benedetto Gui, 알베르토 페레티Alberto Peretti, 비토리오 펠리그라Vittorio Pelligra, 피에르 루이지 포르타Pier Luigi Porta, 세르지오 론디나라Sergio Rondinara, 알레산드라 스메릴리Alessandra Smerilli, 루카 스탄카Luca Stanca, 로버트 서그덴Robert Sugden, 스테파노 자마니Stefano Zamagni, 주세페 마리아 잔기Giuseppe Maria Zanghì, 루카 자리Luca Zarri, 사드 조게이브Saad Zogheib 등이 그들이다.

앞으로 이야기할 많은 내용들이 그들에게 배운 것이며, 그들 덕분에 사상과 생명의 진정한 공동체를 함께 만들어갈 수 있었음에 진심으로 감사한다. 또한 가난한 이, 노동자, 사업가, 시민 등 이 책에 등장하는 다양한 인물들에게도 고마움을 표한다. 그들은 모두 최근 수년간 내가 만나고 심층적으로 알게 된 시민경제와 사회적 경제의 다양한 경험을 가진 사람들, 특히 EoC 운동을 함께하는 사람들이다. 그들은 나에게 아이디어와 직관을 주었으며, 매우 인간적인 모든 관계 안에 숨어 있는 상처와 축복의 경험을 들려주었다.

특별히 참고문헌 조사를 도와준 알레산드라 말리니Alessandra Malini, 나의 연구 세계에서 새로운 장을 연 이 책을 저술하도록 요청해준 빈첸조 파세리니Vincenzo Passerini와 미켈레 도리가티Michele Dorigatti, 주의 깊고 세련된 검토를 통해 문장들이 더욱 부드럽고 매끄럽게 이어지도록 만들어준 편집자들에게 감사를 보낸다.

이 책에서 다룬 몇 가지 이슈는 〈새 인류(Nuova Umanità)〉, 〈사회적 현대화(Aggiornamenti Sociali)〉, 〈기업과 역사(Impresa e Storia)〉, 〈콤무니타스〉 등 다양한 학술지에서 이미 탐구했던 바를 다시 논의한 것임을 밝혀둔다.

2007년 성령 강림 대축일에, 로카 디 파파에서

제1장

왜 우리는 개인주의를
좋아하게 되었을까?

COMMUNITAS
ECONOMY

우리의 것은 내 것이 아니다.

– 아프리카 속담

고독한 인간과 사회적 인간

인류학자이자 철학자인 츠베탕 토도로프Tzvetan Todorov는 이렇게 말했다. "인간다움이란 무엇인가를 둘러싼 유럽 철학 사상의 큰 흐름을 공부하다 보면 예상하지 못했던 결론에 도달한다. 사회적 측면, 즉 공동체적 삶이라는 요소가 인류에게 필요하다는 인식이 일반적이지 않다는 것이다. 그렇다고 해서 이러한 주장이 명시적으로 드러나는 것은 아니다. 그저 그러하리라고 추정될 뿐, 명제로서 정식화되지는 않기 때문이다."(1998, p. 15)

사실 근대의 문화 전통은 인간 생활의 사회적이고 관계적인 속성들이 실재하거나 존재론적으로 주어졌다고 본다. 다시 말해 우리는 고립되어 살지 않는다는 것이다. 하지만 사회성sociality 또는 사람 사이의 관계는 본질적으로 여러 문제의 근원이자 **필요악**이다. 타인은 기본적으로 '상처'이고, 그렇기에 피할 수 있다면 피해야 할 그 무엇이다. 현대인은 이 상처, 이 '만남encounter-투쟁struggle'과 연관된 '축복'을 보지 못한다. 이것이 우리가 **축복받은 고독**beata solitudo[1]을 찾아 타자로부터 도망치려고 하는 이유이다.

이 문화적 과정은 사실 15세기 후반에 특히 융성했던 르네상스 인본주의와 함께 시작되었다. 중부 이탈리아의 중요한 문화 현상이던 시민 인본주의civil humanism가 짧게 끝나면서, 유럽 문화는 다시 신플라톤주의 전통에 매료되었고 행복한 삶을 위해 도시와 타인들로부터 벗어나자는 이상적理想的 주장이 다시 힘을 얻었다. 피코 델라 미란돌라Pico della Mirandola와 마르실리오 피치노Marsilio Ficino를 비롯한 많은 사상가들은 위험을 감수하지 않고도 행복해질 확실한 처방으로 고독을 강조했던 '두 번째' 인본주의의 핵심 인물이었다. 15세기에 로렌체티Ambrogio Lorenzetti가 그린 프레스코화 〈좋은 정부의 우화(Allegory of Good Government)〉와 시민사회를 보여주는 시

---

1   "우리는 우리 안에 있는 우리 존재로서의 삶에 만족하지 않는다. 우리는 타인의 마음속에서 상상의 삶을 살기 바라고, 이 목적을 위해 빛나려고 애쓴다.…각 자아는 적(敵)이며, 모든 타인을 다스리는 폭군이 되고자 한다."(Pascal, pp. 128-130) 임마누엘 칸트(Immanuel Kant)에게 인간의 한 가지 기본적인 특성은 '비사회적 사회성(unsocial sociability),' 다시 말해 '사회에 들어가려는 경향'과 '모든 것을 오로지 자신의 마음대로 지시하기를 바라는 비사회적 성향(disposition)'을 가지고 '스스로를 개인화하려는' 경향이다.(Kant, p.123) 그리고 또다시 "우리는 우리와 관계된 것을 제외한 무엇도 사랑할 수 없다. … 자기 이익(self-interest)만이 우정을 만든다."(La Rochefoucauld, 1963, pp. 44-45)

에나의 산타 마리아 델라 스칼라 병원 프레스코화들은 16세기 메디치Medici가 대저택의 신화적이고 시골스러우며 쾌락주의적인 표현으로 대체되었다. 르네상스 시기에는 도시의 삶과 시민 활동 및 경제활동에 참여하는 것이 더 이상 좋은 삶을 위한 맥락이 아니고, 오히려 '좋은 그리스도인'에게는 합당하지 않고 바람직하지 않은 일로 여겨지기 시작했다. 17세기에는 이런 현상이 더욱 심각해졌고, 특히 남부 유럽이 재봉건화되어 토지의 소유와 거기에 연관된 공작, 후작, 백작, 남작 등의 귀족 작위와 지위[2]가 위계질서의 중심에 놓이게 되면서, 시민적이고 경제적인 삶의 사회적 가치가 절하되는 결과로 이어졌다.[3]

심지어 16세기와 17세기에 전형적이었던, 다양한 유토피아와 '이상국가'에 관한 여러 저작물이 활발하게 편찬된 것도 같은 맥락에서 이해해야 한다. 이러한 저작들은 인본주의 시대의 황혼기로

---

2   경제학자들을 비롯해 근대성이 타도하려고 했던 봉건 체제는 사실 11, 12세기 코뮌과 자유 도시들의 사회 체계가 아니었다. 근대는 오히려 1648년 베스트팔렌 조약 이후, 유럽에서의 종교전쟁과 함께 그 결과로 근대 국민국가가 형성되면서 발전한 유럽의 재봉건화에 주로 반대했다.

3   이 책의 성격상 자세히 다루지는 않더라도, 16세기와 17세기 사이의 이 균열에 프로테스탄트 종교개혁과 가톨릭의 반종교개혁이 일정 역할을 했음은 짚고 넘어갈 필요가 있다. 경제활동과 상업에 대한 비난은 인본주의 시기 동안에는 어느 정도 잠잠했거나 극복되는 중이었지만, 가톨릭은 다시 이러한 비난을 새롭게 제기함으로써 프로테스탄트, 특히 칼뱅주의가 진전시킨 개인의 기업 활동 개시 및 개인의 자유에 대한 가치 부여에 반대했다. 한편 칼뱅주의의 입장은 막스 베버(Max Weber)의 작업 전면에서 강조된 바 있는 역학들을 통해 드러난다.

부터 18세기 후반 정치경제학의 여명기로 가는 시기에 특히 중요하다. 이 시기를 뒤덮었던 실망과 비관주의는 결코 이상적이지 않은 정치적 현실로부터의 탈피이자, 두 번째 인본주의의 개인주의적이고 반사회적인 사상에 대한 반작용으로서 이상적인 국가와 사회에 대한 꿈으로 이어졌다.

'행복 도시happy city'는 안톤 프란체스코 도니Anton Francesco Doni와 프란체스코 파트리치Francesco Patrizi 등의 여러 저서명에 등장하는 표현이지만, 당시 그런 도시는 머나먼 상상의 현실을 기술한 것일 뿐, 좌절된 희망에 불과했다. 에우제니오 가린Eugenio Garin은 다음과 같이 말했다.

"분열되고 괴로움에 시달리는 인간 사회의 의미가 가장 가혹하고 씁쓸하게 느껴지는 바로 그 시점에, 평화를 되찾은 도시, 평온한 도시에 대한 필요성은 더욱 절실해지고 높아진다. 현실의 도시와 이상理想의 도시가 하나로 합치될 수 있으리라고 꿈꾸었던 첫 번째 인본주의에는 소중했던 그 환상이 사라지고 난 뒤에도, 이것을 이유로 '이상 도시'의 이상성理想性을 참고하여 '현실 도시'의 현실을 만들기를 멈추지는 않는다."(1988, pp. 93-94)

시민 인본주의와 근대성 사이에는 틈이 벌어졌다. 르네상스는 이렇듯 앙리 드 뤼박Henri de Lubac의 절묘한 표현처럼 '끝나지 않은 여명'을 나타낸다. 이탈리아 도시들의 시민사회적 공존 실험은 르네상스 시기까지 이어지지 않았고 르네상스의 문화가 되지 않았다.

다양한 파벌 사이의 격렬한 싸움과 전쟁이 이 시기의 특징이 되었다. 시민적 삶에 대한 사람들의 성찰은 너무나 빈약했고 내전과 문명에 역행하는 역사적 현실을 견디지 못했다.

니콜로 마키아벨리Niccolò Machiavelli의 저작은 이러한 배경 속에서 이해해야 한다. 그의 사상은 정치 및 시민 사상의 영역에서 당시의 유럽 문화를 잘 반영하고 있다. 마키아벨리와 그 이후 토머스 홉스Thomas Hobbes에게 개인이란 사악하고 무서우며 야수 같고 교활한 존재였으며, 개인을 표현하는 이러한 말들은 근대성을 나타내는 인류학적 어휘가 되었다.[4] 사실 마키아벨리 정치 이론의 중심에는 그가 목격한 이탈리아의 역사적 사건들로부터 영향을 받은, 인간에 대한 극단적 비관주의가 있다. 이러한 특성은 그의 저서 전반에 스며 있다.

이 점은 인간 일반에 대해서 말해준다. 즉 인간이란 은혜를 모르

---

4 마키아벨리가 도덕적으로나 정치적으로 엄청난 위기의 시대에 살았음을 기억해야 한다. 초기 시민 인본주의자들이 사회에 품었던 희망은 자유 시민의 공화국이 아닌 권위주의적 공국을 만들어놓은 경우가 많았다. 이로 인해 전쟁이 계속 이어지면서 일종의 지방자치 단위인 코무네(Comune)들로 이루어져 있던 이탈리아는 외국 군인들이 계속해서 오가는 땅이 되었고, 대중은 엄청난 두려움과 불편에 처했다. 철학자들은 신플라톤주의, 주술적 밀교, 혹은 유토피아적 문헌에서 위로를 찾았다. 마키아벨리는 인간에 대한 새로운 시각을 근거로 독립적인 분야로서 근대 정치학을 창시했다. 시민적 덕(civic virtue)으로는 평화와 국가 의식(國家意識)을 만들고 유지할 수 없음이 드러났고, 평화로운 공동생활의 가능성을 다르게 정당화할 새로운 기반이 필요했다. 정치적 덕(political virtue)이 등장하는 것이 이 지점으로, 여기서 '정치적'이라는 말은 '시민적'의 반대 의미이다.

고 변덕스러우며 위선적이고 기만에 능하며 겁이 많고 이득을 몹시 탐낸다. 평소에 … 당신이 은혜를 베푸는 동안 사람들은 모두 당신을 위해서 피를 흘리고, 자신의 소유물, 생명 그리고 자식마저도 바칠 것처럼 행동한다. 그러나 당신이 정작 궁지에 몰리게 되면, 그들은 등을 돌린다.(《군주론(Tutte le opere)》, 17장)

만일 사람이 정말 이렇다면 공동생활의 기반은 사랑이 아니라 두려움일 것이다. "인간은 자신이 두려워하는 자를 배반할 때는 망설이지만, 자신이 사랑하는 자를 배반할 때는 덜 망설인다. 왜냐하면 사랑이란 일종의 의무감에 의해 유지되는데, 인간은 지나치게 이해타산적이어서 자신들의 이익을 취할 기회가 있으면 언제나 자신이 사랑한 자를 팽개쳐버리기 때문이다. 그러나 두려움은 처벌에 대한 공포로써 유지되며 항상 효과적이다."(《군주론》, 17장)[5]

이 **무자비한 야수** 같은 백성을 도시 안에 그대로 내버려 둔다면 파괴적 갈등과 충돌이 촉발될 것이다. 따라서 '군주'는 정치적 덕을 지니고 이런 갈등과 충돌로부터 백성을 보호하고 해방시켜주는

---

5   인간을 바라보는 이러한 비관주의는 시민 인본주의와 가장 가까운 저작으로 여겨지는 마키아벨리의 《로마사 논고(Discourses on the First Decade of Titus Livius)》에도 흐른다. "시민 정부를 다룬 모든 사람들과 역사에 가득한 사례들이 보여주듯, 국가의 기반을 쌓고 여기에 법을 제공한 사람들은 자유로운 영역에서 사악한 성향을 풀어주면 모든 사람들이 늘 나쁠 것이라고 가정해야 한다. … 사람들은 강요 없이는 절대 착하게 굴지 않는다."([1519] 1883, pp. 19-20)

사람이다. 이때 백성은 더 이상 시민이 아니다. 이러한 군주는 홉스의 **리바이어던**과 매우 흡사하다. 마키아벨리의 혁명적 기여는 본질적으로 인류학적 성격을 지니며 정치 이론에 관한 그의 주장들은 여기에 기반하고 있다.

마키아벨리는 기존의 그리스도교 인간관과 교회론이 '신의 도시'에 너무 사로잡혀

리바이어던(leviathan)은 본래 성경에 등장하는 바닷속 괴물을 지칭하는 말로, 한국어 성경에는 '레비아단'이라고 표기하는 번역본이 많다. '리바이어던'은 홉스의 대표적인 저서 제목이기도 한데, 여기서 홉스는 시민들이 평화와 안전을 누릴 수 있도록 시민들을 보호하는 국가 통치권자, 곧 정부를 '리바이어던'으로 명명했다. 그는 인간의 자연 본성은 본래 자만하기 때문에 상호 협력해 질서 정연한 사회생활을 이루는 것이 불가능하므로, 인간의 자만과 교만을 압도할 수 있는 엄청난 힘을 지닌 '리바이어던,' 이른바 거만(pride)의 왕의 존재가 필요하다고 보았다.

있기 때문에 인류가 '인간의 도시'를 건설하는 데 힘쓸 수 없게 된다고 생각했다. 그는 이런 그리스도교 인간관과 교회론과는 명백하게 선을 그으면서 역사를 또다시 행운 또는 운명의 지배 아래 오도록 하고, 군주와 정치인에게는 행운을 자신의 편으로 끌어들일 수단들을 제시했다. 군주가 정치적 덕성을 가지면 행운의 여신이 자신의 보고寶庫에 있는 선물들을 그에게 쏟아준다는 것이다.[6]

그러므로 15세기 시민 인본주의에서 16세기 마키아벨리 군주론으로의 전환 역시 인간관의 전환을 뜻하는 인류학적, 문화적 차원에서 진행된 것이다. 사회생활은 더 이상 아리스토텔레스Aristoteles 사상의 연장선상에 있는 '축복'이 아니라 근본적으로 '상처'로 여겨

졌다. 타인은 나를 해하고 저주하는 존재로 받아들여졌다.

이 장에서는 근대 경제학에 이르기까지 인간을 이렇게 개인주의적이고 반사회적인 존재로 보는 주장들이 이어진 이유를 설명하고자 한다. 여기서는 공동체에서의 삶을 개념화하는 방식과 관련하여 개인주의적 인본주의, 니콜로 마키아벨리, 토머스 홉스와 애덤 스미스Adam Smith 사이의 강한 철학적 연속성을 기술할 것이다. 이로써 우리는 경제학의 출현이 서구 근대성에서 개인주의적이고 비非공동체적이며 관계성을 소거한 인본주의 전체로 나아가는 데 중요한 국면을 의미한다는 것을 발견하게 될 것이다.

공동체적 삶에 깃든 고통의 상흔

전통적인 중세 사회에서는 공동체 안에서 살아간다는 것이 희생

---

6   이러한 주장은 주로 라틴 철학, 즉 키케로(Cicero)와 세네카(Seneca)가 말한 '로마의 덕(德)'에서 발전되어왔다는 점에서 신플라톤주의와 그다지 떨어져 있지 않다. 신플라톤주의는 두 번째 인본주의 시기에 강력하게 명성을 되찾았다. 신플라톤주의 전통이 재출현하면서 용기, 신중함과 같은 '개인의 덕성'과 '사회로부터의 도피'가 다시 관심을 끌었다. 마키아벨리는 이러한 전통의 연장선상에 있다. 《군주론》말미에서 그는 운명과 동맹을 결성하는 방법을 알려준다. '행운은 여성이며,' 그녀는 대담하고 거칠며 모험적인 사람들, 그리고 '더 냉정하게 전진하는 사람들에게' 매력을 느껴 곁을 내어준다는 것이다.(25장) 행복이 이렇듯 행운이나 운명과 동일시되는 것을 거듭 확인하게 된다. "따라서 나는, 운명은 변화무쌍하고 사람들은 유연성을 결여한 채 늘 자신의 방식을 고집하기에, 이 둘이 상응하면 행운을 잡는 데 성공하겠지만, 그렇지 못하면 성공하지 못한다고 결론짓는다."(같은 책)

및 비극과 긴밀히 연결되어 있었다.

이러한 시각의 발단은 그리스 철학, 그중에서도 아리스토텔레스의《윤리학(Etica)》에서 주로 볼 수 있다. 아리스토텔레스는 서구 전체의 중심에 있는 역설을 포착했다. '좋은 삶good life,' 즉 행복한 삶happy life은 **시민적**이면서도 **취약하다**는 것이다.

《니코마코스 윤리학(Etica Nicomachea)》9장에서 언급되었듯 "행복한 사람은 친구가 필요하다."(1169b) 이것이 누구도 혼자서 행복할 수 없는 이유이자, 고독 속에서, 또 사회로부터 은둔하고 타인과의 관계로부터 도피함으로써는 행복에 도달할 수 없는 이유이다. 그러나 만일 행복이 사회적 관계를 필요로 하면서 우정과 상호성을 요하고, 이 우정과 상호성이 개인이 온전히 일방적으로 통제할 수 없는 자유에 관련된 문제라면, 우리의 행복은 타인의 반응에 좌우된다. 타인이 우리의 사랑, 우리의 우정, 그리고 상호성에 얼마나 많이 보답해주는지에 달린 것이다. 다시 말해 만약 내가 행복하기 위해 친구와의 상호성이 필요하다면 그 행복한 삶이란 양가적兩價的이고 양면적이다. 타인은 나의 기쁨이자 고통이고 내가 진정한 행복을 얻을 유일한 기회이지만, 또한 내 불행을 좌우하는 사람이기도 하다. 이렇게 되면 '좋은 삶'이라는 축복은 타인에게 달려 있고, 이 타인이라는 존재는 나에게 상처를 입힐 수도 있는 사람이라는 것이다.

반대로 혹자가 말하는 위대한 신플라톤주의의 대안대로 이 취약성과 미래에 겪게 될 고통을 피하기 위해 타인으로부터 벗어나 고독과 사색으로 도피한다면 우리의 삶은 활짝 피어날 수 없다. 바로 이 점 때문에 아리스토텔레스적 사상의 전통은 아리스토텔레스 본인 이상으로 인간의 행복한 삶과 비극은 상호 연관성이 있다고 본다. 사람들 사이의 관계와 관련하여 현대 사상가 마사 누스바움Martha Nussbaum은 "좋은 삶을 구성하는 이러한 요소들은 원천적으로 전혀 자족적이지 않도록 운명지어져 있다. 오히려 그러한 요소들은 특히 아주 위험한 방식으로 취약하여 상처 입기 쉬운 것들일 것"(1996, p. 624)이라고 말한다.

이러한 의미에서 사회생활 또는 콤무니타스, 곧 공동체적 삶은 그 안에 고통의 상흔을 지닌다. 유대인들의 세계에서는 〈창세기〉에 주로 묘사된 여러 가지 위대한 상징과 신화들을 통해,[7] 타인이 없으면 내가 행복할 수 없기 때문에 타인은 축복이지만, 또한 그 사람은 나에게 상처를 주는 사람이자 내가 다시 상처를 입히게 되는 사람임을 상기시킨다. 상처는 축복처럼 언제나 상호적인 특성

---

7 에덴 동산의 아담과 하와 이야기도 이러한 긴장을 이미 내포하고 있다. 여성으로 나타나는 타인은, 아담에게는 그녀와만 동등한 상대로서 관계를 맺을 수 있기 때문에, 아담을 행복하게 할 수 있는 단 하나의 존재이다. 신과의 관계조차 아담을 행복하게 하기에는 충분하지 않았다. 그러나 동시에 타인은 또한 근원적 조화를 파괴하는 행위, 곧 죄의 원인이자 공범자가 된다. 야곱과 그의 형 에사우, 요셉과 그의 형들의 이야기에서 나타나듯, 성경에서 형제들 사이의 관계를 이야기할 때 갈등과 죽음이라는 요소가 등장하는 것이 일반적이다.

을 지닌다.[8]

전근대와 고대의 사상에는 좋은 삶의 이러한 양가적 속성이 잘 드러나 있다. 곧 사람은 콤무니타스를 떠나서는 행복할 수 없지만, 타인과 자신의 존재 사이에 관계를 맺어야만 하고 타인이 존재해야만 하는 바로 그 본질적인 필요성 때문에 좋은 삶은 다양한 방식으로 죽음과 얽힌다. 이와 관련하여 고대 도시들의 창건 신화는 상징적이다. 성경에 나오는 첫 도시인 에녹Enoch은 남동생을 죽인 카인이 세웠고, 로마의 건국은 형인 로물루스가 동생 레무스를 암살한 것과 연관되어 있다. 새로운 친교koinonia인 교회ekklesia의 창설자로서 십자가에 못 박힌 그리스도는 서구 전체를 형성했던 이러한 고대의 통찰을 가장 잘 보여주는 상징이다.[9]

전근대 서구에서 공동선共同善, common good이라는 개념은 단순히 사적 이익을 **더하는** 것뿐만 아니라 **빼는** 것도 수반한다. 누군가의 사적인 이익에 해당하는 '내 것'의 일부를 포기하고 위험을 감수해야만 '우리의 것,' 즉 누구에게도 속하지 않기 때문에 모두에게 공통적인 공동선을 구축할 수 있다.[10]

---

8   야곱과 천사의 씨름을 인간관계에 대한 은유로 보는 관점에 대해서는 도메니코 페치니 (Domenico Pezzini)의 《야곱과 천사, 그 관계의 신비(Giacobbe e l'angelo. Il mistero della relazione)》(2001)도 참고하기 바란다.

9   하지만 다른 관점에서는 십자가에 매달렸다 부활한 그리스도가 고대 희생 신화의 극복을 의미한다. 이러한 측면에서 르네 지라르(Rene Girard)의 저작(1982)은 중요한 참고점이다.

절대자의 중재

전근대적 세계관은 본질적으로 여전히 전체론적全體論的, holistic이었다는 사실을 잠깐 짚고 넘어갈 필요가 있다. 전근대적 세계는 개인이 아니라 공동체로 표현되는 세계였다. 모든 것은 절대자로 흡수되었고 개인성은 드러나지 않았다. 여럿이 아닌 하나만이 존재하는 것이다.[11]

특히나 고대인들은 나-너Thou의 관계, 혹은 대등한 존재들 사이의 수평적 상호주관성intersubjectivity을 고려하지 않았다. 살면서 경험 속에서 몸으로 체득되는 공동체에서의 삶의 양가성은 고대 세계 뿐만 아니라 전근대의 그리스도교적 서구 사회에서도 보편적으로 하나의 **문화**로서 받아들여지지 않았다.

---

10 "우리 것은 내 것이 아니다"라는 말은 두 가지 상반되는 뜻으로 해석될 수 있다. 우선 공동선이 모두의 것이기 때문에 누구에게도 속하지 않는다는 의미이다. 공공시설로서의 공원은 누구에게나 속하기 때문에 내 것이 아니다. 이것은 시민사회적 해석으로, 공동선이 '우리의' 선(善)이며 그렇기에 집이나 가족과 마찬가지로 존중되고 보살핌을 받아야 한다는 느낌을 준다.
비사회적인 다른 의미는 '우리의'라는 말이 '내 것'이 아니기 때문에 나의 관심을 끌지 못하는 무엇이라는 점에서 '누구에게도 속하지 않는다'는 의미라는 느낌을 준다. 이 경우 내 것과 우리 것 사이에 이해의 충돌이 발생한다. 2009년 노벨 경제학상 수상자인 엘리너 오스트롬(Elinor Ostrom)은 자신의 책에서 "나는 사람들이 그들의 시민사회의 문화를 통해 '공동(common)'이 '우리의 것(ours)'을 뜻한다고 이해할 때는 진보하는 반면, '누구에게나 속한다(belonging to everyone)'는 말을 '누구에게도 속하지 않는다(belonging to no one)'고 해석할 때는 퇴보한다고 확신한다"(Ostrom, 1990)라고 강조한 바 있다.

사실은 훌륭한 삶을 위해 친구가 필요하다는, 방금 언급한 아리스토텔레스의 독창적인 통찰에 나오는 친구도 사회적, 문화적 맥락상 실제 상대인 너Thou로서의 친구가 아니라, **또 다른 자아**alter ego라는 의미로 읽어야 한다. 아리스토텔레스도 '친구는 또 다른 자아'라고 누차 말했다.(《니코마코스 윤리학》, 1170b)[12] 사실 마사 누스바움 같은 현대 철학자들이 주로 사회생활에 관한 아리스토텔레스의 사상을 비극적인 면과 관련지어 해석해왔지만, 이 위대한 그리스 철학자의 본래의 사상에서는 부정적인negative 것이나 '~가 아니다non'라고 부인하는 것의 가능성을 최소화하기 위해, 친구를 조심스럽고 선별적으로 선택하라고 가르친다.

친구가 많아질수록 상처받고 상호성이 배신당할 위험이 커지기

---

11   그리스도교는 삼위일체(三位一體,), 곧 그 자체로 '세 위격(位格, persona)'인 '일체,' 즉 '다수(多數)'로서 '하나'인 존재를 드러내어 완전히 새로운 사상의 시대를 열었다는 점에서, 그리스도교를 설명하려면 복합적인 담론이 필요할 것이다. 삼위일체의 차원이 어쨌든 중세의 사상과 시민사회의 삶에서 그 중요성을 부각하기에는 많은 난관이 있었던 것이 사실이다. 가톨릭 교회의 교회론에서 이를 의식적으로 받아들인 것은 제2차 바티칸 공의회 이후에야 비로소 이루어졌다. 프로테스탄트 교회에 관해서는 더욱 구체적인 담론이 필요할 텐데, 이들은 근대성에서 관계가 아닌 개인성을 부각하는 데 결정적 역할을 했다. 근대 사상의 주요 연구자들, 그중에서도 스피노자(B. Spinoza), 칸트, 애덤 스미스, 라이프니츠(G. Leibniz)는 프로테스탄트 문화로부터 나왔다. 그리고 어떤 면에서는 역설적이지만, 타자성(他者性, alterity)과 관계성에 관한 위대한 20세기의 성찰은 프란츠 로젠츠바이크(Franz Rosenzweig)부터 마르틴 부버(Martin Buber)에 이르기까지 주로 유대교 세계로부터 나온 결실이라는 사실이 여기에 보태져야 한다. 즉 유대교는 비록 신학 차원에서 신과 인간 사이의 계약과 인류학 차원에서 〈창세기〉의 남-여 관계, 모두에 해당하는 특정 관계성에 열려 있기는 하지만 삼위일체의 하느님이 아닌 유일신으로서의 하느님을 둘러싸고 구축된 세계이다.

때문에 친구는 매우 적을 수밖에 없다. 이런 의미에서 아리스토텔레스가 말하는 우애인 필리아는 선별적이고 배타적이다. 폴리스polis 생활의 기반이 되는 필리아는 소수의 대등한 존재들, 다시 말해 남성, 성인成人, 자유인, 그리고 대개는 같은 민족이라는 공통점으로 결집되는 사람들 사이의 필리아를 말한다. 아리스토텔레스가 《정치학(Politica)》 제1권에서 신중하게 구체화했듯이 외국인 거류민, 농민, 상인 등은 여기에서 배제된다.

친구가 다양성을 가져오는 존재임은 분명하지만 그리스인의 다양성은 비슷한 사람들 사이의 '긍정적' 다양성이다. 그들은 공통의 척도를 추구하며 그들 사이에는 '~가 아니다'라고 부인함으로써 서로 분리하고 상처를 주는 일이 끼어들 여지가 없다. 여기에 타자성他者性, alterity이란 존재하지 않는다. 아리스토텔레스와 대부분의 그리스인들에게 폴리스는 대등한 사람들의 공동체이지, 로마 시대의 도시 공동체인 치비타스civitas와 같이 동질적이지 않은 사람들로 이루어지는 경향이 있던 공동체가 아니었다. 또한 모든 정치적 기술은 '나-아닌-너'로 인한 고통을 피하는 데 있었다. 폴리스만이

---

12 에마뉘엘 레비나스(Emmanuel Lévinas)부터 로베르토 에스포지토(Roberto Esposito)에 이르기까지 몇몇 타자성의 철학은 관계성을 개방적이고 초월적이게 만드는 외부의 특정한 '그'를 통해 이러한 너/'또 다른 자아'를 넘어서야 한다고 생각한다. "타인의 과잉에 관한 그 모든 수사(rhetoric)들에도 불구하고, '타인과 나'라는 두 개의 용어를 일대일로 비교할 때 타인은 '나'와의 관계에서만, 또 언제나 그 관계를 통해 인식할 수 있다. 타인은 자신이 아닌 존재, 자기의 반대, 또는 자기의 그림자일 수밖에 없다."(Esposito, 2007, p. 129)

대등한 사람들이 관계를 맺는 장소였다. 마을과 가족 등 폴리스를 발생시키는 다른 모든 기초 사회 집단들은 평등하지 않은 공동체였기 때문이다.

국가나 폴리스의 기본 단위인 가족에 관해서 아리스토텔레스는 '주된 요소'가 '주인과 노예, 남편과 아내, 아버지와 아들'이라고 말하는데,(《정치학》, 1232b) 이는 세 가지 유형의 극히 불평등한 관계였다. 따라서 폴리스는 대등한 사람들 사이의 평등한 관계를 위한 장소이면서도, 불평등한 공동체들이 모여 집합체를 이루는 연속적인 과정들의 정점이 되어야 했다. 바로 여기에 이러한 정치적 비전의 역설이 존재한다. 이것이 바로 교육을 국가가 맡아야 하고, '교육이야말로 모든 사람들에게 유일하고 동등한 것'이어야 하는 이유이다.(《정치학》, 1337a)

그리스를 포함한 고대 세계에서 개인들 사이의 관계는 언제나 절대자, 즉 사람들과의 직접적인 접촉을 피하는 제3자에 의해 중재되었고, 공동체와 그 대표는 이 제3자를 상징하는 것이었다. 공동체는 단일한 유기체로 여겨졌고, 이 유기체의 모든 부분의 운명은 최고의 선善을 향해 가도록 미리 정해져 있다고 보았다.《정치학》에는 "시민들 중 어느 누구도 자신이 독립되어 있다고 생각해서는 안 된다. 그들은 모두 국가에 속하기 때문이다"라는 말이 나온다.(1337a)

이와 관련하여 〈창세기〉에 나오는 야곱의 씨름 이야기에서 성서적 전통이 또 다른 타인이 아니라 신神 자신, 또는 한 천사를 씨름하는 신비로운 존재로 그린 것은 흥미롭다. 비록 본문에서는 한 사람으로 언급하고 있지만 말이다. 성서적 전통의 문화에서는 그 신비로운 존재 안에서 또 다른 인간을 볼 **수 없다**. 야곱과 싸우다 다친 타인은 신이기 때문이다. 사람이 자신과 '완전히 다른 존재'인 신과 싸울 수는 없으므로, 야곱이 씨름한 상대방을 신의 천사들이라고 본다 하더라도 마찬가지이다. 고대인들은 신과의 이 씨름에서 상처 이면의 축복, 즉 야곱을 기다리고 있는 조상들의 땅을 보았다. 그러나 현대인들은 타인과의 씨름에서 축복의 가능성을 보지 못한다.

고통, 유한성, 죄는 모두 신과의 관계를 지향한다. 모든 것은 이러한 수직적 시각에서 이해되고, 이러한 시각이 사회적 삶에 적용되면 봉건적 위계질서 체제가 되는데, 이런 체제는 역동적인 여러 인간사 안에 신의 선한 뜻이 각인해놓은 성스럽고 자애로운 질서를 반영하는 체제라고 여겨졌다.[13]

나의 행복을 위해서 너와의 깊은 관계는 필요하지 않다. 나의 행복은 절대자인 신과의 관계를 통해서 나타난다. 전근대의 근본적인 관계 구조는 이렇듯 3원적이고 불평등하다.

기나긴 중세 전반全般은 이렇듯 콤무니타스가 손상된 자리에 개

---

13 언어적 병렬성을 흥미롭게 주목해볼 만하다. 전근대 세계에서 사람들은 부모, 사제, 신을 부를 때, 그리고 특정 맥락에서는 남편을 부를 때도 '너(you)'가 아니라 '당신(Thou)'이라고 했다.

3원적 관계 구조
절대자에 의해 중재된 관계성

인성이 하나의 범주로 서서히 출현하는 과정이었다.[14] 이 과정은 15세기 전반 토스카나의 시민 인본주의에 이르기까지 비교적 조화로운 방식으로 전개되었으나 그 후 르네상스, 종교개혁, 17세기 계몽주의와 함께 점점 더 빠르고 불가역적인 양상으로 확산되었다.[15] 근대 정치경제학의 탄생은 바로 이 문화적 과정 속에서 이해해야 한다.

14　수도 생활 운동부터 프란치스코회 운동에 이르기까지, 또 여러 탁발 수도회에 이르기까지, 중세의 중요한 카리스마 운동들에 대해서는 별도의 설명이 있어야 할 것이다. (카리스마에 대해서는 7장에서 상세하게 다룬다. ― 옮긴이)
　　카리스마의 전달자들, 즉 자신이 받은 특은을 실천하는사람들은 형제애, 곧 수평적인 관계성을 삶으로 체험했고 이를 전했다. 그러나 이러한 카리스마는 (절대적인 한 존재를 중심에 두는) 고대 정신의 철학적, 문화적 틀 안에서 읽히고 해석되었고, 카리스마의 전달자들이 전한 새로운 관계성의 잠재력은 그 최소한의 것 외에는 제도와 사회적, 철학적 시스템 안에 적용될 수 없었다. 아무튼 이러한 경험들, 곧 시민사회 차원에서 강렬한 깨달음의 빛을 체험했던 순간들은 사라지지 않고 남았다. 즉 역사의 토양에 묻힌 이 씨앗들은 나중에 적절한 시기가 왔을 때 싹을 틔우게 되었던 것이다. 전근대성(pre-modernity)과 포스트모더니티(post-modernity)에서 카리스마가 차지하는 역할은 역사책들에 통상적으로 서술된 내용 이상으로 매우 중요했다. 이에 대해서는 간략하게나마 마지막 장에서 다루어보고자 한다.

'너'의 발견, 천사가 타인이 되다

근대성의 기본 특성 중 하나는 '너'로서의 타인을 발견한 점이다. 즉 나와는 다른 존재로서 내 앞에 나타나는 주체이지만 동시에 나와 대등한 위치인 '너'라는 타인의 존재를 새로 발견한 것이다. 야곱과 싸웠던 신비로운 존재인 천사는 이제 타인이 된다.

일단 절대자가 지평선에서 사라지자, 즉 석양에 해가 지자 이러한 '신들의 황혼기'를 맞은 근대 인류는 이제 시선을 낮추어 주위를 둘러보게 되었다. 그리고 '나-아닌-다른 사람,' 곧 타인의 존재를 깨닫게 되

> 태양왕으로 불린 루이 14세 때 절정에 이르렀던 왕권신수설과 이에 기초한 절대왕권이 무너지던 당시 시대 상황을 말한다.

었다.[16] 중세 그리스도교 세계에서도 그랬지만 유일자the One의 세계에는 두 절대자를 위한 공간이 없다.[17] 전근대 세계에서는 인간이 초월적 절대자를 인정하고 스스로를 초월적 절대자보다, 그리고

---

15 나는 이전 책(Bruni, 2004)에서, 근대 개인주의 경제학의 탄생으로 이어졌던 이 역사적 진화를 재구성한 바 있다.

16 근대 문화에서 이 '절대적 존재의 황혼기'가 나타난 형이상학적 이유가 무엇인지 자문해 보면 흥미로울 것이다. 주세페 마리아 잔기(Giuseppe Maria Zanghi)의 다음과 같은 해석은 흥미롭다. 그는 유럽의 무신론과 절대자 신의 육화(肉化 Incarnation of God)라는 그리스도교적 사건을 연관 짓는다.(Zanghi, 2007) 절대자 신이 그리스도 안에서 사람의 몸으로 육화됨으로써 인류를 위해 '너'가 되어주었기에, 인류는 이제 그 신을 알아보지 못하거나 부인할 수도 있다는 것이다. 이 일이 실제로 벌어졌고 지금도 벌어지듯이 말이다.

신과 인간 사이에서 중재 역할을 하는 이들보다 하위에 두면서 그들에게 복종하는 존재로 자리매김하곤 했다.

근대 이후의 세계에 절대자는 더 이상 존재하지 않으며[18] 인간은 자신과 비슷하지만 자신은 아닌 다른 인간 앞에 선다. 모든 '나'는 다른 '나'에게 내가 '아닌' 존재이며 하나의 비존재a non-being로 나타난다. '내가-아닌-타인'이 다른 나로서 **존재**한다면 나는 어떻게 **존재**할 수 있는가?[19]

이제 우리 논의의 결정적인 지점에 이르렀다.

근대성이 타인이라는 존재를 발견한 것은 부정적 속성의 발견이었다. 곧 진정한 타자성이 필연적으로 수반하게 되는 '아님'을 발견한 것이다. 근대인은 타인에게서 축복보다는 주로 상처를 보았다.

---

17   13세기의 위대한 수피 신비주의자 잘랄 알 딘 루미(Jalal al Din Rumi)는 "신 앞에 두 명의 '나'를 위한 공간은 없다. 당신이 '나'라고 말할 때 그도 또한 '나'라고 말한다. 모든 이원성이 사라지게 하려면, 당신이 그 앞에서 죽거나 그가 당신 앞에서 죽어야 할 것이다"라고 썼다.(Rumi, 2006, p. 45) 전근대 세계에서는 인간이 "죽어가곤 했다." 근대 세계에서는 신이 "죽었다."

18   근대 이후 인간은 더 이상 절대자를 의무적으로 거쳐야 한다는 점을 받아들이지 않았고, 니체와 프로이트 같은 사상가들이 근대성의 여정의 정점에서 언명했듯, 오히려 절대자는 인간이 그의 인간됨을 온전히 표현하지 못하게 방해하고 온전히 인간이 되는 것을 가로막는 존재로 점점 더 여겨지게 되었다.

19   진정한 의미에서의 삼위일체 사상이 개입했더라면 이러한 긴장 관계를 함께 아우르며 지탱해나갈 수 있었을 것이다. 신의 세 위격에 대한 숙고에서 각 위격은 서로 다른 존재가 아니라 일체임을 깨닫게 되었기 때문이다. 그에 비해 서구 인본주의는 얼마나 삼위일체적이지 못했는가! 여전히 유일자의 범주에 단단히 묶여 있던 근대 사상은 타인을 자기의 부정으로 보았다.

자아의 실재實在, 그리고 '내가-아닌-타인'의 실재는 긍정적 속성, 곧 타인이 내게 줄 수 있는 행복이 아니라 오히려 부정적 속성, 곧 비존재, '아님'과 연관 지어졌다.

주체로서의 나의 존재를 발견하려는 열정이 있었고 실제로 이는 열정이 관건이었는데, 이러한 발견의 절대적인 중요성을 감안하면 이 열정은 정당한 것이었다고 하겠다. 근대성에서는 이 열정과 함께, 타인도 존재한다는 것에 대한 두려움 역시 따르게 되었다. 근대인이 '나'라고 말하는 바로 그 순간, 그는 마치 '너'라는 말이 '나'를 부정하는 듯한 두려움 속에서 '너'라고 말하는 것이다. 그리고 어쩔 수 없이 '너'라고 말해야 할 때에는, 무슨 수를 써서라도 이 '너'를 대등한 존재로 인정하지 않으려 하고, 이 '너'야말로 나 자신의 행복에 필수불가결한 원천이라는 점도 받아들이지 않으려 한다. 타인이라는 존재를 발견한 것은 서로를 인정하는 한 가지 방법이 된 것이 아니라, 오히려 타인과 눈을 마주치지 않고 도피할 방법들을 모색하는 시기를 열었다. 이러한 경향은 지금도 한창 진행 중이다.

토머스 홉스와 애덤 스미스는 사회과학의 이 획기적 과정에서 두 가지 결정적인 순간들을 대표한다. 홉스가 말한 리바이어던과 스미스가 말한 시장의 '보이지 않는 손'은 나-너 관계의 중재자로서 절대자를 대체하려고 했다. 타인을 발견하면서 그 발견 안에 내재된 '아님'과 마주쳤을 때, 근대 정치사상과 경제사상은 그러한 부정적 속성과 상처를 대면하지 않으려 했고 이를 가로질러 가는 것도 원치 않아 주된 연구 주제로 삼지 않았다. 도리어 근대 정치사상과 경제사상은 대인 관계 구조를 전근대성의 상태로 되돌려놓았다. 곧 '나/중재자/너'라는 관계 구조에서 신이 맡았던 중재자 역할을 이제는 리바이어던이나 시장이 대신하도록 한 것이다. 주지할 점은, 이렇게 되었을 때 중재자로서 리바이어던이나 시장은 신이 했던 역할과 마찬가지로 리스크risk와 만나지 않도록 하는 기능을 한다는 것이다. 이 경우 리스크는 '나'와 대등한 입장에서 내 옆에 나란히 서게 되는 '타인'이라는 존재 자체이다.[20] 이 은유를 선택한 데서 알 수 있듯이 **새로운 형이상학**은 전근대의 형이상학의 자리를 차지하게 되었다.

홉스의 정치학과 스미스의 경제학에는 직접적인 상호주관성이 존재하지 않는다. 대신 중재된 관계성, 익명의 관계성이 존재하는데, 이는 바로 그 개인적인 '너'가 자체적으로 수반하는 부정의 속성과 고통에 대한 두려움 때문에 찾게 된 관계성이다. 따라서 스미스에게는 사적 계약, 홉스에게는 사회계약에 해당하는 계약은 이러한 작용의 주요 도구가 되었고, 여기에서 "계약은 무엇보다 먼저 선물이 **아니라, 의무**munus의 **부재**不在이다."(Esposito, 1998, p. 25)

그러나 타인은 내 이름을 물어본 다음에야 비로소 나를 축복해

---

20 홉스와 스미스 두 사람 모두 활동했던 배경인 프로테스탄트 문화와 관련해서는 해야 할 이야기가 많을 것이다. 그들이 중재자를 거부한 자리에 사실상 다른 중재자들이 만들어졌고, 이 중재자들은 장기적으로는 전근대 못지않은 폭군이라는 사실이 드러나고 있다.

준다. 이와 관련해 구약 성경 〈창세기〉에는 다음과 같은 대목이 나온다.

바로 그 밤에 야곱은 일어나, 두 아내와 두 여종과 열한 아들을 데리고 야뽁 건널목을 건넜다. 야곱은 이렇게 그들을 이끌어 내를 건네 보낸 다음, 자기에게 딸린 모든 것도 건네 보냈다. 그러나 야곱은 혼자 남아 있었다.

그런데 어떤 사람이 나타나 동이 틀 때까지 야곱과 씨름을 했다. 그는 야곱을 이길 수 없다는 것을 알고 야곱의 엉덩이뼈를 쳤다. 그래서 야곱은 그와 씨름을 하다 엉덩이뼈를 다치게 되었다. 그가 "동이 트려고 하니 나를 놓아 다오" 하고 말하였지만, 야곱은 "저에게 축복해 주시지 않으면 놓아 드리지 않겠습니다" 하고 대답했다.

그가 야곱에게 "네 이름이 무엇이냐?" 하고 묻자, "야곱입니다" 하고 대답했다.

그러자 그가 말했다. "네가 하느님과 겨루고 사람들과 겨루어 이겼으니, 너의 이름은 이제 더 이상 야곱이 아니라 이스라엘이라 불릴 것이다."

야곱이 "당신의 이름을 알려 주십시오" 하고 여쭈었지만, 그는 "내 이름은 무엇 때문에 물어보느냐?" 하고는, **그곳에서 야곱에게 복을 내려 주었다.** (〈창세기〉 32장 23~30절)

야곱은 그 상처를 입은 뒤 이름을 바꾸어 이스라엘Israel이 되었다. 유대인들의 세계에서 이름은 그 사람의 깊은 본성, 곧 정체성과 관련이 있다. 개인이 타인과의 관계에서 깊게 상처를 입을 때 그 만남은 그 사람을 변화시키거나 탈바꿈시킬 수 있다. 더 나아가 상처는 새로운 생명을 가져다주며 많은 결실을 맺는다. 야곱은 이제 단지 한 사람이 아니라 민족 전체의 상징인 이스라엘, 곧 집단적 인물이 된 것이다.

근대 이후 사회과학은 이렇듯 새로운 중재자들의 새로운 '제3자성第三者性, thirdness'이 발명되는 데에서 태어났다. 그러나 개인들 사이의 극적인 만남을 피해야 할 필요성에 대해서는 근대 이후 사회과학이 어떤 식으로든 의문을 제기하지 않는다. 이 새로운 '제3자'는 더 이상 신神이나 콤무니타스에 해당하는 제3자가 아니며, 나-너 관계를 열고 보편화하는 제3자, 즉 에마뉘엘 레비나스Emmanuel Lévinas가 말하는 섬세한 의미의 '그'나 '그녀'도 아니다. 이 새로운 제3자는 우리의 관계에서 의무성이 소거消去되어 상호적으로 '책무를 면제해주는,' 즉 상처받지 않고 서로 만날 수 있는 자유 구역을 우리에게 보장하고 약속하는 제3자다.[21]

근대성은 '너'보다는 **이러한** '그'를 선호했다. 곧 우리가 서로 접

---

21 인간 관계성에서 '제3자'의 의미에 관해서는 루이지 알리치(Luigi Alici, 2004)의 철학 연구를 참조.

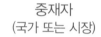

중재자
(국가 또는 시장)

나   너

촉하지 못하게 하고 서로 상처를 주지 못하게 하는 중립적인 제3
자를 선호했던 것이다.[22] 이 제3자는 블라디미르 얀켈레비치Vladimir
Jankélévitch가 말한 '다른 사람'으로서의 '누군가'라고도 할 수 있고,
프랑스어 표현이 지닌 의미론적인 풍부함을 살려서 페르손personne,
사람이라고도 명명命名할 수 있을 것이다.[23]

　이와 관련해서는 특히 존 롤스John Rawls의 자유주의 신계약 이론
이 대표적이다. 감정, 소속감, 우정과 강한 유대감은 모두 위험하
고 집단 이기주의와 배타성을 지향하는 경향이 있기 때문에, 사회
계약은 그 이론적인 전제 조건들 가운데 하나로 서로에 대한 '상호
무관심'을 요구한다.(Rawls, 1971, pp. 128-129)

　넓고 다원적이고 자유로운 사회가 '공정'하려면, 그 사회의 개
인들은 어딘가에 유대 관계로 얽매이지 않아야 하고 과도한 열정
도 없어야 한다. 나와 너의 차이는 **단순히 그 차이를 없애는 것으로** 해

22　실제로 로베르토 에스포시토는 가장 근본적인 모순은 고전 사회사상에서 말하는 공동체
　　와 사회 사이의 모순이 아니라 콤무니타스와 임무니타스 사이의 모순이라고 지적한다.

결된다. 곧 나와 너의 차이로부터 나를 보호하기 위해 사회계약 및 사적 계약을 맺는데, 이러한 계약들은 점점 더 정교해짐으로써 사람들 사이에 대화가 필요 없게 되고, 만남은 더더욱 필요 없어지며, 단지 서로 간의 무관심만이 요구될 뿐이다.

이러한 의미에서 시장에서의 계약의 상호성contractual reciprocity은 상

---

23 '제3자'에 대한 뛰어난 고찰로는 에마뉘엘 레비나스의 고전적 저작들 외에도 로베르토 에스포시토의 고찰이 있다.(《제3자(Terza persona)》, 2007)

내가 이 책에서 제3자성에 대해 제안하는 관점은, 건강한 나-너 관계를 위해 비인칭적인 제3자가 필요하다고 보았던 에스포시토의 관점과는 다르다. 오히려 내 관점은 인류학적 지평에서 보는 입장이며, 블라디미르 얀켈레비치의 지평에 더 가깝다.(《Traité des vertus》, vol. II, Les vertus et l'amour, 1970) 이는 제3자성의 차원인 정의(justice)를 타자성과 대립되는 것으로 보는 것이 아니라, 오히려 사랑이라는 범주 덕분에 제3자성도 중재를 거치지 않은 나-너 관계 또는 즉각적인 나-너 관계에 들어올 수 있도록 다시 끌어들이는 것이다. 그는 "절대적으로 제3자인 사람은 괴물이다"(1970, p. 780)라고 단언한다. 그리고 "그러므로 제3자는 제1자이자 제2자이기도 하다. 이 경우 1, 2, 3인칭의 숫자는 순위나 영구적인 기능, 혹은 단자(單子, monad)에 적용되는 절대적 속성들을 가리키는 것이 아니라, 어제, 오늘, 내일 같은 순간들과 마찬가지로, 자아(ego)의 관점에서 보는, 한 사람의 상대적 상황, 곧 그 사람이 타인과의 관계 안에서 갖게 되는 상대적 상황을 나타낸다"고 덧붙인 바 있다.(같은 책)

사실 관계가 개방적이고 문명화하는 역할을 할 수 있다면, 그리고 에로스와 필리아에만 국한되지 않고 아가페에도 감화를 받는다면, 그 관계 자체는 항상 나-너 관계에 대해서는 하나의 제3자가 된다. 그러나 이 제3자는 대인 관계에서 의무성이 소거된 '그/그녀,' 그래서 책무를 면제해주는 '그/그녀'가 아니라, 언제나 '너'로 남을 수 있고 그렇게 '너'로서 남아야 할 제3자이다. 바로 이 지점이야말로 서구 사상이 문화적 논의에서 더 강력하게 주장해야 할 바이다.

"우리 가까이에 있는 사람들, 이웃들 안에서 타인(autrui)이라는 존재를 사랑함으로써, 우리는 각각의 **타인**을 이웃이라는 존재가 되게 할 가능성, 모든 제3자를 '2인칭적인 존재가 되게' 할 가능성을 지니게 된다. 우리는 개개의 사람을 즉각적인 사랑으로 사랑함으로써, 낯선 사람을 형제로 인식하는 법을 배우고, 보편적인 이웃 관계성의 세계에서 사는 법을 배우게 된다."(Jankélévitch, 같은 책, p. 798)

호성의 새로운 형태로서, 기존의 자유롭고 상호적인 선물에 기초를 둔 상호성을 대체하는 근본적인 것이 되기에 이른다. 다시 말해서 선물은 우리를 하나로 결집시키는데, 선물이 우리로 하여금 우리 중 그 누구의 것도 아닌 공동의 땅, 공통의 기반을 강조하도록 만들기 때문이다.

반면 계약에서는 내 것은 너의 것이 **아니고** 너의 것은 내 것이 아니기 때문에 서로의 관계는 사라지고, 계약은 우리 서로를 상호 면역immune 상태로, 곧 관계성이 소거된 상태로 만들어준다.[24] 그 공동의 땅, 공통의 기반은 특히 대등한 사람들 사이의 관계가 맺어지는 곳일 경우 갈등과 충돌, 죽음의 장소이기도 하다. 근대성은 이러한 갈등과 충돌, 고통을 받아들이려 하지 않았고, 이를 위해 그 공동의 땅, 공통의 기반이 주는 삶의 결실들도 포기했던 것이다. 바로 여기에 핵심이 있다. 근대성은 이러한 결합의 불가항력성을 깨고 싶어 했지만 결국 해내지 못했고, 이에 대해 너무도 엄청난 대가를 지불해야 한다는 사실이 지금 드러나고 있는 것이다.

특히 애덤 스미스를 필두로 하는 18세기 경제학의 출현은 근대성의 이 대대적인 관계의 '면역화immunizing' 프로젝트에서 결정적인 사건이며, 이러한 관점에서 보면 이 면역화 프로젝트는 마키아벨리 및 홉스와 긴밀하게 연결되어 있다.

---

24 같은 책, p. 781.

제2장

무상성이 없는 과학, 현대 경제학

COMMUNITAS
ECONOMY

우리가 친구를 찾는 것이 본성과 본능 때문은 아니다.

오히려 우리는 친구로 인해 얻게 되는 명예와 이익을 찾는다.

우리는 우선 이익을 원하며, 친구는 그다음에 온다.

– 토머스 홉스

애덤 스미스의 '원죄'

애덤 스미스의 주장을 자세히 살펴보면 그가 현대 경제학의 진정한 아버지임을 알 수 있다.[1] 그는 이 책의 논의에서 핵심적인 위치를 차지하므로, 다소 반복되더라도 여러 번 언급할 것이다. 다음

---

1   정치경제학의 기초를 놓은 사람들은 인정하지 않을 수도 있지만 홉스와 스미스 사이에는 긴밀한 연속성이 있다. 홉스는 자유롭고 평등한 사람들 사이의 사회적 계약에 기초하여 근대 사회를 낳기 위해 콤무니타스, 곧 공동체성의 죽음의 필요성을 이론화한 가장 급진적인 저자였을 것이다.(Bobbio, 1993) 스미스는 이에 대해 명시적으로 표현하지 않았지만 결코 덜 급진적이지도 않다. 정치경제학의 토대를 마련하기 위해 그가 실행한 문화 활동의 핵심에서 이와 유사한 의도를 발견할 수 있다. 즉 계약은 무누스(munus), 곧 직무 혹은 임무를 대신하고, 더 나아가 계약이라는 상호성의 형태(계약의 어원은 cum-trahere, 함께 이끌다, 함께 유지하다)는 무누스와는 반대의 의미인 상호성 또는 관계성의 한 형태로 간주된다. 무누스의 특성은 타인들의 호의와 자비심에 의지하도록 하면서 의무를 부여하고 결속시키는 데 있지만, 계약의 특성은 자유와 독립이다.

과 같은 그의 가장 유명한 말로 논의를 시작해보자.

> 우리가 저녁을 먹을 수 있는 것은 푸줏간 주인, 양조장 주인, 혹은
> 빵집 주인의 자비심 덕분이 아니다. 그들은 자신의 이익에 충실
> 했을 뿐이다. 우리는 그들의 인간성이 아니라 이기심에 호소하며,
> 우리가 원하는 것이 아니라 그들의 이익에 대해 이야기한다.(《국
> 부론(The wealth of nations)》, I.ii.2)

위 글에서 제시된 논리는 고전적 자유주의 경제학의 핵심일 뿐
만 아니라 오늘날 시장경제의 확장과 세계화의 이면에 놓여 있는
인본주의를 이해하는 중요한 열쇠가 된다. 애덤 스미스는 '동료 시
민들 간의 선의'로부터 독립하는 것이야말로 시장 도입으로 생성
된 새로운 사회성과 연관된 긍정적 가치라고 강조했다. 시장 관계
에 의해 우리는 타인의 호의love에 의존하지 않고도 우리의 필요need
를 충족시킬 수 있게 되었다. 모두가 인격도 이름도 지운 채 시장
의 '보이지 않는 손'에 의존함으로써 우리는 누구에게도 **개인적으로**
기대지 않으며, 잠재적으로 고통스러울 수도 있는 개인적 만남도
필요 없게 되었다. 우리는 익명의 다수로부터 도움을 받지만 특정
인에게는 의존하지 않는다.

"각 상인이나 기술자는 고용을 통해서 생계를 유지하되, 1인이
아닌 100명 혹은 1,000명의 서로 다른 고객을 통해서 생계를 유지

한다. 그러므로 어떤 측면에서는 그들 모두의 도움을 받고 있다고
는 할 수 있지만, 그들 중 특정한 누군가에게 전적으로 의존하는
것은 아니다."(《국부론》, III.iv.12)

우리는 특정인에게 상처를 입을 위험 없이 익명으로 시장에 의
존한다. 스미스는 시장경제가 직접적으로 문명화를 이끌게 된 원
인이 바로 여기 있다고 보았다. 시민사회이자 문명사회이되 임무
니타스immunitas, 곧 관계성의 제거, 면역성에 기초한 문명이다. 이
러한 관점에서 그의 《법학 강의(Lectures on Jurisprudence)》 중 다음
구절은 상징적이다.

> 한 나라에 상거래가 도입될 때는 매번 정직과 정확성이 수반되곤
> 한다. 무례하고 야만적이고 원시적인 나라에서 이러한 미덕은 거
> 의 찾아보기 어렵다. 유럽의 모든 국가 중에서 가장 상업화된 네
> 덜란드인은 자신들의 말에 책임을 진다. 영국인은 스코틀랜드 사
> 람보다는 낫지만 네덜란드인에 비할 때는 이런 점에서 훨씬 못 미
> 친다. (《법학 강의》, '치안에 대해서')

애덤 스미스의 복잡한 사상을 올바르게 평가하려면 그가 전근
대 사회의 전형적인 비대칭적이고 불평등한 사회적 관계를 사회
적, 문화적 공격 대상으로 삼고 있었음도 염두에 두어야 한다. 그
관계에는 걸식하는 가난한 사람에게 베푸는 힘 있고 부유한 사람

의 자선 행위 뒤에는 실제로는 헤겔G.W. Friedrich Hegel이 '주인과 노예'의 관계라고 칭했던 권력 관계가 숨어 있다는 것이었다. 이러한 비대칭적 사회관계는 절대자의 존재를 특정한 방식으로 이해한 데서 비롯된 직접적인 문화적 결과였다. 이것이 바로 스미스가 독립성에 기초한 인본주의를 윤리적으로 정당화하는 근거이다. "거지가 아니고서는 누구도 동료-시민의 선의에 의존하려고 하지 않는다."(《국부론》, I.ii.2) 그가 생각한 선의는 무상성과 상호 자유의 표현으로서의 선물보다는 마르셀 모스Marcel Mauss의 의무를 지게 만드는 선물인 무누스의 개념에 더 가깝다. 마르셀 모스가 말한 무누스는 사회관계에서 권력과 지위의 비대칭을 나타내고 강화하는 선물로서, 선물을 받은 사람은 선물을 갚아야 할 의무를 지게 된다.

스미스가 전근대 사회의 삶을 떠올릴 때 염두에 둔 '타인'은 나를 축복하고 나를 행복하게 하는 존재가 아니다. 오히려 홉스가 말한 것처럼 나와 동등하게 옆에 있는 존재가 아닌, 나의 위 혹은 아래에 있는 존재이다. 다시 말해 스미스에게 공적 영역에서의 타인들과의 직접적이고 개인적인 관계는 봉건 시대와 같은 것이었다. 그러므로 이러한 관계는 익명성에 기초하여 중재된 새로운 사회성으로 극복해야 하고, 스미스는 이 새로운 사회성이 타인들의 선의와 의무로서의 선물, 즉 무누스에 의존하지 않기 때문에 보다 문명적이라고 생각했다. 애덤 스미스와 안토니오 제노베시Antonio Genovesi, 피에트로 베리Pietro Verri의 인본주의적인 영감을 이해하기 위해서는 시장에 대한 열정에, 전근대 공동체에서 소수의 봉건 군주가 다수의 하인들에게 가했던 고통과 굴욕에 대한 분노가 결합되어 있음을 알아야 한다.

이러한 이유에서 "문명사회에서 개인은 항상 다수의 협조와 도움을 필요로 하지만 일반적으로 평생 몇 사람과 친구로 지내기도 빠듯하다"(《국부론》, I.ii. 2)라는 문장에서 알 수 있듯, 스미스는 큰 사회에서 살아가기에는 개인의 우정만으로는 충분하지 않다고 인식했다. 그뿐만 아니라 작은 마을 공동체에서나 가능할 이런 상태라면 필요한 것을 얻기 위해 친구가 충분히 많아야겠지만, 대규모 상업사회에서는 보다 시민적인 관계라는 새로운 형태의 필리아가 가능하며, 그것은 자유롭게 선택할 수 있다는 점에서 도덕적으로 더 고양된 개념이라고 보았다.[2]

요약하면 스미스는 중재되지 않은 관계는 비문명적이고 봉건적이고 비대칭이며 수직적인 관계라는 이유로 시장의 중재를 중시한다. 시장의 중재는 적어도 이론적으로는 분명히 그가 고안한 말

---

2   앨런 실버(Allan Silver)는 다음과 같이 썼다. "애덤 스미스에 따르면, 전근대적인 필연적 관계를 상업사회의 관계로 대체하는 것은 도덕적으로 우월한 형태의 우정, 즉 자연스러운 동정심에 기초한, 자발적이면서도 의무적일 필요가 없는 우정을 수반한다."(1990, p. 1481) 이를 바탕으로 무관심이나 이질성의 범주로부터 자유로운 시민사회가 출현할 만한 조건이 창출될 수 있다. 타인은 나의 적도 아니고 동맹도 아니다. 타인은 그저 내게 무관심하다. "이방인(stranger)은 우리가 특별한 호의나 공감을 기대할 수 있는 친구도 아니고, 동시에 적도 아니다."(같은 책, p. 1483)

이다. 이 중재되지 않은 관계에서 타인은 나를 해친다. 왜냐하면 타인은 나를 지배하는 강력한 사람이나 주인이 될 수도 있고, 나와 동일한 조건에서 경쟁하는 것이 아닐 수도 있기 때문이다. 따라서 시장은 이렇게 중재되지 않고 문명화되지 않은 관계는 회피하고, 인간적인 의미에서 보다 고차원적인 관계를 형성할 수 있게 해준다. 거지도 돈을 가지고 정육점에 갈 때는 판매자와 동등한 교환을 할 수 있는 관계가 된다. 스미스의 관점에 따르면 그 관계는 시장에 의해 중재되었다는 바로 그 이유로 시장이 없는 세계에서의 본래의 의존적 관계와 비교할 때 더 인간적이다. 물론 스미스는 사적 생활에서 중재를 거치지 않은 면面 대對 면 관계가 있을 수 있다는 것을 부인하지 않지만, 그것은 가족이나 친한 친구들의 모임 같은 사적인 영역에만 한정된다고 보았다. 시민 생활에는 시장도 포함되며 그가 시장을 시민사회라고 보는 것은 단지 이런 관점에서만이다. 시장을 포함한 시민 생활에서 타인은 익명으로 만나는 것이 좋다. 왜냐하면 얼굴을 맞대게 되는 타인은 나와 같은 '형제'가 아니라 나보다 낫거나 못한 사람이기 때문이다.

'선행' 없는 경제학

애덤 스미스의 '오류'에는 또 다른 측면이 있다. 저서 《도덕감정론(The Theory of Moral Sentiments)》에서 그는 "그러므로 사회를 유지하는 데 선행beneficence은 정의보다 덜 중요하다. 가장 편안한 상태는 아닐지언정 사회는 선행이 없어도 존재할 수 있다. 그러나 부정이 팽배하면 사회가 무너지게 된다"라고 했다.(II.ii.3.5) 그리고 여기에 기초해서 다음과 같이 말한다.

> 사회는 상인들 사이에서처럼 그 어떤 형태의 **상호 간의 사랑**love**이나 애정**affection **없이도** 개인의 이익을 고려하는 것을 기반으로 한 효용의 측면에서 서로 다른 사람들 사이에 존재할 수 있다.(《도덕감정론》, II.ii.3.4)

이 중요한 주장에 일견 동의할 수도 있겠다. 그러나 이 주장에는 다음과 같은 함정이 하나 숨어 있다. 곧 시민사회가 실제로 선행이나 자선charity의 동의어로 간주될 수 있는 무상성 없이도 작동되거나 발전할 수 있고, 계약은 선물에 대한 좋은 대체물이 될 수 있다는 생각이다. 이는 오늘날 글로벌 사회에서 점차 많은 동의를 얻고 있는 주장이기도 하다. 선물과 우정은 사적인 영역에서 중요하지만, 시장과 시민사회에서는 선물 없이도 잘 지낼 수 있다고들 말한다. 이미 우리가 보았듯이 선물은 오히려 고통과 상처라는 부담을 줄 수 있기 때문에 정확히 말하면 선물 없이 더 잘 지낸다는 것이다. 그러나 사실 풍요로운 경제에서 고독과 비참함이 더 커지고 있다는 것은 무상성이 없는 사회는 살 만한 곳이 못 되고 기쁨을 체험할 수 있는 곳은 더더욱 아니라는 사실을 말해준다. 공적 영역과 사적 영역의 경계가 사라지고 있는 포스트모던 사회에서는 특히 더 그렇다. 우리가 직장, 정치, 단체 등 사회의 공적 영역에서 무상성을 생활화하지 않는다면 우리는 사적 영역에서도 무상성을 살고 있지 않는 것이다.

이와 같은 애덤 스미스의 견해가 현대 경제학의 핵심에 자리 잡고 있는 것은 전혀 아니다. 대부분의 대학에서는 '보이지 않는 손'에 대한 언급을 제외하고는 스미스의 경제 이론을 가르치지 않는다. 그러나 경제적 교환을 상호 간의 무관심에 기반한 것으로 보고, 시장에서는 사람 간에 직접적인 인간관계를 맺지 않고 익명으로 만나는 것이 바람직한 덕이라고 여기는 생각은 여전히 현대 경제학의 전체 체계를 지탱하고 있다. 이 점에서 현대 경제학은 '아담Adam' 스미스가 지은 원죄의 상속자이다.

요약하면 스미스가 생각한 상처, 그가 시장의 중재를 통해 피하고 싶었던 상처는 내가 동료들 간의 우정과 수평적 관계에서 받는 상처가 아니라 상하 관계의 비대칭적 권력, 그리고 객관적으로 존재하는 억압에서 생기는 상처였던 것이다. 그리고 더 문명적이고 인간적인 사회를 만들기 위해 이와 같은 상처가 생기지 않도록 해야 한다는 것을 누가 부인할 수 있겠는가. 그렇다면 시장에 의한 중재는 왜 문제가 되는가?

이 책의 나머지 내용들은 이러한 질문에 답해보고자 하는 하나의 시도이다. 지금은 일단 한 가지만 생각해보아도 충분할 것이다. 즉 만일 시장이 스포츠나 오페라, 혹은 구체제ancien régime하에서의 시장이 그랬던 것처럼 범위가 제한적이고 삶의 다른 부분과는 뚜렷이 구분되어 있었더라면, 우리는 상처를 주지 않고 고통 없이 서로를 만날 수 있는 이 자유 지대의 존재를 지나치게 걱정할 것 없이, 그리고 아마도 어느 정도 열정도 가지면서 받아들일 수 있었을 것이라는 점이다. 오히려 시장을 사람들의 성장과 자유의 수단으로 보려 했을 것이다. 왜냐하면 예전에도 그랬고 지금도 그렇듯이 어떤 지역에서는 과도한 공동체성이 사람들을 얽매고 함정에 빠뜨리기 때문이다. 그러나, 이것이 중요한데, 만약 시장이 공동생활을 조직하는 주요 수단이 된다면, 다시 말해 지금 점차 확산되는 것처럼 시장이 보건 분야에서 교육 분야, 아동복지부터 노인복지에 이르기까지 시민 생활의 모든 영역에 침투해 들어간다면 시민의 사회관계를 시장의 계약에만 위임하는 것은 불충분하고 위험할 것이다. 마찬가지로 중재의 논리와 사람들 간의 직접적인 만남이 없는 인간관계에 기반을 둔 리바이어던식의 강력한 국가 역시 이러한 인간관계의 실패를 치유할 수는 없다.

이렇게 보면 애덤 스미스의 '원죄'는 사람들 사이의 관계를 언제나 미개하고 비대칭적이라고 봄으로써 중재된 관계라면 그 어떠한 관계든 중재되지 않은 관계성보다는 더 문명화하는 역할을 한다고 판단했던 데 있다. 쉽게 말하면 목욕물을 버리려다 아기까지 내다 버린 격이다. 그는 인간관계의 특정 유형에 불과한 비대칭적이고 봉건적인 인간관계가 마뜩잖다고 해서 관계 전체를 외면한 것이다. 물론 이러한 판단에 어떤 의도가 있는 것은 아니었으므로 그의 원죄는 사소한 죄라고 할 수도 있을 것이다. 사람들 사이의 관계를 미개하고 비대칭적으로 보았던 것은 카를 마르크스Karl Marx의 이론도 별로 다르지 않다.

시장 내에서 긍정적인 관계를 회복하는 일은 앞으로 수년간 우리 삶의 질에 결정적인 도전이 될 것이다. 만일 우리가 시장 내에서 이런 관계성을 회복하려고 한다면 경제 이론은 애덤 스미스를 뛰어넘어, 단순히 계약적이고 서로 상처를 주지 않는 데 그치는 면역된 관계성을 넘어서는, 무상성이 가능한 경제학을 바라볼 수 있어야 한다.

상호성, 상대의 반응에 따라 행동이 달라진다

이 장을 마무리하기에 앞서 최근 수년간 경제학적 논의에 합법적으로 진입하고 있는 한 가지 중요한 쟁점에 대해 언급하고자 한다. 이 쟁점은 우리의 담론과 관련해 흥미로운 전망을 제시한다. 사족으로 여겨질 수도 있겠지만 특별한 가치가 있는 사항들임을 말해두고 싶다.

경제학자들 중에도 상호성에 대한 이론적 관심을 새롭게 갖게 된 사례들이 있다. 최근 이 주제에 대한 활발한 토론이 이루어지면서 리스크와 위험이 따르는 개인의 관계성 차원을 진지하게 회복시키고자 하는 몇 가지 새로운 시도들이 뚜렷이 드러나고 있다. 상호성에 관한 연구와 이에 따른 관련 참고문헌 목록의 증가는 스미스의 유산을 물려받은 전통적 경제 이론에서 예견되었던 행동과는 괴리가 있는 행동의 중요성을 보여주는 실험경제학과 행동경제학의 출현 및 성장과 연결되어 있다.[3]

이 새로운 연구 경향은 기존의 일반 경제 이론으로 설명할 수 없는 행동을 집중적으로 살펴보는 실증적이고 실험적인 분석들로 인해 생겨나게 되었다. 그중 연구의 대상이 된 첫 번째 이상 현상 중에는 이론적으로는 기회주의가 나타날 것으로 예측되는 상황에서 실험 결과 협력적 태도를 보인 상호작용에 나타난 몇몇 사례들

---

3   행동경제학과 실험경제학은 둘 다 1970년대 말에 시작되었는데, 이 두 접근 방식의 차이점은 본질적으로 다음과 같다. 곧 버논 스미스(Vernon Smith), 켄 빈모어(Ken Binmore), 찰스 플롯(Charles Plott)의 실험 접근법에서는 주로 신뢰의 역할과 합리적 선택에서 선험의 역할이 나타나고, 개인의 선택 이면의 심리적 역동성을 탐구한 대니얼 카너먼(Daniel Kahneman)과 로버트 서그덴(Robert Sugden)의 행동경제학에서는 자기 이익의 역할이 나타난다는 점이다. 이 논쟁과 19세기 후반 빌프레도 파레토(Vilfredo Pareto)와 프랜시스 에지워스(Francis Edgeworth) 및 마페오 판탈레오니(Maffeo Pantaleoni) 사이의 유사한 논쟁을 비교하기 위해서는 Bruni and Sugden(2007)을 참조하라.

이 있었다.[4] 이 상호성 이론에 따르면 사람은 상대를 가리지 않고 항상 관대하거나 인색한 것이 아니다. 오히려 선택적으로 행동하고, 상대의 반응에 따라 행동이 달라진다. "실제로 이타적인 사람들에게 이타적인 행동을 보인 사람들일지라도, 자신에게 상처를 주는 사람들에게는 상처를 주려고 한다."(Rabin, 1993, p. 1281)[5]

이 방면의 연구에서 특히 중요한 것은 의도의 역할에 대한 분석이다. 지금까지의 많은 실증적 연구에 따르면 실험 대상자들은 다른 사람의 의도를 파악하여 그들의 올바름의 정도를 판단하려고 한다. 즉 다른 사람이 실제로 한 일뿐만 아니라 할 수도 있었던 일과 하지 않았던 일, 또는 활용할 수 있었던 다른 대안들까지도 살펴본다는 것이다.[6]

이러한 역동성은 실험을 통해 검증하기 적합하다는 점 덕분에

---

4   상호성의 개념을 처음 직접적으로 제기한 사람 중 한 명은 매튜 라빈(Matthew Rabin)이었다. 1993년 경제 학술지 〈아메리칸 이코노믹 리뷰(American Economic Review)〉에 게재된 그의 논문은 이제 고전이 되었다고 하겠는데, 다음과 같이 시작한다. "사람들은 자신의 행복(well-being)뿐만 아니라 다른 사람들의 행복에도 관심을 가질 수 있다. 그러나 심리학적 증거들을 보면 대부분의 이타적인 행동은 보다 복잡하다. 사람들은 다른 사람들을 획일적으로 도우려고 하지는 않는다. 오히려 도움을 주어야 할 다른 이들이 지금 얼마나 관대한지에 따라 다르게 행동한다."
5   특히 라빈의 이론은 다음 두 가지 가정을 토대로 한다. a) 사람들은 자신에게 친절하게 대해준 사람을 돕기 위해 자신의 물질적 풍요를 기꺼이 희생한다. b) 사람들은 자신에게 불공평하게 행동한 사람들에게 '벌을 주기' 위해 자신의 물질적 희생을 기꺼이 감수한다.
6   이론적이면서 실증적인 연구 결과에 대한 내용은 Vittorio Pelligra(2002, 2007)를 참조하라.

상호성 이론은 많은 발전을 할 수 있었으며, 합리적 이기주의라는 패러다임에 대하여 진지한 논의를 시작하게 되었다. 이로써 사람들의 실제 행동을 연구하기 위한, 덜 추상적이고도 덜 선험적인 이론적 접근 방식이 인정받게 되었다.

오늘날 게임 이론, 의사 결정 이론, 그리고 일반적인 의미에서의 행동 분석 등에 관련된 연구 작업을 하는 사람들이 활용하는 '공구 상자'에 포함된 새로운 모델과 이론들은 이러한 실험 연구 논문으로부터 나왔다. 이러한 이론들에서 상호성은 실증적으로 연구되는 현상이자 이론적 가설이기도 한데, 이론적 가설로서의 상호성은 이익 추구 행동 가설의 입장에서 볼 때는 특이한 이상異常 현상을 설명해준다.

이로써 일반 경제 이론에서 예측하는 것 이상으로 타인에게 더 관대하게 보답하는 경향을 보이는 게임 참가자들의 행동을 부각할 수 있게 해주는 새로운 모델 내지 게임들이 생겨나게 되었다. 이것은 다름 아닌 상호성 이론에 근거해야 설명할 수 있다. 특히 많은 실험에서 보여주듯이 경제 주체들은 적어도 실험실에서는 자신이 돈을 조금 덜 받는 한이 있더라도 상호성 원칙에 근거하여 다른 참가자에게 보상하거나 벌을 주려고 한다는 것인데, 이는 이른바 '강한 상호성' 가설이라고 하겠다.

이러한 실험은 기본적으로 신뢰 게임의 형태를 띤다. 신뢰 게임에서 참가자 A는 실험자로부터 일정한 액수의 돈을 받는다. 예를 들어 10달러라고 하자. A는 그 돈을 다른 참가자 B에게 줄 수도 있고, 자신이 가질 수도 있다. 만약 A가 B를 신뢰하고 돈을 주면 총금액이 예를 들어 3배 증가하고, B는 뒤이어 A에게 돌려줄지 말지, 돌려준다면 얼마를 돌려줄지를 결정한다. 기존의 경제 이론에서는 균형 상태만을 예측해왔다. 즉 A가 혼자 돈을 쥐고 있어서 실험자가 A에게 돈을 주는 것으로 게임이 끝난다는 것이다. 그러나 이와 달리 실험 결과를 보면 실험에 참가한 A의 절반 이상은 B를 신뢰하여 B에게 돈을 주는 쪽을 선택하고, 많은 경우 B는 총금액의 일부인 X만큼을 A에게 돌려준다는 것이다. B는 A가 자신의 비용을 지불하면서 준 신뢰나 친절에 보상하는 것으로 대응한다. A에 대한 보상이나 처벌은 그 사람이 친절하고 공정하고 정의로웠는지, 혹은 그렇지 않았는지에 대한 B의 믿음을 토대로 이루어진다. 그러므로 이 접근 방법에서는 **의도가 중요하다**.

널리 사용되는 다른 중요한 게임으로 최후통첩 게임을 들 수 있다. A는 일정 금액, 예를 들어 10달러를 받되, 이 게임에서는 A가 B에게 얼마가 되었든 그 금액의 일부를 나누어 갖자고 제안하여 B가 수락하도록 설득에 성공하는 경우에만 그 돈을 가질 수 있다. 만약 B가 제안을 수락하지 않으면, 계약 상황에서와 마찬가지로 A와 B 둘 다 한 푼도 받지 못한다. 합리적인 선택을 가정한다면, A는 B에게 가능한 한 최소의 금액, 예를 들어 1달러만을 주어야 할 것이다. 이것은 B 입장에서는 아무것도 안 받는 것보다는 무언가 받는 것이 낫다는, 즉 1>0이라는 가설에 기초한 것이다. 그러나 실제 실험 결과에서는 A가 제안한, 예를 들어 1달러라는 금액이 B가 보기에는 너무 적어서 공정하지 않다고 생각된다면, 많은 경우 B는 자신이 얻을 수 있는 이익을 포기하면서까지 A의 제안을 받아들이지 않음으로써 A도 금액을 받지 못하도록 처벌한다. 공정하지 못하다는 것은 A의 제안이 어떤 임계치에 미치지 못했다는 것을 의미하며, 이때 임계치는 문화마다 달라진다. 이러한 유형의 상호성은 보상이나 처벌을 하는 쪽에서도 대가를 치러야 한다는 바로 이 특성 때문에 '강한 상호성'이라고 일컫는다. 최후통첩 게임에서는 내가 보기에 불공정하다고 여겨지는 제안을 수락하지 않으면 상대는 아무것도 받지 못하기 때문에 상대를 처벌하는 것이 된다. 하지만 그러려면 상대가 나에게 주겠다고 제안했던 얼마간의 그 작은 금액을 포기해야 하는 만큼, 나도 대가를 치른다. 마찬가지로 신뢰 게임에서 내가 상대에게 보상하고자 할 때는, 상호성의 기준에 따라 긍정적으로 응답함으로써, 내가 가질 수 있는 더 큰 이익을 포기하면서도 상대의 신뢰에 보상하게 된다.

케빈 맥케이브Kevin McCabe와 동료들(2003)은 이와 관련해서 흥미로운 실험을 했다. 그들은 매우 다른 두 상황에서 신뢰 게임을 펼쳤다. 첫 번째 게임에서 돈을 주어야 하는 사람 A는 상대를 신뢰할지 말지를 선택할 수 없었다. A는 B에게 돈을 주어야만 하는 비자발적 신뢰 게임 상황이었다. 두 번째 게임에서는 다른 조건은 변하지 않고, A가 B에게 돈을 주지 않을 수도 있다는 선택지만 추가되었다. 자발적 신뢰 게임 상황이 된 것이다. 따라서 두 번째 게임에서 A는 B를 신뢰할지 말지를 결정하고 자기 비용을 들여 위험을 감수한다.

결과는 어떻게 되었을까?

첫 번째 게임에서는 A에 대해 상호성의 태도를 보인 B의 비율이 33%로 낮게 나타나, 제임스 뷰캐넌James Buchanan(1975)의 유명한 사마리아인의 딜레마The samaritan's dilemma가 확인되었다. 사마리아인의 딜레마란, 사마리아인이 가난한 사람에게 준 선물이 그 사람의 잘 살아보려는 유인을 오히려 줄이는 효과가 생긴다면, 기부donation는 가난한 사람의 기회주의적 성향을 부추기고 성장을 방해하기 때문에, 사마리아인이 그를 돕지 않는 것이 오히려 선이 된다는 것이다. 그 사마리아인은 기부를 하지 않음으로써 뷰캐넌이 말하는 '전략적 이타주의'를 행하게 된다.(아래 그림 참조)

사마리아인의 딜레마, 제임스 뷰캐넌

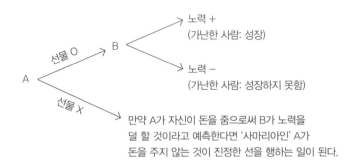

그러나 재미있는 상황은 자발적 신뢰 게임인 두 번째 게임에서 나타난다. '상처'를 감수하는 두 번째 실험에서는 사실상 반대 결과가 나타났다. B의 65%가 상호성으로 호응한 것이다. A가 손해를 입을 위험을 감수하지 않을 수도 있었는데도

B의 35%는 돈을 받고 나서 A에게 자신이 얻은 금액의 일부인 X를 돌려주지 않았다.

위험을 감수하면서 신뢰의 행동을 선택했다는 사실을 B가 안다는 것만으로 B의 상호성 호응이 두 배로 늘어났다. 비록 기회주의가 완전히 제거되지 않았다는 점도 주목할 필요는 있지만 말이다.

위험을 감수할 때 커지는 축복

이 두 가지 실험은 경제생활과 사회생활에 중요한 시사점을 주며, 가난하고 불우한 지역에서도 그러하다. 곧 이 실험들은 상호성에서는 나의 행동이 보내는 관계 신호가 매우 중요하다는 것을 알려준다. 만약 내가 상대와의 관계에서 나 자신의 손해 위험을 감수한다면 오히려 이 위험 부담은 상대의 상호성을 증가시켜 상호 축복을 더 많이 가져온다. A가 충분히 B를 신뢰하지 않을 수 있었음에도 B를 신뢰하는 선택을 했다는 것을 B가 안다는 것만으로도 A의 선물이 B에게는 단순히 공짜로 받는 복지주의에서 벗어나 관계

실험 A

비자발적 신뢰 게임:
B는 A가 선택의 여지 없이 자신에게 돈을 주어야 한다는 것을 안다.

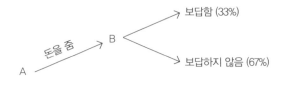

실험 B

자발적 신뢰 게임:
B는 A가 자신에게 돈을 줄 수도 있고 주지 않을 수도 있다는 것을 안다.

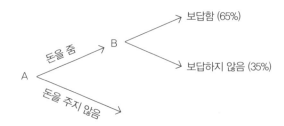

를 맺는 상호성의 의미로 승화된다는 것이다. 신뢰는 위험이 수반되고 비용이 들 수도 있지만, 이를 받은 사람으로 하여금 그 가치에 맞는 방식으로 행동하게 하고, 기회주의를 크게 줄이고, 성장을 현저하게 촉진한다.

나는 공정무역, 모두를 위한 경제EoC, 그리고 2006년 노벨 평화상 수상자인 무하마드 유누스Muhammad Yunus의 그라민 은행Grameen Bank의 비결은 바로 친밀한 이웃 관계[7]에 있다고 확신한다. 유누스와 그라민 은행이 노벨 경제학상이 아니라 평화상을 받은 것은 '발전이 평화의 새로운 이름'임을 보여준다. 누군가를 돕는 것은 돕겠다는 의도를 알리고 남을 돕기 위해 스스로 위험을 짊어지는 것이다. 관계를 생각하는 친밀한 이웃 관계가 없는 원조는 여러 좋은 의도로 하는 것일지라도 의존성과 복지주의의 덫을 강화할 수 있다.

상호성에 관한 이러한 이론과 실험들은 우리의 논의에서 중요한 의미를 지닌다. 관계에 대한 연구 사례에서는, 우리가 다른 사람과의 관계에 들어설 때 만일 그 사람이 긍정적으로 반응하지 않을 경우 우리가 상처받을 수도 있는 위험 부담이 따른다는 것을 알 수 있다. 예를 들어 신뢰 게임에서 B가 호응하지 않으면 A는 자신이 가진 것을 잃는다. 다른 한편으로, 이 연구는 A가 B를 신뢰하는 모험을 감행하면 B가 그에 부응할 가능성을 높여서 A도 득을 볼 것이라고 말한다. 많은 실험에서 B가 호응한 결과 A는 처음 상태보다 더 나은 상황이 되었다.[8]

여기에서 역사 및 방법론에 관한 첫 부분인 이 장을 마무리하고자 한다. 이 장의 목표는 경제학이라는 학문이 관계성의 제거를 통

---

7   흥미롭게도 착한 사마리아인의 비유는 (《루카복음》 10장 25-37절에 나오는 "누가 저의 이웃입니까?"라는 질문에) 예수가 바로 친밀한 이웃 관계에 대해 설명하기 위해 해준 이야기였다는 점에 주목하게 된다. 뷰캐넌이 이 비유를 선택하면서 이 점을 인식하고 있었을 수도 있다.

한 상호적인 '면역성,' 곧 상호적인 임무니타스의 형태를 띠게 된 몇 가지 이유를 제시하는 데 있었다. 이러한 경제학의 모습은 타인으로부터 상처받는 일을 피하게 만들겠다는, 아마도 자기 나름의 고상한 목적에서 나온 것이라고도 할 수 있다.

다음 장에서는 앞에서 살펴본 인류학적, 문화적 좌표들에 따라 발전되어온 경제학이라는 학문의 실제적 결과가 명백하게 드러나는 몇 가지 예를 살펴보려고 한다.특히 기업의 사회적 책임corporate

---

8   동시에 이 게임들은 여전히 유념해야 할 한계를 지니고 있다. 첫째, 모든 상호작용은 돈으로 중개된다. 보상과 손실은 금전적이며, 이는 상호성을 다루기에는 다소 미숙한 척도라고 할 수 있다. 사실 우리는 돈을 보상으로 해석하는 방식을 더 쉽게 수용한다. 이러한 실험 결과는 다음과 같이 해석할 수도 있다. 선택이 물질적인 구성 요소 이외의 다른 행동을 보이는 경우, 우리는 간접적으로 화폐적 요소가 사람들의 선택에서 중요시되는 유일한 요소는 아니라고 말할 수 있다. 둘째, A가 B에게 하는 제안이 위험한 것이 맞다면, 이는 보증이나 강제 집행력은 없는 계약상의 제안으로도 볼 수 있다. 사실상 B가 A의 제안을 수락하고 공정하게 대응한다면 A 또한 자신의 초기 상황에 비해 이익을 얻는다. 다시 말해 이때 위험은 B를 향해 A가 무상성의 동기를 갖고 있지 않더라도 고전적인 기업 리스크로 이해될 수 있다. 우리 담론의 중심인 이 지점을 검토하기 위해 나는 두 동료와 함께 B에게 무언가를 주는 A의 선택이 의심의 여지 없이 순전히 무상 행위로 해석될 수 있도록 고안된 실험을 실시하여, 그 결과를 자기 이익을 따라가는 계약으로 해석될 수도 있는 표준 신뢰 게임 결과와 비교했다.(Luca Stanca et al, 2009) 결과는 A가 B를 향해 순수한 관대함(generosity)으로 동기 부여가 되었다는 것을 B가 알 때, A의 제안과 B의 반응 간의 상관관계가 훨씬 더 큰 것으로 나타났다. 사람들은 타인의 관대한 행동의 동기가 무상성과 자신의 본질적인 가치 때문이라고 생각할 때 그에 더 부응하는 것으로 보인다. Frey(2005)와 Deci and Ryan(2001)의 연구에서는 자발적으로 해왔던 일을 계약에 의해 돈으로 보상받는 순간 무상성이 감소한다는 동기의 '구축(crowding-out)' 효과를 보고한 바 있다. 우리의 자료는 한 사람 안에서 일어나는 동기의 구축 효과 이상으로, 그것이 도구적이든 무상성에 의한 것이든 타인의 동기와 나의 행동 **사이에도** 구축 효과가 있음을 보여준다. 타인의 행위 동기가 내적이라는 것을 알게 되면 상대에 대한 상호성은 더 증가한다.

social responsibility, CSR이라는 현상에 초점을 맞추면서 또 다른 전통도 강조하고자 하는데, 이 전통은 콤무니타스, 즉 '공동체성'에, 그리고 상처에 보다 열려 있는 전통이면서도 변두리에 남아 있어서, 이 떠오르는 CSR 현상에 관한 논의에서는 오늘날 더 이상 등장하지 않는 전통이기도 하다. 다음으로는 공동선이라는 주제를 살펴볼 것이다. 공동선은 본질적으로 개인적인 선호와 이익이 자연스럽게 합쳐진 집합이라고 보는, 애덤 스미스로부터 유래된 지배적 견해를 넘어서, 공동선의 의미를 보다 폭넓게 탐구해보고자 한다. 세 번째로 적용해보고자 하는 내용은 경제에서의 '행복의 역설'이다. 이것 역시 나에게는 매우 의미심장한 시도이다. 즉 타인으로부터 상처받는 일을 피하기 위해 '자가自家 면역된autoimmunized' 경제에서는 축복의 부재, 곧 불행이 명백히 드러난다는 역설이다.

제3장

기업은 사회와 만날 수 있을까?

Communitas
Economy

우리는 친근하게 서로 신뢰하며

함께 어울려 사는 사람들의 모습을

공동체에서의 삶이라고 이해한다.

사회는 공공 생활이며 세계 그 자체이다.

반면에 우리는 태어날 때부터

선善의 측면에서나 악惡의 측면에서나

서로 연결된 상태로 공동체 안에 함께 있게 된다.

우리가 사회 안으로 들어가는 것은

낯선 땅으로 발을 들여놓는 것과도 같다.

– 페르디난트 퇴니에스Ferdinand Tönnies

상처를 피하기 위해 생각해낸 것

기업 이론에서 '타인의 상처'를 극복하려는 시도를 명확하게 찾아볼 수 있다. 토머스 홉스로 대변되는 근대 정치와 애덤 스미스로 대변되는 근대 시장에서 위계 구조와 관료제는 고대의 '나'와 '너' 사이의 중재인과 똑같은 역할을 한다.

이 장에서는 이른바 '기업의 사회적 책임CSR'에 관한 논의를 통해 이 주제를 살펴볼 것이다. 이 논의 과정에서 기업 내에서 공동체이면서도 개인화된 과정을 시도하는 또 다른 전통에 대해서도 면밀하게 검토할 것인데, 이런 전통을 '시민 협력'이라고 부를 수 있다.

CSR은 오늘날의 경제학에서 흔히 다뤄지는 주제로(Luciano Gallino, 2005) 비즈니스 수행 방식의 패러다임에 중요한 전환을 가져올 수 있기에, 혁신에 관심을 지닌 많은 이들을 열광시켰다.

나는 책임의식을 지닌 기업이 달성할 수 있는 문명적인 성과를 부인하진 않지만, CSR 운동에 대한 평가는 그리 낙관적이지 않고 오히려 여러 복합적인 의문점들을 견지하는 입장이라는 점을 처음부터 밝혀두고자 한다.

분명한 점은 오늘날 매우 성숙한 시민사회는 기업들이 부를 창출하고 낮은 비용으로 좋은 제품을 생산하며, 세금을 성실하게 납부하고 법을 준수하도록 요구하는 데서 한 걸음 더 나아가, 몇 년 전까지만 해도 국가나 교회, 시민사회 또는 가족이 책임져야 할 몫이라고 여겨졌던 부분까지 기업에 책임지라고 요구하고 있다는 사실이다. 다른 한편, 이전에는 시민사회의 책임이라고 생각하지 않았던 능률성의 문제까지 시민사회에 책임을 물어야 한다는 여론도 조성되고 있다.[1] 이는 마치 마르크스의 말을 빌리면 "사물들 간의 관계의 표면 속에 숨어 있는"[2] 인간관계가 오늘날 재조명되어 본래의 모습이 드러나도록 요구되는 것과도 같다.

이런 현상은 공정무역의 경우 뚜렷하게 드러나며, 그 외에도 상

---

1   사회적 책임 기업이라는 주제를 소개할 때면 늘 이런 첫 질문이 따라붙는다. 왜 사람들은 세이브 더 칠드런, 적십자, 세계야생동물기금 등 사회적 가치를 추구하는 조직이 스스로 돈을 벌어야 한다고는 생각하지 않으면서도, 자본주의 기업이 부의 창출과 별개로 사회적 가치에도 신경 써야 한다는 사실에는 대체로 의문을 제기하지 않는가?

2   카를 마르크스의 《자본론》에 나오는 유명한 구절.

품의 생산부터 유통과 소비에 이르는 흐름에 묻혀 부각되지 않던 인간관계를 드러내는 모든 행동에서도 마찬가지이다. 이런 과정은 1950년대 소위 소비자주의 운동과 더불어 시작되었지만, 세계적인 환경 위기에서 비롯된 압력 등이 계기가 되어 일반 대중과 정치 기구들에까지 이르게 되면서 그 임계점을 넘어선 것은 최근에야 비로소 벌어지는 일이다.

이 현상은 점점 늘어나는 문헌 자료들을 통해 소개된 것보다 실제로는 훨씬 더 다양하고 복잡하다. 이 장에서는 이 폭넓은 주제의 한 가지 측면, 즉 기업 지배구조의 민주화 혹은 '수평화'라는 목표를 향해 나아가는 과정에 초점을 맞출 것인데, 이는 분명히 CSR 논의에서 생생하고 중요한 쟁점들 중 하나이다. 사실 이 과정에 숨어 있는 것은 타인으로 인한 상처를 피하기 위해 근대 경제학이 고안해 낸 또 다른 주요 중재자인 관료제와 생산 조직들의 위계 구조이다.

이 현상에 대한 분석의 출발점이 되는 첫 번째 거시적 논거는 중심을 향한 점진적인 수렴 과정이다. 초기에 자유주의적 자본주의 전통 안에서 출범한 기업들이 소비자주의 운동의 압력을 받아 사회적 측면에 관심을 기울이기 시작한 반면, 명확한 사회적 소명을 갖고 시작한 결사체association들은 오늘날 기업처럼 되어야 할 필요성, 즉 전형적인 시장의 역학에 따라 경합해야 할 필요성을 느끼고 있다.[11]

지난 세기에 많은 노동 전문가들이 단지 모순 어법일 뿐이라고 치부했던 '사회적 기업social enterprise'이라는 표현은 실제로 시장과 사회라고 하는, 서로 상당히 동떨어진 시각에서 비롯된 두 가지 조직 문화의 만남을 잘 요약하고 있다. 이것은 서로 다르고 구별되는 두 가지 전통을 함께 모아 융합하는 현상으로서, 자본주의 기업이 본래의 영역을 넘어 사회적 가치에도 관심을 기울여 나아가는 것이나, 본래 사회적 가치와 관련된 단체들이 기업이 되어가는 것에서 볼 수 있는 모습이다.[3]

CSR을 둘러싼 최근 논쟁에서는 현대 자본주의의 진화에 중요한 몇몇 노선을 이해하기 위해 내가 보기에는 매우 필요한 한 가지 요점을 아직 충분히 예의 주시하지는 않은 것이 분명하다. 이론적이고도 역사적인 이 요점에서 짚어볼 문제는 '자본주의 기업들이 만들어낸 사회적 책임 모델과 사회적 경제, 더 정확히 말하면 시민경제 안에서 무르익은 사회적 책임 모델 사이의 유사점과 차이점은 무엇인가?'이다.

이 장에서는 사회적 책임에 관한 이 두 가지 문화의 생성을 이끌어낸 문화적 과정의 몇 가지 단계를 비판적으로 논의해봄으로써, 오늘날 이 주제들로 작업하는 사람들이 이론적인 측면에서 다룰 때나 실제로 현실에 적용할 때나 너무 쉽게 간과하는 경향이 있는

---

3   Luigino Bruni and Stefano Zamagni, *Economia civile. Efficienza, equita e pubblica felicita*, Il Mulino, Bologna, 2004.

이 차이점을 부각하고자 한다. 이 차이점은 우리가 '상처와 축복'의 연관성에 대한 새로운 측면들을 포착하는 데 도움이 될 수 있을 것이다.

시장과 위계 구조

언뜻 보면 머나먼 듯한 곳에서 출발해보자. CSR에 대한 논쟁은 1950년대 이 주제에 대한 첫 번째 논문이 나오기 훨씬 전인 고대 문화에 뿌리를 두고 있다. 첫째, 사회 영역과 본질적으로 다른 원칙들에 따라 움직이는 경제 영역을 이론화하는 작업은 전형적인 근대화 과정의 한 부분이다. 실제로 18세기부터 경제 영역은 자기 이익을 도모하는 수단으로서의 관계이면서, 측정이 가능한 관계의 이념형理念型, ideal type 영역으로 상정되고 제시되었으며, 시장은 이러한 관계들을 엮어주면서 본질적으로 스스로의 규제가 가능한 존재로 인식되기 시작했다. 특히 근대 경제사상과 경제학이라는 학문은 스코틀랜드를 비롯한 앵글로색슨의 특정 문화적 환경과 프로테스탄트 종교개혁의 인본주의로부터 도출되었다.[4]

---

4   정치경제학의 역사를 되돌아볼 때 스코틀랜드 출신의 애덤 스미스가 칼뱅주의 문화 안에서 살았고 또 집필했다는 점을 고려해야 한다.

근대 경제사상의 출현은 나중에 핵심적인 역할을 하게 된, 인류학적이면서도 문화적인 두 가지 요소가 대두된 것과 밀접하게 연관되어 있다. 첫 번째 요소는 어떤 면에서는 공동체와 반대되는, 독립된 개인성의 범주와 개인의 가치에 대한 인정이다. 다시 말해 개인의 권리와 자유,[5] 즉 그 이전에 존재하던 구체제의 불평등한 세계와의 단절, 그리고 저항의 가치에 대한 인식이다. 두 번째 요소는 평등이다. 프랑스의 인류학자 루이 뒤몽Louis Dumont은 자신이 쓴 책의 제목 자체에서 근대 사회의 평등한 인간Homo Aequalis[6]과, 전근대 봉건 문화 혹은 인도의 카스트 제도와 같은 비서양적 문화에 등장하는 계급적 인간Homo Hierarchicus[7]을 대비하면서 이러한 이행移行의 개념을 보다 뚜렷이 제시한다.

따라서 시장은 근대성에 의해 개시된 문화적 과정 안에서 특권

---

5   나는 '개인'이라는 용어를 '인간'이라는 범주와는 다른 기술적 의미로 사용한다. 토마스 아퀴나스(St. Thomas Aquinas)에서 자크 마리탱(Jacques Maritain)에 이르는 스콜라적 전통에 따르면, 인간은 타인들과의 관계 속에 있으며 관계에서만 존재한다. 그러나 개인은 자신 안에서 존재하며 자급자족과 불가분성을 특징으로 한다. 애덤 스미스 이후의 정치경제학이 취한 인류학적 아이디어는 이런 개인의 것이지, 인간에 관한 것이 아니다. 스미스의 인류학적 담론이 더 복잡하기 때문에 나는 '포스트 스미시안(post-Smithean)'이라고 말한다. Bruni and Sugden(2008) 참조. 개인과 인간의 관계에 대해서는 Piero Coda(2003)와 G. M. Zanghi(2007)도 참조.
6   Luis Dumont, *Homo aequalis*, vol. 1: *Genesi e trionfo dell'ideologia economica*, Adelphi, Milano 1984.
7   Luis Dumont, *Homo hierarchicus. Il sistema delle caste e le sue implicazioni*, Adelphi, Milano 1991.

을 지닌 하나의 메커니즘으로 자리매김하게 되었다. 이 시장이라는 메커니즘의 특권은 근대성의 근본 원리들을 구성하는 요소 중에 개인의 자유와 개인들 사이의 평등이라고 하는 두 가지 원리를 구체화하고, 결국 이 두 가지 원리가 극단적인 귀결에 이르도록 밀어붙이게끔 지정된 메커니즘이라는 점이다. 이는 앞부분에서 살펴본 바와 같다.

이러한 고려 사항들은 그리 독창적이지 않다고 할지라도 자유주의적-자본주의 경제학과 그것이 만들어낸 현대의 CSR 전통 안에 자리 잡고 있는 뿌리 깊은 모순을 강조하려는 이 장의 주요 방법론적 문제를 다루는 출발점이다. 여기서 제기하고자 하는 질문은 '근대 경제학이 자유와 평등의 원칙에 밀접하게 연결되어 태어난 것임에도 불구하고, 왜 그 핵심 기관인 기업은 시장이 부정하고자 했던 봉건제의 기둥인 위계적 원칙 위에 서 있는가?'이다.

우리는 이 질문에 답함으로써 이 장의 핵심으로 들어가게 될 것이다. 그것은 오늘날 CSR 운동을 탄생시킨 두 가지 전통의 주요한 특징을 확인하는 것이다.

서구의 전근대 사회는 제1장에서 살펴본 바와 같이 기본 구조가 '수평적'이 아니라 위계적 원리에 기반을 둔 '수직적' 관계로 이뤄진 불평등한 사회였다. 사실 시장경제의 급격한 출현으로 말미암아 경직된 수직 사회 구조가 와해되는 느리지만 냉혹한 과정이 시작되었고, 봉건사회는 점차 붕괴의 길을 걷게 되었다. 앞서 지적했듯이 애덤 스미스는 토머스 홉스, 데이비드 흄David Hume, 스코틀랜드 계몽주의 운동 전반의 맥락을 따라 시장경제의 문화적, 인류학적 혁신을 과거에 비해 가장 명쾌하게 표현한 사람이다. 시장에 진입할 때 우리는 더 이상—부자 앞에 선 거지의 신세, 혹은 지주와 소작인의 관계처럼—상호 간의 위계적 관계에 의존하지 않는다. 오히려 상대방의 선의에 의지하지 않고 계약을 토대로 한 대등한 입장에서 서로 만나 시장에서의 상호작용의 관계를 이루어나갈 수 있다.

이제 시장은 시민사회의 고상한 표현이 되었고 경제 발전은 또한 사회 발전의 지표가 되었다. 그리고 경제적 자유는 모든 다른 자유를 가능하게 하는 전제 조건이 되었다. 특히 시장의 확대와 그 논리의 확장은 자유주의 전통에 따라 진정한 사회적 관계의 연결을 위해 필수조건이 되었다. 다시 말해 시장은 수직적이고 비대칭적인 관계들처럼 우리가 스스로 선택하지 않은 관계들에서 벗어나게 하고, 자유롭고 대등한 입장에 있는 주체들 사이에 수평적인 사회관계를 만들어나가는 조건을 창출한다.

이 전통 안에서 시장이나 경제 부문은 시민사회와 구조적 (또는 존재론적) 조화를 이루고 있는 것처럼 보인다. 경제 관계는 개인적이며 강한 유대 관계를 바탕으로 하는 공동체 안에서의 일반적 관계와는 사뭇 다른, 그리고 어떤 면에서는 정반대인, 상업적 사회 또는 대규모 사회에 전형적으로 나타나는 새로운 인간관계로 간주된다. 이러한 입장에서 헤겔의 《법철학》과 그의 관점이 서구의 사상에 미친 지대한 영향을 고려할 때, 시민사회 영역은 경제 영역과 일치하게 되며, 단지 가족이라는 개인적 영역이나 국가라는 정치적 영역과 구분될 따름이다.[8]

경제학자들은 애덤 스미스의 눈을 통해 시장관계를 이해했다고 말할 수 있는데, 정치경제학의 진화를 특징짓는 이 첫 번째 전통에 따라 시장의 발전은 시민사회의 발전을 수반하게 된다. 이에 따라 시민사회는 더 이상 선물이나 희생에 기반하지 않고, '희생이 따르지 않는 협력'에서 출발한 계약과 협약에만 전적으로 의존하여 발전한다. 이러한 시각에 따르면 우정(또는 계몽주의 언어로는 형제애)은 통상적인 시장 관계의 특성이 될 수 없다.(Bruni and Sugden, 2007)

19세기와 20세기에 자유주의 사상은 애덤 스미스의 첫 번째 이론으로부터 발전했으나, 스미스의 구분 방식 가운데 일정 부분은 망각된 채였다. 시장은 언제나, 그리고 어떻게든 공동선을 위해 운영된다는 주장이다. 이 주장에 따르면 시장은 시민사회의 가장 높은 단계의 형태로서, 가격이 자연스럽게 형성되는 시스템에 수정을 가하려는 국가의 개입은 비록 사회 통합과 연대의 목적이더라

---

8   시민사회의 이론과 실제에 대한 헤겔의 영향에 관해서는 Bruni and Zamagni 《Economia civile》 참조.

도 모두 해롭고 부도덕하다고 간주된다.

이와 관련하여 노벨상을 수상한 시카고학파의 경제학자 밀턴 프리드먼Milton Friedman은 애덤 스미스의 〈보이지 않는 손〉이라는 유명한 논문에 대해 다음과 같이 이야기했다. "이익 극대화를 추구하는 조직으로서의 기업의 유일한 사회적 책임은 기업 활동이 속임수나 사기 행위 없이 공개적이고 자유로운 경쟁이라는 게임의 규칙 안에 머물러 있는 한, 이익 증대를 위해 자신의 모든 자원을 활용하는 것이다."(1962, p. 133)

이러한 관점에서 보면 이익 극대화를 추구하는 **기관**institution으로서의 기업과 인간적 차원에서 관대할 수 있는 **개인**individual으로서의 박애주의자 사이에는 명확한 차이가 있다. 예를 들어 마이크로소프트라는 기업은 시장이 요구하는 제품을 만들어 판매함으로써 공공의 이익을 도모하는 한편, 빌 게이츠Bill Gates 개인은 박애주의자로서 자신의 재산 일부를 가난한 국가에 기부함으로써 공익에 기여한다. 그러나 1923년 제너럴모터스의 회장이었던 알프레드 슬론Alfred T. Sloan의 유명한 말을 빌리면 경제활동을 하는 동안에는 "사업을 경영하는 것은 사업일 뿐이다(business of business is business)."

여기서 우리는 첫 번째 결론을 내릴 수 있다. 어떤 관점에서 자본주의 대기업과 시장 사이에는 밀접한 연속성이 존재하는데, 그들은 모두 개인으로서의 상대Thou를 고려해야 하는 상황에 발을 들여놓지 않고도 관료적 계층 구조와 가격의 자발적 조정 모두가 가능하기 때문에 콤무니타스를 비켜나서 임무니타스를 지향할 수 있다고 본다. 자본주의 기업과 시장은 상대방이 상처 입지 않게 하는 두 가지 메커니즘이다. 이 또한 우리가 앞으로 다루게 될 사회 협동의 전통과 근본적으로 다르다.

이러한 관점과는 별개로 왜 시장경제의 근간을 이루는 자본주의적 기업이 과거와 마찬가지로 오늘날에도 여러 면에서 계층 구조에 기반을 두고 있는지 이해하는 것은 쉬운 일이 아니다. 계층 구조란 시장의 중재처럼 타인들 간의 상처를 피하는 효과를 보장하는 하나의 수단일 뿐이다.

모순을 넘어선 일관성

존 스튜어트 밀John Stuart Mill은 근대성(시장 대 기업)이 가진 모호함에 주목했던(1869년) 최초의 경제학자였다. 당시 자유주의 사회에는 봉건 세계의 중요한 두 가지 제도인 자본주의적 기업과 가족 제도가 잔존하고 있었는데 상업적인 혁명을 거치면서도 이 둘은 살아남았다. 이 때문에 밀은 협동조합 운동에 공감했던 것이다. 특히 밀은 후에 부인이 된 해리엇 테일러Harriet Taylor의 영향으로, 죽기 전 몇 년 동안 협동조합 운동에 대단한 열정을 보였다. 밀과 당시의 다른 영국 경제학자—특히 존 엘리엇 케언스John Elliot Cairnes—는 이러한 협동조합 운동을 생산 조직을 좀 더 '형제애'에 충실하고 평등하게 만들기 위해 거쳐야 하는 사회적, 문화적 과정으로 보았다. 밀이 가정 안에서 평등과 자유를 누리기 위한 여성들의 참정권과 가정 밖에서 일할 권리를 위해 투쟁한 것은 모두 이 같은 통찰력에서 나왔다.[9]

밀은 협력을 도모할 수 있는 역량과 호혜주의에 대한 헌신을 가족과 사회생활을 가능케 하는 인간의 기본적 특징으로 보았다. "현대 사회의 진보에 분명히 영향을 미치게 될 변화 가운데 하나는 일반 대중의 비즈니스 역량 향상이다. … 그러므로 협력의 원칙과 실천에 따른 지속적인 성장이야말로 사회에서 일어나는 점진적 변화를 가장 잘 말해주는 사건이다."([1848]1920, p. 698) 따라서 밀은 시장 관계(기업)의 성장과 협력의 확대 사이에 분명한 연관성을 제시했다.[10]

요약하자면 경제 이론가들은 시장에서의 연관성이 수평적이며 자유롭고 대칭적인 까닭에 계층 관계의 원칙에 따를 필요가 없으며, 재산권과 계약의 실행을 보장하고 중개하는 외부 기관에만 의존할 뿐이라고 주장했다.[11] 대신 근대 자본주의 기업은 부분적

---

9   이것은 그의 통찰력 있는 책인 《여성의 종속(The Subjection of Women)》(1869)의 메시지이다.

으로는 전근대 시대에 등장했기 때문에 군대, 교회, 또는 구체제의 사회를 모방한 계층적 모델에 의거하여 만들어졌다. 따라서 근대 자본주의 기업은 무상성이나 관계성이 제거된 임무니타스라는 측면에서 시장과 한 궤를 이룰 수 있을지는 몰라도 효율적 기능이 요구되는 시장에 내재되어 있는 '수평화'[12]와는 조화를 이루지 못한다.

경제학자 루이지 징갈레스Luigi Zingales는 다음과 같이 썼다. "거버넌스governance란 권위, 지시 혹은 통제의 행사와 같은 의미이다. 하

---

10   과거와 현재의 효율적 시장 이론가들은 모두 계약 당사자 사이의 비대칭이, 몇 가지 드문 경우를 제외하고 결국 내재되어 있는 비효율성으로 이어지기 때문에 문제라고 보았다.

11   그러므로 19세기 후반 영국의 자유주의 경제 전통에서 자유주의 사상은 시장이 기업 외부에서 성취한 것과 동일한 반봉건 혁명을 내부의 거버넌스로 확장하는 것을 목표로 한 과정을 시작했다는 점에 주목해야 한다. 프랑스에서의 운동과 현저하게 다른 노선을 따라 내부로부터 발전한 기업의 민주화 과정은 사회주의 사상에서 급진적인 변화에 직면했을 때 중단되었다. 밀과 같은 저자들과 정도의 차이는 있지만 정치경제학의 영국 학파들과 알프레드 마셜(Alfred Marshall) 등 학자들은 기업의 '사회주의 경로'를 상상했다. 이들에게 기업은 협동 문화의 수평적이고 참여적인 (이익을 포함하는) 구조의 필요성을 받아들여야 하는 것이었다.(Ugo Rabbeno, 1889 참조) 그러나 이 과정은 부분적으로는 사회주의와 공산주의 운동의 급진적이고 혁명적인 기류 때문에 20세기 초반에 끝났다. 기업을 민주화하는 것은 반자유주의 문화와 같은 뜻이 되었다. 따라서 소비에트 체제가 붕괴한 후에야 자본주의 세계 안에서 CSR에 관한 논의가 재개되고, 적어도 논의하는 사람들이 적정 수준에 도달한 것은 우연이 아니다.

12   시장 메커니즘은 권위를 필요로 하지만 그 성격과 구조는 다르다. 상하 관계의 원칙이 작동하지 않는 계약 및 합의의 두 당사자 외에 효과적 이행을 보장할 수 있는 외부의 심판자가 있다. 권위와 집행이 없으면 그러한 합의는 비효율적 결과로 이어질 것이다. 게임 이론에 따르면 효과적인 집행 시스템이 있을 때 비로소 게임이 협조적으로 이행된다. 그러나 이는 계층적 원칙이 작동하는 것이 아니라 계약에 관련된 당사자들에게 '외적'인 권위의 원칙이 작용한 결과라는 점이 강조되어야 한다.

지만 이 단어가 자유시장경제의 맥락에서 사용될 때는 다소 이상하게 들린다. 우리에게 왜 어떤 형태의 권위가 필요한가? 시장이 특정한 권위의 개입 없이는 자원을 효율적으로 배분할 능력이 없다는 것인가?"[13]

로널드 코스Ronald H. Coase는 1937년의 고전적 논문 〈기업의 본성(The Nature of the Firm)〉에서, 시장과 기업은 두 개의 대안적 존재인데 시장은 계약의 원칙인 가격 체계에 근거하고, 기업은 본질적으로 통제 시스템인 계층적 원칙에 근거하여 움직이는 실체라 언급했다. 시장은 거래 비용 때문에 값비싼 메커니즘이고,[14] 필연적으로 불완전하고 시간이 흘러도 지속되는 복잡한 관계성을 관리하는 데 항시 효율적이지는 않다. 기업은 이러한 시장에 관한 경험적이고 이론적인 증거들을 토대로 형성되고 발전한다.[15]

---

13 Luigi Zingales, 1998, pp. 497–503. 마르크스는 모든 경제관계의 상징으로 보았던 자본주의 기업 내 자본과 노동 관계에서 심각한 비대칭성(즉, 자유와 평등의 진정한 결핍)을 즉각 파악했다. 그러나 시장 관계는 반드시 착취적인 것은 아니지만, 항상 동료들과 대면하는 것도 사실이 아니다. 흥미롭게도 이탈리아의 진보적인 경제학자 마페오 판탈레오니(1925, II, 341)가 지적한 바와 같이, 사람들은 계약을 통해 형평성을 이루는 반면, 자연과 동물 세계에서는 여전히 착취가 이루어지고 있다.

14 계층 구조와 통제에는 도덕적 해이, 불리한 선택과, 소위 '무임승차'와 같은 자체 비용이 따른다. 모든 비용은, 다른 원칙에 의해 균형을 이루지 않는 한, 계층적 원칙에 내재된 불신에서 비롯된다.

15 완벽한 계약이 가능할 것이라는 가상적인 계약 세계의 외적 한계에 직면하면 기업의 조직들조차도 상대적으로 비용이 많이 들 경우 없애버릴 수 있고 결국 시장만 남게 된다. 그러나 완전한 계약이란 실제 조직 내의 관계에는 존재하지 않는다.

동등한 가치의 교환 원리에 기반한 계약과 달리 계층적 시스템은 '주인'과 '대리인agent'이라는 비대칭 구조를 가지고 있다. 대리인 이론은 여전히 경제학자들이 가장 많이 사용하는 조직의 이론적 모델이다. 주인(기업)과 대리인(예를 들면 경영자) 간의 관계를 지배하는 원칙은 '계층적 계약hierarchical contract'으로, 고전적 사고에서는 논리적으로 공존할 수 없는, 한 구절이 두 가지 사실을 뜻하는 모순적 표현이다. 대리인을 기업이나 자산에 묶어두는 것은 계약이지만, 그 관계는 비대칭적이며 계층적 원칙에 따를 수밖에 없다.[16]

이는 관리자와 직원들 간의 기업 내부 관계에서도 마찬가지이다. 계약으로 맺어진 폭넓은 상하 관계는 조직 내의 모든 일반 관계를 지배한다.[17]

요약하면 전통적인 경제 이론은 시장과 기업 간의 관계에 대해 근본적으로 이원론적 방식으로 접근한다.

하나는 기업이 고객 또는 공급업체와 같은 외부와 계약을 체결

---

16   Stefano Zamagni, "Responsabilità sociale delle imprese e democratic stakeholding," *Aiccon Working Papers* 28, 2006.

17   분명히 조직은 여러 형태의 협력을 허용하는 반복 게임이나 평판의 영향 같은 다른 형태의 관계와도 연계되어 있다. 그러나 내 생각에는 자본주의 기업의 구체적 현실의 중심에 서 있는 주주들이 다른 이해 관계자들과의 관계에서 차지하는 기본적 역할을 포함하여 계층적 원칙은 여전히 남아 있다. 또한 기업을 이해 관계자 간의 사회적 계약의 결과로 이해하는 사람들도 (예를 들어 Sacconi[2005] 참조) 거버넌스에서 상하 관계 원칙의 중요성이나 임무니타스를 부인하는 것은 원치 않는다. 이것은 존 롤스의 정의 이론을 토대로 기업을 해석하려고 시도하는 경제학자들의 접근 방식이다. 기업은 구성원(이해 당사자)이 '무지의 장막(veil of ignorance)' 뒤에서 사회적 계약을 맺는 소규모 사회이다.

할 때, 그 관계는 동료들 사이의 관계처럼 어느 정도 수평적이라는 것이다. 기업이 원자재나 자본 같은 원료factor 시장이나 최종 제품 시장에 참여할 때, 다른 기업들과 어느 정도 대등한 기반에서 상호작용을 하므로 애덤 스미스적인 방식[18]으로 운영된다고 할 수 있다.

그러나 다른 하나는 기업의 내부 관계에서 조직 내 역학은 다분히 계층적 원칙에 기반을 두고 있다는 점이다. 상하 관계는 조직 구성원들의 행동 지침을 이끌어내고 구성원으로서의 그들의 행동이 조직 외부에서의 행동과 구별될 수 있도록 담보하는 주요 수단이다. 더욱이 조직에 공식적 구조를 제공하기도 한다.

이러한 관찰로부터 흥미로운 결론이 가능해진다. 기업과 시장 간의 문화적 연속성은 개인적이고 위험이 따르는 관계를 중재하는 수준에서 이해되어야 하지만, 기업 내부와 시장에서는 모든 관계가 개인적이지 않고 위험이 따르지 않는 방식으로 이뤄지도록 해주는 '제3자'에 의해 중재된다. 기본적으로 경제학에서의 인사 이론과 대리인 이론은 시장 이론에서와 마찬가지로 대면하는 사람들 사이에서 야기되는 '상처'를 예견하고 완화하며 최소화하려는 의미 있는 시도라 하겠다.

CSR 운동은 기업과 시장 간의 모순된 이원론을 깨부수려는 목

---

18   과점(寡占)이 존재하기 때문에 애덤 스미스가 상상했던 것보다 덜 경쟁적이기는 하다.

적을 갖고 발전하기도 했지만, 임무니타스를 거론하지 않았다는 데 초점이 있다. 그리고 문화적 차원에서 CSR 운동은 완벽하게 성공한다. 시장과 비즈니스, 평등과 상하 관계, 수평과 수직이라는 이중성은 나와 너의 관계를 조정하는 일관되고 조율된 과정과 더불어 진행되는데, 전적으로 고전적인 정치경제학의 자유주의 전통, 특히 영국 전통 안에서 전개된 과정이다.

그러나 다음으로는 'CSR이 사회적으로 책임 있는 유일한 기업 문화일 수 있는가?'라는, 이제까지의 논쟁 이후 자연스럽게 부각되는 질문이 제기될 것이다.

이 장의 나머지 부분에서는 특히 미국의 밀과 이탈리아 전통의 협동조합 운동의 경험과 문화에서 비롯된 임무니타스처럼 경제학적 아이디어를 넘어선, 책임의 또 다른 문화를 다룰 것이다.

공동체의 책임에 관한 다른 생각

사회적 책임에 관한 또 다른 전통이 있다.

애덤 스미스의 시대가 지난 직후 사회적 경제는 자본주의 기업의 개인주의적이고 위계적인 특성에 대한 대응으로 발전했다고 알려져 있다. 이 사회적 경제와 협동조합의 전통에서 그들의 문화적 전조는 이상적 사회주의자인 로버트 오웬Robert Owen, 샤를 푸리에Charles Fourier, 루이 블랑Louis Blanc과 피에르 조제프 프루동Pierre Josef Proudhon의 글에서 볼 수 있다. 실제로는 추상적 분석에서 늘 그렇듯이 경계가 흐려지곤 하지만 유럽의 협동조합 전통에는 두 가지 분명한 추진력이 있다. 프랑스의 전통은 본질적으로 **반**자본주의와 **반**시장이었다. 반면 시민경제 및 그 현대적 계승자인 존 스튜어트 밀과 존 엘리엇 케언스 같은 영국 경제학자들과 궤를 같이하는 이탈리아 전통에서는 시장을 '시민적 덕성을 훈련하는 장소'라는 좀 더 긍정적인 인식으로 접근했다.

a) 프랑스의 전통

19세기 프랑스 협동조합 운동을 보다 노골적으로 지지했던 이들은 사유재산의 폐지와 함께, 자본주의 기업의 실질적 대안으로서 시장 경쟁이나 가격 체계와 임금 노동이 필요 없는 노동 공동체의 창설을 제안했다.[19]

---

19 프랑스 협동조합 학파의 주요 이론가 중 한 명인 샤를 지드(Charles Gide)는 '협동조합 운동은 이윤이라는 개념을 없애고자 하는 단체'라고 보았고 이 때문에 경제 체제의 급진적 변화를 목표로 했다. 따라서 보다 급진적 형태의 사회주의와 직접 연결된다. "모든 형태의 이윤을 제거하는 것이 오웬 체제의 기초를 이룬다."(1915, p. 386) 하지만 로버트 오웬은—영국의 뉴 라나크(New Lanark)와 미국의 뉴 하모니(New Harmony)처럼 연대 경제의 실험을 불러일으킨 경우를 제외하면—복잡한 인물이며 유토피아 사회주의자로 간주할 수 없다는 단서를 추가해야 한다. 그의 아이디어는 실제로 자본과 노동 사이의 역설을 넘어서는 이상을 통해 급진적 사회주의자와 협동조합 운동 모두에 영감을 불어넣었다. '협동조합'이라는 표현은 그의 운동 이름인 'Cooperative and Economical Society'에서 비롯되었다.

프랑스의 협동조합 전통은 분명 "경쟁은 질병이고 결사체 association는 그 치유법이다"라는 모토로 요약되는(Ugo Rabbeno, 1889, p. 81) 루이 블랑의 생각에 영향을 받았다. 그들은 1850년경에 첫 세대가 등장했고, 경쟁과 협동(또는 협력), 시장과 사회를 그 사이에 특유한 갈등이 존재하는 현실로 이해했다.

오늘날 사회과학의 반공리주의 운동MAUSS에서도 이러한 시각을 부분적으로 받아들여, 시장을 도구적이고 계산할 수 있어서 돈에 의해 조정되고 자기 이익을 도모하는 교환의 원리로 움직이는 환경으로 본다. 그렇다는 점에서 시장의 원리는 정치, 즉 권위의 영역을 지탱하는 원리나 개인의 삶과 가정생활의 기초를 형성하는 원리인 선물, 무상성, 상호성과는 근본적으로 다르다.

더 나아가 시장은 경계를 넘어서 맞닿아 있는 다른 영역으로 확장하면서 개인의 삶을 상업화하거나, 정치를 그저 도구적인 교환으로 전락시키는 등 이 '제로섬zero-sum' 게임에서 모두 함께 좋은 삶을 살아가는 데 중요한 부분인 다른 두 영역을 희생시키려고 한다.

이러한 문화적 관점에서 볼 때, 시장은 장소도 사회적 도구도 아니며 윤리적으로 중립적이지도 않다. 시장은 자유와 평등을 명확하게 내세우고 있음에도 내면에는 **부자유**와 **불평등**한 관계가 숨겨져 있기 때문에 비문명적이고 비인간적이다.

교환에 참여하는 이들을 동등하다고 생각할 수도 있지만, 마르크스가 이미 지적했듯 현실은 비대칭적 권력 관계이므로 그런 시각은 환상에 가깝다. 따라서 이 관점에서는 시장과 상인으로부터 해방된 사회가 좋은 사회이며, 지역의 비공식적인 시장과 상인만이 시민이라고 본다. 이런 전통에서는 '책임 있는 기업' 같은 것은 존재할 수 없다. 왜냐하면 '기업'은 논리적으로 '책임 있는'이라는 표현과 나란히 쓰일 수 없기 때문이다.

b) '시민' 협동: 안토니오 제노베시에서 사회적 기업에 이르기까지

그러나 사회적 경제에는 '시민'경제라는 또 다른 전통이 있다. 시민경제의 뿌리는 오랫동안 이어져온 문화적 전통이 시민 인본주의 안에서 시장경제를 최초의 형태로 이론화한 시기인 중세 그리스도교의 수도원과 중세 도시로 분명히 거슬러 올라간다. (Todeschini, 2002; Bruni and Zamagni, 2007)

이 전통은 '공공행복public happiness'을 논의하는 제5장에서 추가로 다룰 것이다. 이러한 관점에서 보면 경제 혹은 시장은 순수한 관계성과 궤를 같이하며, 오히려 경제활동은 시민적 덕목의 표현이다.

이 고대 전통은 18세기 이탈리아 나폴리에서 황금기를 맞아 안토니오 제노베시, 가에타노 필란지에리Gaetano Filangieri, 자친토 드라고네티Giacinto Dragonetti, 프란체스코 마리오 파가노Francesco Mario Pagano의 사상을 통해 발현되었다. 이 전통은 철학적으로 조금 다른 부분에 초점을 맞추고는 있지만 밀라노의 피에트로 베리와 체사레 베카리아Cesare Beccaria, 후대에는 잔 도메니코 로마뇨시Gian Domenico

Romagnosi와 카를로 카타네오Carlo Cattaneo에게서도 나타난다.(Bruni and Porta, 2003 참조)[20] 19세기에도 이 시민 전통은 프란체스코 페라라Francesco Ferrara, 또는 나중에 마페오 판탈레오니[21]로 이어지는 공식적인 정치경제학에서뿐 아니라, 시민경제 전통의 연장선으로 볼 수 있고 또 그리 보아야 하는 협동조합 전통에서도 나타났다.[22]

이탈리아의 시민 협동 전통은 신고전주의 경제학자들이나 프랑스의 협동조합 이론가들과는 다른 시각을 취했다. 이들은 루이 블랑보다 안토니오 제노베시와 존 스튜어트 밀에 좀 더 가까운 이론적 계보를 따라 논의를 전개했다. 가장 독창적이고 역량 있는 협동조합 경제학자 중 하나인 우고 라베노Ugo Rabbeno는 다음과 같이 말했다. "영국과 프랑스의 사회주의 전통에 부합하는 사회주의의 딸이라 할 수 있는 협동조합 운동은 사회주의 노선을 따르지 않을 것이다. 오히려 가장 가난한 계층을 구제하려는 열망처럼 위대하고 고귀한 것들만을 사회주의로부터 추려내어 좀 더 겸손하고 덜 모험적인 길을 따라 자신들의 프로그램을 실현할 것이다."(1889, p. 129)

---

20 오늘날에는 이탈리아 밖에서 18세기 나폴리 학파에 대한 관심이 있다. 하나의 예가 존 로버트슨(John Robertson)의 2005년 저서이다.
21 협동조합 운동에 대한 판탈레오니의 비판적 논의는 Maffeo Pantaleoni(1925) 참조.
22 여기에서 협동조합 운동 이론가들의 저서에 담겨 있는 18세기 이탈리아 경제학자들의 연구 계보를 추적하지는 않지만, 그러한 연구는 분명 바람직하다.

페델레 람페르티코Fedele Lampertico, 우고 라베노, 루이지 루차티Luigi Luzzati, 비토 쿠수마노Vito Cusumano, 기노 발렌티Ghino Valenti, 레오네 월렘보르그Leone Wollemborg 등 19세기 후반 이탈리아 협동조합 운동의 주요 이론가들은 자본주의 경제 구조를 비판했지만 시장이나 가격 체계에 반대하는 데는 동조하지 않았다.[23] 그들은 오히려 존 스튜어트 밀과 마찬가지로 협동조합을 시장과 기업을 개혁하는 수단으로 보았고, 협동조합 설립에서 자본가와 노동자라는 두 속성을 한 인물 안에 통합함으로써 자본과 노동 간의 갈등을 근절하는 수단으로 보았다. 그러나 협동조합을 시장경제에 대한 급진적 대안

---

23 예를 들어 경제학자 기노 발렌티는 "오웬 공동체(Owenian communities)와 현대 이탈리아 협동조합 사이의 근본적인 차이점을 보여주기 위해서는 많은 설명이 필요 없다. … 오웬 공동체는 자유 경쟁 기제에서 벗어나 새로운 사회 질서를 세워보려 했던 데 비해, 이탈리아 협동조합 운동은 살아 있는 조직으로서 시장과 접목하여 유기체가 되는 것을 목적으로 한다. … 이윤, 이자, 소득 또는 임금이 배제되거나 화폐가 유통에서 제외되지도 않는다. 자연적 경제 법칙의 지배를 인위적으로 고안한 다른 규칙으로 대체함으로써 가치에 대한 새로운 기초를 채택해야 한다고 전제하지도 않는다."(1902, p. 8) 이탈리아의 시민 전통과 '시민 경쟁(civil competition)'을 이어받은 또 다른 상속자라 할 수 있는 엔리코 체르누스키(Enrico Cernuschi)는 프랑스에서의 개인적인 경험과 파리의 여러 협동조합들의 실패 사례를 통해, 프랑스 사회 전통의 주요 결함은 시장에 대한 부정적 태도 때문이라고 확신했다. 시장에 대한 부정적인 태도는 그 자신의 협동조합 경험에서와 같이 시장 밖에서 운영할 때 자주 발생하는 비효율적 경영으로 이어졌다. 더욱이 체르누스키는 프랑스의 협동조합 운동이나 피에르 조제프 프루동의 노동 공동체를 이론과 실천 과정에서 개인을 집단에 종속시키기 때문에 윤리적으로 수용할 수 없었다. 이것은 체르누스키 자신의 인본주의적이나 공화적 이상에 반하는 것이었다. "프랑스의 협동조합 운동은 자본의 폭압, 노동의 억압, 임금 불평등, 대출 이자와 판매로 얻는 이윤의 부당성과 같은 그릇된 원칙들에서 시작되었다."(Salvatore Cognetti de Martiis[1876], p. 37)

으로 인식하거나 제안하지는 않았다.[24]

　모든 협동조합 이론가들이 필수적이라고 생각하는 조합원 간의 연대는 개인의 이해와 반대되는 원칙이라기보다는 보완하는 원칙이다. 따라서 협동조합 운동의 주창자들은 "협동조합은 기업체이므로 자선단체나 수혜 프로그램들과 혼동해서는 안 된다"는점을 특히 강조하고 있다.(Virgili, 1924, p. 12)[25]

　따라서 시민경제학자 마르코 민게티Marco Minghetti가 1869년 시작한 입법 과정이 1882년에 끝나자 협동조합은 정상적인 기업 구조를 갖추게 되었으며, 여타 기업들과 함께 상업적인 사업체로 간주되었다. 공정무역에서 윤리은행, 그리고 EoC에[26] 이르기까지 현대

24　보다 정확하게 말하자면, 페델레 람페르티코와 많은 이탈리아의 '시민' 경제학자들은 협동을 좀 더 일반적인 현상의 표현으로 보려는 경향이 있었다. 그들에게 회사 안에서의 협동은 노동분업, 그러므로 시장의 기초가 되는 동일한 협동의 보다 단순한 형태였다. 따라서 협동조합 이론가들이 시도한 조정은 지배적 경제 이론의 관점에 대한 상호주의 시각에 반대하는 것이 아니라 (마르크스주의 전통이 그러했듯이) 이해 상충으로 간주하는 대신 제노베시의 비전에 따라 시장경제를 협동과 상호부조의 문제로 읽고 해석하는 것이었다.

25　레오네 월렘보르그는 아마도 협동조합과 전통 기업 간의 차이점을 밝히려고 가장 노력한 학자일 것이다. 그는 "집합적이고 독립적으로 사업을 수행한다"는 점을 들어 협동조합을 전통적인 상업적 기업과는 다른 집단으로 정의했다.(Filippo Virgili, 1924 , p. 9) 우고 라베노는 협동조합을 "운영하는 사람들의 필요만을 충족시키기 위해서 집단적으로 운영된다"고 말했다.(1889, p. 434) 기노 발렌티는 협동조합의 구체적인 차이점은 "분배 균형을 회복시키겠다"(1902, p. 43)는 목표에서 발견된다고 지적했다. 그것은 기업의 이익을 통제하는 것이 아니라 공정하게 분배하는 데 필요한 것이다. "따라서 이는 계급 투쟁이 아니라 노동자, 농민 및 부르주아지의 협력이다."(Filippo Virgili, 1924, p. 14)

26　이러한 경험에 관해서는 Bruni and Zamagni(2004) 참조.

이탈리아의 '사회적 경제'는 사회성이라는 부분에 초점을 맞추고 있었지만 시장에는 개방되어 있었다. 오늘날 이탈리아의 사회적 경제는 이런 의미에서 프랑스에서 영감을 얻은 급진적 전통을 이어받았다고 할 수 없으며, 오히려 밀과 이탈리아의 협동조합 전통을 계승했다고 하겠다. 프랑스의 급진적 전통은 모스의 문화적, 철학적 운동과 반세계화 같은 사회정치 운동과 밀접하게 연결되어 있다.

이탈리아의 시민적 전통은 시장도 인정하고 콤무니타스의 상처도 인정하는 길을 찾으려고 시도했으며, 그 때문에 특히 오늘날 새롭게 주목받고 있다.

시장에서 기업으로, 기업에서 시장으로

CSR에 대한 현재의 논쟁은 이처럼 오래된 문화적 긴장 관계를 여전히 표출하는 한편 통합을 도모하기도 한다. 그러나 흥미로우면서도 부분적으로는 역설적인 측면에 주목해야 하는데 두 전통의 보다 급진적인 주창자들이 모두 CSR 운동만큼은 혹독하게 비판한다는 점이다.

첫 번째, 자본주의 시각에서 볼 때, 기업은 언제나 그리고 본질적으로 사회적이다. 법을 존중하고 세금을 내면서 의도하지 않게 부, 개발, 고용과 같은 공동선을 창출한다. 이것은 오늘날 자주 인용되는 애덤 스미스의 '보이지 않는 손'의 고전적 은유라 하겠다. 공동선은 의도적으로 '공익을 위해 거래'하려고 하는 사람들이 아니라 신중하고 책임감 있게 자기 이익을 추구하는 사람들에 의해 이루어진다. 따라서 공익을 증진하려는 목적으로 제안된 모든 의도적인 행동은 기업과 사회에 부정적인 영향을 미칠 것이다. 왜냐하면 기업과 기업의 경영자들은 사회의 공적 이익이 아니라 주로 기업의 사적 이익 추구를 위한 정보만을 갖고 있기 때문이다. 이와 관련하여 애덤 스미스는 이미 1776년에 "공익을 위한다는 명분으로 교역에 영향을 미친 사람들이 좋은 일을 했다는 사실을 나는 결코 알지 못한다"라고 강조한 바 있다.(《국부론》, IV.ii.9)

이러한 관점에서 사회적 가치를 목적으로 하는 경영자의 자선활동은 중장기적으로 기업의 진정한 건전성을 보장할 수 있는 가격 체계에서 오는 신호와 충돌한다.[27] 사회적 요구는 비영리 부문이나 국가에 의해 제기되지만 일반적인 기업은 이윤을 추구한다. 비영리와 영리를 구별하는 것은 사실 북미의 경제 및 사회 문화에 내재되어 있으며 이를 CSR을 이해하기 위한 범용적인 틀로 사용할 수 있다고 생각하는 것은 잘못이다.

———

27 예를 들어 이것은 CSR을 주제로 다룬 주간 경제지 〈이코노미스트(Economist)〉의 특별판 ("좋은 회사," 2005년 1월 20일 자)에서 제기된 문화적 입장이다.

사회적 경제의 프랑스 버전이라는 두 번째 전통을 이어받은 비판자들은 기업이 본질적으로 결코 친사회적이지 않으며, 기업의 생산 관계가 무급 노동이나 도둑질, 불의 등에 바탕을 두고 있는 까닭에 자본주의 기업이 사회 구조를 파괴하는 것으로 인식한다.[28] 이 저자들 또한 CSR 운동을 비판한다. 사실 그들의 관점에서 CSR은 실제로는 자본주의 기업과 마찬가지로 '존재론적으로' 반사회적이지만, 회칠이 무덤을 그럴듯하게 보이게 하는 것처럼 친사회적으로 위장된, 사기성이 농후한 것이다. 사실상 봉급생활자보다 수백 배나 많은 급여를 받으면서 '사회적임을 자부하는' 경영자들의 CSR 비판은 누구에게도 납득이 안 간다.

미국의 CSR이든 유럽의 사회적 기업이든 간에 최근 수십 년 사이에 등장한 CSR 운동은 한편에서는 순수한 자유주의 전통에서 내재적으로 나온 비판이고 다른 한편에서는 급진적인 사회주의 전통에서 나온 비판이다. 그러나 CSR을 보는 애덤 스미스의 전통 안에서 발전되어온 보다 자유주의적이고 개인주의적 시각과, 시민적이고 협동조합적인 시각이 기업과 시장의 본성을 바라보는 철학은 여전히 다르다.

자유주의적이고 개인주의적인 이론의 아버지라 할 수 있는 애덤 스미스가 이끈 전통은 시장과 사회의 분리, 그리고 자기 이익과 임

---

28   이와 관련하여 Sérge Latouche(2005) 참조.

무니타스에 기초한 계약을 이론적 주축으로 삼고 있다. 기업은 하나의 작은 사회societas로 간주된다. 반면 안토니오 제노베시의 시민경제는 경제 관계에서 시민의 덕목과 상호주

여기서 societas는 결사체(association)와 비슷한 의미로 볼 수 있다.

의를 기본 원칙으로 간주하기 때문에 시장과 사회의 분리를 인정하지 않는다. 그리고 기업은 하나의 콤무니타스로 간주된다. 콤무니타스는 페르디난트 퇴니에스Ferdinand Tönnies가 말하는 작은 사회와 다르다.

이 두 가지 원칙은 오늘날까지도 논의의 대상이 되는 사회적 책임의 두 가지 문화로 자리 잡고 있다.

자유주의적 자본주의 전통은 계약에 기반한 시장에서 출발한다. 그리고 시장은 수평적이고 대칭적인 관계를 기반으로 하기 때문에 문명의 장으로 간주된다. 시장에서는 수평적 관계와 계약에 근거한 익명성이 보장되는 합리성이 기업으로 유입되기 때문에 콤무니타스를 넘어서 사회의 일부로 옮겨 가게 된다.

시민적 협동 경제의 전통은 이와는 정반대로 전개된다. 협동조합, 상호주의 원칙에 기반한 결사체, 즉 대등한 사람들로 구성된 콤무니타스가 서로 결속하여 시작하며, 협동조합의 도덕적 사회성을 시장과 시민사회에 접목해서 시장을 '공동체화하는commonize' 데 주력한다. 따라서 그들의 목표는 계약의 전형이라 할 수 있는 무상성

이 제거된 임무니타스가 아니라 콤무니타스를 이루는 것이다.

자유주의-자본주의 문화에서 CSR을 다루는 기본 논조는 시장의 전형적 수단인 계약을 기업으로 확대하는 것이다. 이것은 오늘날 기업을 존 롤스가 말하는 '무지의 베일' 아래에서 사회계약에 따르는 중층적 이해 관계자들의 자유로운 모임으로 보는 생각이다. 이들은 계약이 자유로운 동의에 기반하기 때문에 유일하게 진정 시민적이고 평등주의적이며 현대적인 관계성이라고 여긴다. 이 계약을 기업에 도입하면 기업의 위계질서를 혼란시키고 훼손한다. 일반적으로 모든 이해 관계자 이론은 이 방향으로 움직인다. 이해 관계자 이론이 북미에서 시작된 것은 우연이 아니다.

시민적 협동조합 전통은 대신 시장의 운용을 민주화하려고 노력했다. 예를 들어 시장계약의 출발점을 재편하기 위해 재분배 원칙, 예를 들면 유럽 복지국가의 세금 제도를 활용한다. 시장은 자유롭고 평등한 환경으로 인식되는 것이 아니라 오히려 자본주의 기업에서 보듯이 비대칭적 권력 관계에 기반을 두었다는 것이 엄연한 현실이다. 이러한 문화적 전통에서 볼 때는 자유주의 전통의 전형이라 할 수 있는 시장과 기업 간에 근본적 모순은 없다는 것이 분명하다. 둘 모두 자본주의적이며 부당하고 비대칭적인 관계일 뿐이다. 다른 한편, 문명화되고 바람직한 유일한 생산 형태는 협동조합적 성격과 결사체적 형태를 지녀야 한다.

이 전통의 결과로 나타나는 전형적인 문화는 사회 및 시장 차원에서의 복지국가와 자본주의 기업 차원에서의 노동조합이다. 두 가지 모두 개인주의적이고 고통스러운 중재에 전형적으로 나타나는 '격한 분쟁hand to hand combat'을 부각할 뿐 아니라 기업 안팎의 시장 자본주의적 관계에[29] 숨겨진 부당한 사회적 관계를 차단하고 조정하려는 점에서 같은 목적을 드러내고 있다.[30] 소비뿐 아니라 저축에서도 나타나는 협동조합 운동의 발전은 생산, 소비 및 저축이라는 경제의 세 가지 거시경제 영역과 시장의 '협동'을 목표로 하는 문화적 수준에서의 행동을 보여주고 있다.

협동조합 운동의 이론가들은 협동과 결사체의 원칙에 입각한 경제 체제의 전체 모습을 계획했다. 그것을 만들어가는 과정이 너무 크고 복잡하다는 문제가 남아 있지만 그 안에 여전히 미래에 대한 예언적인 목소리가 존재한다.

---

29 실제로 복지국가의 탄생은 보다 복잡한 역사가 있다. 그것은 협동적 사고의 결과일 뿐만 아니라 기독교 사회의 카리스마, 독일에서의 논의, 밀의 생각이 큰 비중을 차지하는 영국 사회주의의 결과이기도 하다. 사실 유럽의 협동조합 경험은 20세기 복지국가의 설계와 개발에 중요한 역할을 했다.

30 예를 들어 노동조합과 사업 간의 관계는 계약적 성격이 아니지만 앨버트 허시먼(Albert O. Hirschman, 1970)의 용어를 빌리면 경제적이 아니라 전형적으로 정치적인 도구인 '시장의 목소리 내기'를 기반으로 한다. 달리 말해, 사회적 경제 전통과 일치하는 이 측면에서 시민경제 전통이 협동조합, 협회 등 연대와 평등주의 조직을 만들어 시장과 자본주의 기업과의 관계에서, 자본주의에 과세와 조합 등 정치적 요소들을 삽입함으로써 그들의 운영을 제한하고자 했다. 사회적 상태는 당연히 북미 모델에서 전형적으로 나타나는 자선 활동에서처럼 출발점과 계약 논리의 실패 모두에 대한 자본주의의 사회적 비판에서 비롯된 것이지, 자본주의 내부에서 자체적으로 발전되어 나온 것이 아니다.

시민경제의 역동성을 지키기 위해

정치경제학의 전통에 의해 유지되는 문명의 개념은 오늘날에도 여전히 선택의 자유와 개인 간의 관계에서 익명성으로 표현되는 타인, 특히 그들의 선의로부터 벗어나는 것을 기본 원칙으로 한다. 시장은 계약과 임무니타스의 문화를 통해 이러한 원칙이 실현되는 이상적인 장소이다. CSR은 이러한 원칙을 기업에 도입했는데, 상반된 이해관계의 무차별적 동의에 기초하는 미시적 시장을 닮아가는 경향이 점차 커지고 있다. 반면에 시민경제의 인본주의는 상호주의와 비익명적인 협동을 기본 원칙으로 한다. 그것은 노동조합의 경우처럼 갈등을 수용하고 관리하는 대가를 치러야 하고, 모든 형태의 공동체주의에 모호성이 내재되어 있더라도 시장을 좀 더 인격화되고 공동체주의적이며 사회화된 실체로 만들어보려고 노력한다. 시민경제 속의 인본주의는 고통과 죽음뿐 아니라 축복과 상처에 이르기까지 모든 인간 삶의 터전이 될 수 있다.

이 장은 밑그림을 그린 데 불과하다. CSR 운동에 내재하는 이질성과 문화적 차이를 명확히 하기 위한 몇 가지 제안을 시도했는데, 이는 오늘날 근본적으로 동질적이며 이 책에서 제시하려는 입장과 궤를 같이한다. 불우한 이들을 함께 통합하려는 사회적 협동조합과, 뚜렷한 목표 아래 '착한 마케팅cause-related marketing'으로 시장을 공략하는 다국적 기업이 비슷하다고 취급하는 것은 잘못이다. 둘

다 사회적으로 책임 있는 존재라고 생각하겠지만, '사회적'과 '책임'이라는 용어에 대한 그들의 생각은 전혀 다르다. 대기업은 사회적 협동조합과 달리 도움을 받는 이들과 교감하지 않는다.

사회적 영역에서 활동하는 모든 기업들이 동일하지는 않다. 이것은 우고 라베노가 1889년 미국의 협동조합 운동에 관해 언급한 것과 같은 맥락이다. 지금까지도 그는 협동의 이론과 문화적 역학 관계를 가장 잘 이해한 경제학자들 가운데 하나로 인정받는다. 미국에서의 협동조합이 유망해 보이고 풍부한 경험이 쌓여가던 시기에 라베노는 이렇게 썼다. "협동조합의 본질적인 성격을 해체하고 잃어버리게 만드는 이 심각한 경향 속에서도 우리의 열정을 잃지만 않는다면 우리는 … 북미에서 협동조합 운동의 밝은 미래를 볼 것이다. 미국이라는 이 큰 나라에서 생산을 담당하는 기업들에서 이러한 경향이 뚜렷하게 나타나고 있다."(1889, p. 424) 실제로 미국에서 협동조합이 발전한 것은 아니지만, 체스터 바나드Chester Barnard가 말했듯이 협동조합은 비즈니스를 의미하고 비즈니스는 비즈니스라고 보는 미국 경제의 단일한 흐름 속에서 나름대로 진화했다.[31]

유럽과 이탈리아에서 시민사회와 경제는 여전히 다양한 전통과 비전으로 특징지어진다. 한 가지 유형의 사회적 기업만을 선호하

---

31 Ugo Rabbeno(1889, p. 395)에서 인용.

면서 다양성을 부인하면 시민경제의 역동성이 심각하게 훼손되는 결과로 이어질 것이며, 장기적으로는 다양한 집단들 사이에서 변증법적으로 유지되는 사회적 유대 자체가 느슨해지는 결과에 이르게 될 것이다.[32] 시장 문화의 '단성론monophysism'은 시민경제의 상업화를 이끌고 있다. 이 장의 또 다른 목적은 적어도 협동조합과 같은 다른 형태의 기업문화가 문화적으로나 경제적으로 과거 지향적이라고 말할 수는 없으며, 영리를 목적으로 하는 기업에도 머지않아 도움이 될 것이라고 지적하는 것이다. 생산의 경제 형태로서의 기업은 문화적 형태이기도 하다.

특히 시민적-협동적 전통이 세계화된 시장에 제공할 수 있는 독특한 기여를 다시 생각해보는 것이 매우 중요하다. 시민경제 전통에서 사회성이란 경제활동의 자연스러운 특성이다. 시장은 시민

---

32 특히 나는 사회적 기업에 관한 이탈리아 현행법(n.155 / 2006)이 프랑스와 이탈리아 전통의 단선적인 조합이라 할 수 있는 시민경제 전통과는 거리가 멀다는 점을 강조하고자 한다. 이것은 법률의 두 가지 기본 측면에서 입증된다. 첫째, 기업의 '친사회적 성격,' 그리고 그 자체로 '사회적 기업'이라는 이름을 붙일 가능성은 치료, 부조, 문화예술 등의 활동 영역과 직접 연관되어 있다. 즉 일반적인 시장경제와 관련된 것이 없고, 오히려 근본적임에도 불구하고 주변화된 경제와 관련이 있다. 시장 자체가 사회적 가치에 영향을 미치지 않는다는 이탈리아 시민 전통과 정반대인 생각인데, 이탈리아의 시민 전통에선 시장 자체가 장인(匠人), 몬티 디 피에타, 협동조합, 상업적 기업 및 이상주의자들의 단체로 채워진다. 둘째, 사회적 기업은 비영리 조직이어야 하며 이윤을 주주나 관계자에게 분배할 수 없다. 이는 일반적으로 영리/비영리 구분에서도 드러나는 이윤과 친사회성이 양립할 수 없다고 보는 또 다른 영미식 생각이다. 이익 분배가 불가능하지는 않지만 엄격히 제한하는 단서 조항을 달 수도 있었을 것이다. 현행법의 관점에서 가장 빈곤한 사람들에게 수입의 3분의 2를 주는 EoC 기업은 '사회적 기업'이 될 수 없다.

의 덕목을 기반으로 하는데, 미덕은 모든 도시국가에서의 삶과 마찬가지로 에로스와 필리아가 아닌 무상성과 아가페에 열려 있다. 아리스토텔레스 이래로 덕을 이야기하는 모든 저자들에게 그러한 활동은 그 자체로 목적이며, 행위와 분리된 목적을 이루기 위한 수단이 아니다.[33] 시민적 삶과 경제적 삶, 즉 '시민경제'를 분리할 수 없다. 사실상 시장이 시민의 덕을 실천하는 장소로 여겨지면, 처음부터 사회화된 것이기 때문에 나중에 이를 도모할 필요는 없다. 동시에 개인화된 관계에 의해 약속된 착한 삶은 늘 존재하는 고통의 가능성과 관련이 있다. 이러한 관점에서 시민경제는 기업이 개방적이고 보편적인 경향을 보이기는 하지만 공동체로 본다. 따라서 공동체주의적이지는 않다.

대신 앵글로색슨 사회의 CSR 전통은 시장을 도구적 사회성의 장으로 보고, 타인과 얼굴을 마주치지 않으려고 하는 문화적 비전의 표현으로 인식한다. 덕을 베풀고 관계재relational goods가 성숙되는 곳은 민간이나 사생활이지, 시장이 아니다. 시장은 오히려 우리가 주주로서 기부 활동이나 세금 납부를 통해 소액이지만 타인들과 공유하면서 '경제적 파이 조각'을 극대화하는 중립적인 장소이다. 이러한 관점에서는 기업의 본래 소명에 따르자면 사회적이지 않

33　도덕 윤리 이론(a virtue ethic theory)만이 시장의 관계를 포함하는 관계를 내재적 재화, 즉 오늘날 시민경제학 연구 안에서 발전한 또 다른 범주인 '관계재'로 볼 수 있다. Sacco and Zamagni(2006) 참조.

기 때문에 더욱 사회적이 되어야 한다고 본다.

시장과 사회 사이의 새로운 관계를 추구하고 있는 오늘날의 세계화 시대에 기업의 책임에 대한 시민적 개념을 다시 강조하는 것은 중요하다. 기업의 책임에 대한 시민적 개념이 있어야 시장과 사회를 분리해서 보지 않고 통합할 수 있으며, 공정무역에서처럼 우리가 일하고 생산하며 소비하면서도 행복해질 수 있다. 윤리적 금융과 소액 대출처럼 저축할 때도 행복을 추구할 수 있다. 물론 이 모든 것은 우리가 살과 뼈를 가진 구체적 인간인 타인이 지닌 신비와 어둠을 만나는 것을 두려워하지 않아야 가능할 것이다.

제4장

경제학이 사랑을 말해야 하는 이유

COMMUNITAS
ECONOMY

이렇게 부분들은 악으로 가득해도

전체를 보면 지상낙원이 따로 없네.

...

모든 것 중 최악은

공동선을 위하여 무언가를 했다는 것.

– 버나드 데 맨더빌 Bernard de Mandeville

가장 값진, 그러나 상처도 되는 무상성

무상성gratuitousness은 아마도 인간관계의 양가적 속성을 가장 잘 표현하는 말일 것이다. 내가 남에게 선사한 무상성이든 남에게서 받은 무상성이든, 무상성의 행위보다 더 값진 것은 없다. 그리고 무상성에 대한 배신보다 더 큰 마음의 상처를 주는 경우도 없다. 왜냐하면 우리는 무상성을 어떻게 가늠해야 할지 알 수 없기 때문이다. 무상성에는 금전적 가치를 매길 수 없다.

동시에 무상성이나 이타적인 마음에서 우러나는 행위가 없다면 함께하는 삶을 상상할 수 없을 것이다. 왜냐하면 무상성 없이는 타인들과 온전한 인간적 만남을 가질 수 없기 때문이다.

이미 다양한 방식으로 언급했던 것처럼 이 책의 논지는 관계성의 가치를 되찾아 오자는 것이다. 여기에는 관계성이 지닌 경제적 가치도 포함된다. 관계성은 다양한 차원에서의 관계성, 곧 계약에서의 관계성일 수도 있고, 타인과의 만남에서의 관계성일 수도 있다. 타인과의 만남은 선물에서 영감을 받아 이루어지거나, 그 만남에 따른 축복이나 상처에서 야기된 만남이다. 그러므로 이러한 만남에서의 관계성은 무상성을 향해 열려 있는 관계성이다.

반면에 우리가 제시하고자 했던 이유들로 인해 시장은 전형적으로 무상성이 존재할 수 없는 곳이라고 여겨졌고 그렇게 정의되어 왔다. 이것이 오늘날 경제적 환경에 만연한 관계의 위기와 불안을 '무상성 기근famine of gratuitousness'의 결과라고 볼 수 있는 이유이기도 하다. 이는 우리의 발전 모델에 악영향을 끼치고 있다.

그러나 만약 시험적으로 일상의 경제활동에서 무상성을 완전히 제거한다면 우리의 생산 조직과 실제 시장의 많은 부분들은 하루아침에 붕괴될 것이다.

이 책의 기반이 되는 이론적 관점인 시민경제에서는 이것이 그 이상의 것을 의미한다. 무상성을 고려하지 않고서는 시민경제의 다양한 형태, 즉 사회적 협동조합, EoC, 공정무역 등을 제대로 이해하거나 설명할 수도 없다. 시민경제는 무상성만을 의미하는 것이 아니다.

무상성 못지않은 중요한 원칙들이 있다. 하지만 무상성은 시민경제에서 가장 기본적이고도 그 정체성을 드러내주는 차원 중 하나이다. 그런 의미에서 무상성이 없는 시민경제는 상상할 수 없다.

무상성은 굉장히 정의하기 어려운 개념이다. 그것은 아마도 무상성이 인간적 차원을 가장 잘 나타내는 본질적 요소이기 때문일 것이다. 우리는 시장과 소득 없이도 오랫동안 살 수 있다. 그러나 주고받는 무상성 없이는 결코 오래 살 수 없다.

이러한 이유로 무상성에 관해서는 많은 말이 필요 없다. 우리 모두는 무상성을 경험할 때 그것을 알아차릴 수 있고, 우리 자신 안에서 무상성을 상실하거나 무상성의 관계에서 배신당했을 때 고통스러워한다. 무상성이 내포하고 있는 신비를 밝히려고 하지 않고, 무상성의 개념을 정의하지 않은 채 그대로 놓아두는 것이 아마 오히려 나을 것이다.[1]

무상성을 가장 잘 나타내는 고대어는 아가페이다. 아가페가 무상성만을 의미하는 것은 아니다. 그러나 무상성 없이 아가페적인 영감을 받아 행동하게 되는 일은 있을 수 없다. 이 장에서 우리는 에로스, 필리아, 아가페와 같은, 사랑과 관계성에 대한 고전적 3자 구분을 둘러싼 담론을 발전시킴으로써 상처와 축복 간의 관련

---

1   사회과학 문헌, 특히 경제학 문헌에 무상성에 대한 체계적인 고찰이 없는 것은 바로 이러한 어려움 때문이다. 선물, 이타심, 그리고 상호성 등에 대한 논의가 점차 늘고 있지만 무상성에는 이와는 다른 그 무엇이 있다. 무상성은 우리의 내재적 동기에서 비롯된 모든 행위와 관련되어 있는 것이 확실하고, 주로 행위 그 자체의 외적인 목적에서 비롯된 행위들과는 그다지 관련이 없다. 무상성의 차원이 더욱 활성화되면 도달해야 할 목적만큼이나 그 과정 역시 중요해진다.

성을 계속 고찰하려고 한다. 이와 같은 심화 작업은 우리의 추론을 풍부하게 하고 보다 복합적인 추론이 될 수 있게 해줄 것이다.

하나이자 여럿인 인간의 사랑

교황 베네딕토 16세가 회칙 '하느님은 사랑이십니다Deus Caritas Est' 를 선포함에 따라 최근 고전적 사랑의 세 가지 구분에 대해 철학적, 신학적 관심이 다시 나타나는 것을 보게 되었다. 이 회칙의 중심 주제는 인간 사랑의 강한 일원성─元性, unitariness을 보여주는 것이다. 사랑은 하나이자 동시에 여럿이다. 사랑은 육체적 사랑인 에로스, 친구들 간의 사랑인 필리아, 이타적 사랑인 아가페로 구성된다. 에로스와 필리아, 에로스와 아가페를 서로 대립하는 것으로 간주하면 인간의 실존은 행복 없는 곁길로 빠지게 된다.

경제학적 관점에서 이러한 주장은 인간의 관계성과 상호성이 '하나이면서 여럿임oneness and multiplicity'을 심사숙고할 수 있는 좋은 출발점이 될 듯하다.

에로스는 욕망하는 사랑이고 '고조되는' 사랑이다. 한편 친구 간의 우정으로서의 필리아는 에로스보다는 무상으로 더 많이 주는 것일지라도, 보답이 있을 때 비로소 하게 되는 사랑이다.

아가페는 그리스도교의 역사와 함께 나타나는 사랑의 한 형태이다. 아가페는 그리스도교 이전부터 사용되던 말이지만 그리스도 인들, 특히 사도 바오로가 그리스도교 인본주의의 전형적인 사랑을 충만히 표현하기 위해 사용하면서 새로운 의미를 지니게 되었다. 그리스도교 인본주의의 원형은 친구가 아닌 사람들을 위하여 자신의 생명까지 내어놓은 예수, 즉 십자가에 못 박힌 이Crucified One 의 사랑이다. 필리아는 일곱 번 용서하고, 아가페는 일곱 번씩 일흔 번까지라도 용서한다. 아가페는 무상성과 마찬가지로, 단지 '어떤 행동을 하는 것'이 아니라 '존재하는 것'이다. 아가페는 종종 듣기와 침묵을 수반하며, 무언가를 하거나 주는 것이 아니다. 그런 의미에서 능동적이기보다는 좀 더 수동적이다.

에로스, 필리아, 아가페는 형태는 다르지만 다 사랑이다. 다만 에로스와 필리아는 아가페에 영감을 받아 열리지 않으면 자기 안에 안주하고 싶은 유혹에 굴할 수도 있다. 그와 동시에 아가페라는 선물은 에로스의 열정과 욕망, 그리고 필리아²의 자유를 가져야 지속적이고 완전한 인간애가 된다. 다차원적 사랑만이 인간애를

---

2   〈요한복음〉(21장 15~17절)의 그리스어 원본에서 예수와 베드로 사이의 마지막 대화는 필리아와 아가페 사랑의 두 가지 차원을 다루고 있다. 베드로에게 "너는 이들이 나를 사랑하는 것보다 더 나를 사랑하느냐?"라고 묻는 예수의 질문에서 처음 두 번은 '아가페적으로 사랑하다'라는 뜻을 지닌 그리스어의 동사 아가판(agapan)을 사용한다. 세 번째이자 마지막 질문에서는 '필리아적으로 사랑하다'라는 동사 필레인(philein)을 사용한다. 이에 대해 베드로는 "주님께서는 모든 것을 아십니다. 제가 주님을 사랑하는 줄을 주님께서는 알고 계십니다."라고 응답한다.

오롯이 보여준다.

사랑에 관한 이러한 논의가 경제학과 무슨 관련이 있단 말인가?

무엇보다도 먼저 에로스, 필리아, 아가페라는 사랑의 세 가지 형태와 경제 담론을 비교해볼 필요가 있다.

우선 에로스와 계약 사이의 비교가 가장 덜 직접적인 비교일 것이다. 플라톤의 《향연(Symposium)》에 따르면, 에로스는 궁핍과 가난의 여신인 페니아Penia와 수완과 획득의 능력을 지닌 풍요의 신 포로스Poros 사이에서 태어났다. 포로스는 기민함shrewdness의 여신인 메티스Metis의 아들이다.[3] 가난과 결핍에서 태어난 에로스적 사랑은 타인을 통하여 스스로를 채우려고 한다. 구애courtship는 편리한 수단에 기대어 목적을 달성하려는, 즉 욕망을 충족하려는 행위이다.

계약도 유사하다. 상대방에게는 있지만 내게는 결여된 무엇이 있을 때, 또는 그 반대 경우에도 마찬가지로 계약 관계는 필요와 결핍에 의해서 생겨난다. 계약이 이루어지는 과정은 애덤 스미스

---

3 에로스의 계보와 관련된 신화는 풍부하다. 에로스의 출생에 관해서는 다양한 설이 있다. 아프로디테와 제우스, 혹은 아프로디테와 아레스, 혹은 아프로디테와 헤르메스 사이에서 태어난 아들로 묘사한 신화가 있는가 하면 아르테미스와 헤르메스 사이의 아들이라고 하는 신화도 있다. 무지개의 신 이리스와 서풍(the West Wind) 사이에서 태어난 아들이라고 하는 후기 신화도 있다. 에로스는 여러 형태로 의인화된다. 때로는 상호적인 사랑을 나타내는 안테로스(Anteros)와 같은 형제들이 있는 것으로 그려지기도 한다. 그러나 대부분의 서구 철학 전통은 플라톤의 해석을 따른다.

가 지적했던 것처럼 유혹과 설득에 기반한다. 이 과정은 획득의 기술이자 '기민함shrewdness'의 산물이다. 전 세계의 비익명적이고 개인화된 시장에서 보이듯, 이것은 연애할 때의 구애와 아주 많이 닮았다.

이념형[4] 차원에서 이해되는 에로스는 원래 무상성을 요구하지 않으며, 계약도 내용에 무상성을 담고 있지 않다. 에로스나 계약이나 둘 다 상호 이익의 관계이다. 이 관계에서 당사자는 누구나 상대방의 이득을 위해서가 아니라 그저 자신의 부족함을 채우기 위해 행동하는 것이다. 계약은 욕망과 필요에 의해 생긴다. 그렇지만 에로스와 마찬가지로 계약과 시장 교환은 개인적 삶과 사회적 삶의 원동력이다.

에로스 관계의 중심은 너가 아니라 나이다.

이런 관점에서, 타인에 대한 끌림은 시장 교환에서 내가 원하고 사게 되는 대상이나 상품에 대한 끌림과 근본적으로 다른 것은 아니다. 기업가를 움직이는 원동력도 본질적으로는 에로스적 사랑의 유형이다. 더 나은 모습으로 성장하고픈 열정을 추동하는 것은 보통 무언가를 창조하고 계획을 완수하고 돈을 벌고 싶어 하는 등의 욕망이다. 그리고 이렇다고 하더라도, 다시 말해서 기업가의 활

---

4   사실 사랑의 유형은 항상 혼재해 있다. 이론적 작업인 추상화 과정을 제외하고는 사랑의 유형들을 분리하는 것은 불가능하다.

동이 적어도 초기에는 무상성과 선물에 의해 동기 부여가 된 것이 아니라 하더라도, 그의 활동은 공동선을 창출한다.

공동선(公同善)은 사회 구성원 간의 합의나 동의 등에 바탕한 공동의 이익을 의미한다. 반면 공공재(public goods)는 국방, 치안, 방역 등의 공적 질서 등을 언급할 때 사용된다.

여기까지의 비교는 유효한 것 같다. 그러나 두 가지 의문이 여전히 남는다. 앞의 장들에서는 논의의 키포인트로 시장 관계에는 임무니타스와 중재라는 두 가지 결정적인 특성이 있다고 했다. 에로스 관계는 적어도 처음 언뜻 보기에는 이 두 특성 모두와 아주 딴판인 것처럼 보인다. 에로스 관계에서 몸은 서로 오염되고, 두 사람 사이에 중재하는 매개체가 있는 것 같지도 않다. 곧 에로스는 중재되지 않은 관계, 혹은 즉각적이고 오염시키는 관계의 화신처럼 보인다.

사실 이 논의는 더욱 심층적으로 이루어져야 하며, 여기에서는 몇 가지가 분명하게 구분되어야 한다. 시장 계약의 기본 구조를 살펴보자. A는 B에게 X를 주고 B로부터 Y를 받는다. 두 사람 사이에는(A→B; B→A), 그리고 같은 가치로 교환된 물건들 사이에는(X→Y; Y→X) 1 대 1 대응 관계가 있다. 우리는 계약에서 장난을 하지 않고, 사람들을 위험에 처하게 할 수도 있는 게임을 하는 것이 아니며, 상처를 무릅쓰고 모험을 하지도 않는다. 계약에서는 물건을 통하거나 물건을 매개로 삼아 서로 만나게 된다.

에로스의 순수한 관계 구조는 무엇인가?

첫 번째 가능한 해석은 "에로스의 구조가 계약 관계에 나타난 구조와 똑같다"고 간주하는 것이다. A와 B는 몸짓과 몸 X, Y를 교환하며, 이는 두 사람 사이를 중재하는 것과 동일한 기능을 한다. 예를 들어 두 가지 사례를 들어보자. 돈 Y를 위하여 시장에서 상품 X를 교환하는 주체 A, B와, 디스코텍에서 만나 하루 저녁 로맨스를 즐기려는 두 사람 C, D가 있다. 위험 요소로 오염시키지 않고 관계성은 소거된 면역 상태인 임무니타스의 유형이라는 측면에서 C와 D, A와 B는 본질적으로 같다. C와 D, A와 B는 그들의 인격에 결부된 위험 부담을 감수하지 않고서도 X와 Y라는 등가물의 교환을 통하여 서로 만난다. 위험 부담도 없고 어느 누구도 상처를 받지 않는다. 두 개의 욕망이 만나서 서로를 수단으로 삼아 자신의 욕망을 서로 충족하는 것이다.[5]

에로스 안에서 우리는 관계성의 영향을 받지 않는 면역 상태 immune이다. 왜냐하면 주고받는 대상으로서의 몸은 자신의 개성 individuality을 표현하고 당신과 나 사이의 경계를 만들기 때문이다. 그리스 신화에서 아내인 프시케가 남편인 에로스의 얼굴을 결코 볼 수 없다고 묘사한 것은 매우 흥미로운 일이다. 이런 관점에서 에로스 관계는 계약 관계에 비견될 수 있다. 즉 무상성이 없고, 자

---

5   계약에서와 마찬가지로 에로스에는 불균형과 착취가 있을 수 있다는 점을 주의해야 한다.

기중심적이며, 사람들 사이의 관계성의 영향도 받지 않는 중재된 형태의 계약 관계와 유사하다는 것이다.

그러나 우리는 이 논의에서 한발 더 나아가야 한다.

사실상 '상호 무관심'이 에로스의 한 형태인 것이 확실한가? 에로스에 대한 이러한 해석은 에로스적 사랑의 본질과 그 문화적, 인간적 역할을 이해하는 데 정말 도움이 되는가?

어떤 종류의 에로스가 그런 관계 구조를 창출하는지 우리 자신에게 물어볼 필요가 있다. 만약 두 사람이 위에서 방금 언급한 관계 구조에 따라 사랑의 관계를 이해하고 그 개념을 갖게 된다면, 그런 관계는 사랑의 만남이라기보다는 자기애narcissism 또는 자기성애auto-eroticism의 한 형태라고 해야 할 것이다.

이런 에로스에서는 실제로 '당신'도 없고 '우리'도 없기 때문에 상처가 없다. 오직 분리되어 서로 영향받지 않으며 면역 상태인 '나'라는 존재의 합만 있을 뿐이다. 그리고 거기에는 축복도 없다. 이것은 '나와 당신I-Thou'의 만남이 아니라, 마르틴 부버가 말하는 '나와 이것I-this'의 만남, 주체와 객체 사이의 이중적 만남이다. 이런 에로스적 만남은 부버가 말하는 의미에서의 대화가 아니라 한 사람이 단지 자기 자신만을 만나는, 대화로 위장한 독백이다.

필리아의 관계에서 한 사람의 몸은 상대방을 위한 선물이 된다. 아가페 관계에서는 더욱 그렇다. 만약 한 사람의 몸이 상대를 위한 선물이 될 수 없고 우리가 각자 자기 틀을 벗어나 타인을 만날 수 있는 '제3'의 관계성이 발현되지 않는다면,[6] 우리 서로 간의 만남이 이루어지는 공통의 기반은 있을 수 없다. 비록 관계라고 하는 것이 그 관계를 형성하는 사람들과 별도로 독립적으로 존재하는 것은 아닐지라도 관계는 해당하는 두 사람, 또는 그 이상의 사람들에 대해서는 항상 제3자이다. 이 공통의 기반에서 우리는 각자 자신의 경계를 떠나 서로 만나며 서로 다른 사람임을 인식하기에 서로를 '오염'시킨다.

우리 논의의 핵심이 여기에 있다. 방금 살펴본 관계 구조로 축소되는 시장은 관계를 창출하지 못한다. 심지어 단지 계약만을 창출하는 것조차 하지 못한다. 주지할 점은 시장에 대한 바로 이런 생각이 근현대 경제학을 지배하고 있다는 사실이다. 이런 시장은 오히려 온라인 가상 '만남'에서 일어나는 현상과 유사한 양상을 보이는 경제적 자기애 혹은 자기성애이다. 도덕적 판단을 전적으로 유보하더라도, 온라인 가상 만남이 진정한 만남이 될 것이라는 기대는 어수룩한 사람이나 하는 것이다.

계약과 자기애적인 에로스의 비교는 다음과 같은 말들로 표현할

---

6   이와 관련하여 관계의 본질이 실체인지, 혹은 예컨대 아리스토텔레스가 생각했던 것처럼 우연인지에 대한 전반적인 철학적·신학적 논쟁은 흥미롭다. 토마스 아퀴나스는 더 나아가 삼위일체 내부의 관계를 실제로 존재하는 것, 즉 실체적인 것이라고 보았지만, 사람들 간의 관계를 사람들과 별도로 독립적으로 떨어져 존재하는 것으로 여기는 사람은 내가 아는 한 아무도 없다. 중세 시대의 이러한 논쟁에 대해서는 Bruni(2006) 참조.

수 있다. A는 B와 소통하고 B는 A와 소통한다. 두 관계는 독립적이고 동등하다. 계약 당사자들인 두 사람 각자의 이익과 관심은 서로 완전히 무관하다. 예를 들어 A가 B의 세탁기를 고쳐주는 경우, A의 유일한 관심은 B로부터 돈을 받는 것이다. A는 거래의 일부로 생기는 B의 이득이나 이해에 결코 관심이 없다. B도 비슷하다. B는 A의 목적에 관심이 없다. B는 그저 자신의 세탁기가 고쳐지기만을 바라며, 자신이 A에게 돈을 지불하지 않는다면 자신의 목적은 달성되지 않을 것임을 알고 있다. 그들의 행위는 분리되고 독립된 두 개의 개별적인 행위들로서, 접촉이 없이도 서로 교차한다. A의 관심은 B의 행위의 의도하지 않은 결과unintentional effect이다. 그 반대도 마찬가지이다. 전문 용어로 우리는 이것을 보통 외부효과externality[7] 라고 부른다.

그러나 교환에서 계약 관계가 결과적으로 단지 이것만을 뜻하는 것이 확실한가? 나는 그렇게 생각하지 않는다. 적어도 계약 관계를 자기애적 관계 구조로만 묘사할 수 있다고 생각하지 않는다. 한나 아렌트Hannah Arendt([1958]1994)의 말처럼 "이해관계는 'in-ter-

---

7   외부효과는 어떤 경제 주체의 행위가 다른 주체 또는 시장 시스템 외부에 긍정적이든 부정적이든 영향을 미치는 일종의 부수적 효과이다. 이때 행위의 영향을 받는 대상은 그 영향을 받는 것을 미리 선택하거나 계약을 맺은 것이 아니다. 전형적인 예는 환경 오염이다. 기업은 한 재화를 생산하면서, 어쩌면 의도하지 않았을 수도 있지만 대기를 오염시키고 이로써 환경과 타인들에게 부정적인 영향을 미친다.

est'라는 문자 그대로의 의미로 볼 때, 사람들 사이에 존재하는 그 무엇, 사람들을 관계 맺게 하고 그들을 결속시키는 그 무엇으로 간주된다."(p. 133) 나는 사실 다른 연구에서(Bruni and Sugden, 2008) 시장 교환 또는 계약이 개인 이익의 희생을 피하게 해준다는 사실을 부정하지 않으면서도, 동시에 사회적 행위이자 '우리'에 의한 공동의 행위로 해석될 수 있음을 밝힌 바 있다. 이때 '우리'는 두 명의 나의 상호 이익이나 서로에 대한 무관심을 의미할 뿐만 아니라 필리아의 한 형태로서 시장을 '상호부조'로 보는 안토니오 제노베시의 관점과도 같은 맥락이다.

이것은 기업가의 행위에도 해당된다. 기업가로서의 소명의 측면에서 볼 때, 그 소명의 초기에는 에로스로 추동된 열정이 있을 수 있고 실제로 자주 나타난다. 하지만 시간이 지남에 따라 기업가가 자신의 기업에서 필리아를 건설해가는 사람이 될 때, 그리고 무상성에 대해서도 열려 있을 때 비로소 그 기업은 조화롭고도 온전히 인간다운 방식으로 성장하고 성숙해진다. 가정생활과 시민 사회단체에서 일어나는 현상도 이와 유사하다. 많은 경우 그 시작은 열정과 욕망에서 비롯되지만 폭풍우 몰아치는 삶의 궂은 나날들과 우여곡절을 겪게 마련이다. 그러면서 에로스적 사랑이 필리아와 아가페의 영향을 받아 그 한계를 초월하게 되어야 비로소 사람들이 진정으로 살 만하고 인간미가 활짝 꽃피는 번영의 장소가 될 수 있을 것이다.

공동선은 가능한가?

그러므로 에로스와 계약 간의 비유는 적절하다. 경제학은 또한 주로 상호부조의 형태로 필리아의 관계성을 인정한다. 우리가 바로 앞 장에서 보았듯이, 과거와 현재의 모든 협동조합 운동과 결사체 운동은 상호부조와 우정이라는 기본 원칙에 따라 그 의미와 범위가 정해졌다. 그러나 업무 팀, 사무실의 구성원들, 또는 대학교 학과의 교직원들이 조직 역학의 특정 맥락 안에서, 어느 시기에 계약 규정 이상으로, 용서와 감사와 같이 그들을 이끄는 우정을 경험하지 못한다면 가장 정상적인 자본주의 기업들도 성장하지 못하고 지속될 수도 없을 것이다.[8]

계약과 필리아라는 이 두 가지 형태의 관계성은 각각 공동선에 대한 자신들 고유의 전형적 개념을 갖고 있기도 하다. 그러나 '공동선'이란 무엇인가?

8 　아가페에는 이 밖에도 다른 특성들이 있는데, 여기에서는 이에 대한 체계적인 분석을 하기보다는 단지 언급만 하는 데 그치겠다. 아가페가 존재할 때, 상호성의 다른 두 가지 형태는 더 이상 전과 동일하지 않다. 그것들은 변형되고 초월되며 사람들 사이의 진정한 만남이 되기도 한다. 실제로 아가페는 관계성의 다른 여러 형태들과 마찬가지로 관계성의 한 형태인 것 외에도, 인간의 관계성의 모든 형태에 현존할 수 있는 하나의 차원이기도 하다. 비아가페적 계약, 우정, 선물이 있는 것처럼 아가페적 계약, 우정, 선물이 있다. 이 책에 영감을 준 것은 바로 아가페에 대한 이러한 이해였다. 나는 아가페를 순전한 무조건성(pure unconditionality)과 동일시하지 않는다. 왜냐하면 어떤 사회적 맥락에서는 순전히 조건적인 계약이 무조건적 선물보다 더 아가페적 수단이 될 수 있기 때문이다. 소액 대출 사업(micro credit)의 많은 경우가 이러한 사례이다.

여기에서 전제로 해야 할 것은, 경제학은 공동선이라는 주제와 관련하여 역설적인 상황에 직면해 있다는 것이다. 한편으로 근대 경제학은 사실 공동선에 관한 고전적 전통과의 밀접한 연관 속에서 18세기에 태어났다. 공동선에 대한 아리스토텔레스와 토마스 아퀴나스의 사상을 기본 바탕으로 하는 이론 설정 방식에 명시적이고도 직접적으로 연결되어 있는 '공공행복public happiness'에 대한 이탈리아적 전통뿐만 아니라 《국부론》을 중심으로 하는 애덤 스미스의 스코틀랜드 전통 역시 경제의 개념을 단지 개인의 이익 차원에서만이 아니라 공동선의 관점에서 파악했다. 애덤 스미스의 스코틀랜드 전통은 국부의 성장을 통해 간접적으로 공동선에 기여할 것을 제안했다.[9] 이 전통은 곧 '공식적인' 전통이 되었다. 이에 비해 이탈리아 전통의 입장에서는 공동선의 달성이라는 동일한 목적을 제안하면서도 '공공행복'이라는 목표를 직접적으로 겨냥했는데, 여기서 '공공행복'은 공동선 개념의 새로운 표현으로 보아도 무방하다. 바로 이러한 이유로 인해 이탈리아 전통에서는 부를 증진하는 노동 분업보다는 시민적 덕성에 더 관심을 갖게 된 것이다. 아무튼 나폴리에서 글래스고까지, 공동선이 근대 정치경제학

---

9   스미스가 부(富)를 가리켜 riches 대신 wealth라는 용어를 선택한 것도, 그의 사상에서 부(富)와 공동선 사이에 존재하는 본래의 연관성을 그 자체로서 웅변적으로 말해주는 표시이다. 사실 wealth는 어원상 weal에서 유래하는데, weal은 '선(善),' 즉 선한 것을 의미하며, 라틴어로는 bonum에 해당한다.

의 탄생과 아주 밀접하게 관련된 대주제라는 사실에는 여전히 변함이 없다.

동시에 공동선 개념은 현대 경제학 이론에서는 결여되어 있고, 대신 그 자리를 공공재public good나 공유지commons 개념이 차지했다.[10] 그러나 좀 더 면밀히 검토해보면, 이러한 대체는 고전적, 그리스도교적 전통에서 과거에나 현재에나 공동선이라고 부르는 것과는 완전히 반대이다. 사실 공공재와 공유지는 개인주의적 비전에 기반한다. 공공재를 사용하는 사람들 사이에는 그 어떤 관계도 요구

---

10 공공재는 경쟁도 없고 배제성의 경향도 없이 많은 사람들에 의해 소비된다는 근본적 특성을 갖는다. 경쟁이 없다는 특성은 예컨대 가로등과 같은 공공재를 소비할 때 한 사람의 가로등 사용이 다른 사람의 가로등 사용을 방해하지 않는다는 것을 의미한다. 즉 어떤 사람이 한 명 더 나타나 길을 지나가더라도, 그 사람의 출현이 가로등이라는 같은 재화에 대한 나의 즐김과 누림을 방해하지는 않는다.
한편 비배제성(non-excludability)은 공공재를 생산하는 데 기여하지 않는 사람들로 하여금 공공재를 사용하지 못하도록 배제하는 것이 불가능함을 가리킨다. 예를 들면 세금을 내지 않은 사람들로 하여금 국방의 혜택을 받지 못하도록 배제하거나, 대기를 오염시키는 사람들로 하여금 우리가 숨 쉬는 공기를 호흡하지 못하도록 배제할 수 없다.
이에 비해 공유지는 항상 많은 사람들에 의해 소비되는 재화이다. 그러나 나의 소비가 상대방과의 경쟁을 수반한다. 예를 들어 공공 호수에 물고기가 있다고 하자. 만약 어떤 어부가 새로 도착하여 고기를 잡을 경우, 어떤 임계점을 넘어서도 계속 고기를 잡는다면 다른 어부들의 평균 어획량은 감소한다. 이것이 1968년 미국의 생물학자인 개릿 하딘(Garrett Hardin)에 의해 최초로 강조된 이른바 '공유지의 비극(tragedy of the commons)'이다. 공공재 혹은 집합재(collective goods)는 경제학자들이 매우 싫어하는 것, 곧 '혐오의 대상(bête noire)'이다. 경제학 이론과 실재에서 공공재를 사유재로 전환하고자 하는 뚜렷한 경향을 보이는 이유가 바로 여기 있다. 사적 영역에서는 그 의미상 당연히 이러한 '개입(interference)'의 문제가 존재하지 않는다. 비록 다른 문제들은 많이 있지만 말이다. 이는 내가 이 책에서 증명해 보이고자 하는 바이기도 하다.

되지 않는다.

공공재 혹은 공유지는 개인들과 소비된 재화 사이의 **직접적인** 관계이다. 반면에 재화를 소비하는 사람들 사이의 관계는 존재하더라도, 적어도 **간접적인** 관계이다. 공동선은 정확히 그 반대이다. 공동선은 사람들 간의 직접적인 관계이며, 이 관계는 재화들을 공동으로 함께 사용하는 것을 통해 중재된다.[11] 이런 의미에서 공동선은 **인격주의적**personalistic이고 **관계적인**relational 범주이다. 반면 공공재의 경제적 개념은 **개인주의적**individualistic이고 **물질주의적**materialistic이다. 다시 말하면 사람들 간의 관계가 아니라 물질을 중심에 둔 개념이다.

예를 들면 가톨릭의 사회 교리에서 공동선은 '모든 이와 각 개인에게도 좋은' '도덕적 선의 사회적, 공동체적 차원'으로 이해된다. 따라서 "공동선은 함께해야만 달성할 수 있기에 나뉠 수 없다."(《간추린 사회 교리(Compendium of the Social Doctrine of the Church)》, 164항)

위에서 방금 제시한 이유들 때문에, 경제학에서는 한 주체가 자신의 행위를 통해 공동선을 달성할 수 있을지를 예단하는 것은 논리적으로도 실제적으로도 불가능하다고 주장한다. 그러므로 공동

---

11 공동선의 고전적 이론의 전형적인 예는 재화와 재산에 대한 그리스도교적 관점이다. 논의의 중심은 정의와 상호성의 원칙, 곧 사람들 사이의 관계이다. 그리고 공유된 재화나 모두의 선익(善益)과 각자의 선익을 위해 사용된 재화들은 공동선의 추구를 구체화하기 위한 방법이다. 초점은 재화가 아니라 사람들에 맞추어져 있다.

선을 달성할 수 있는 유일한 방법은 사적인 선익private good, 곧 사익
self-interest을 추구하는 것이라고 본다. 잠시 후 이에 관한 애덤 스미
스의 사상을 살펴보고자 한다.

20세기에 오스트리아 학파, 특히 하이에크Friedrich von Hayek는 개인
이 공동선을 추구할 때의 가장 큰 문제는 정보와 지식의 문제라고
언급했다. 즉 한 주체가 개인의 선individual good보다는 공동선을 의도
적으로 추구할 때조차도, 행위와 행위의 결과 사이에 존재하는 복
잡성으로 인해 그는 단순히 그저 어떻게 해야 할지 알지 못할 수도
있다. 행위의 결과는 많은 경우 의도하지 않고 무심코 한 행위가
가져온 결과이다. 제임스 뷰캐넌의 '사마리아인의 딜레마'에서 인
용되었던 것처럼, 주관적 선의에서 비롯된 사마리아인의 행위는
부지불식간에 사회적 역효과를 초래할 수도 있다. 그리하여 애덤
스미스 이후 경제학에서는 공동선과 관련해서 일종의 '불가능성
정리impossibility theorem'를 주장했다. 이로써 현대 주류 경제학자가 다
룰 수 있고 다루어야 하는 주제들 중에 공동선이라는 주제는 사라
지게 되었다.

따라서 오늘날 경제학에서 염두에 두고 있는 공동선은 근본적으
로 개인들의 행위에서는 의도하지 않았던 결과이다. 이미 명시했
던 것처럼, 교환을 실행하기 위해 계약을 맺는 사람의 목적은 공동
선도 아니고 계약에 참여하는 상대방의 이익도 아니며, 오히려 자
기 자신의 선익이나 이득이다. 공동선 혹은 나와 상호작용하는 타

인의 선익은 나의 목적 가운데 하나가 아니다. 공동선 혹은 타인의 선익은 계약의 구조 속에 남겨진다. 반복하지만 꼭 B의 이득이 A의 목적이 아닌 것처럼, A의 이득은 B가 맺는 계약의 목적이 아니다. 각자는 서로에게 구속력과 수단을 상징한다.

그러나 고전 정치경제학에서 이미 유추한 바 있고 애덤 스미스가 사용한 '보이지 않는 손'의 이미지를 통해 비유적으로 표현된 바 있는 공동선에 대한 유명한 정리theorem대로, 만약 소유권, 법률, 부패하지 않은 판사들 등과 같은 사회적, 제도적 시스템이 잘 고안된다면, 어떤 맥락에서는 정말로 사적 이익이 연금술처럼 공동선으로 질적 변화를 할 수 있게 된다. 스미스의 '보이지 않는 손'은 행위의 의도하지 않은 결과에 대한 이형 발생異形發生, heterogenesis 이론의 경제학적 버전이다. 그러면 스미스의 사상에 여전히 존재하는 이러한 공동선의 논리를 좀 더 가까이에서 살펴보기로 하자.

의도하지 않은, 자기기만으로서의 공동선

애덤 스미스는 사회 질서에서 낮은 위치에 있는 시민들 사이의 부와 권력을 향한 경쟁이 그들은 의도하지 않았지만 간접적으로 공동선을 이끌어내는 주요 기제라고 보았다. 가난한 농부의 아들은 이러한 경쟁을 위하여 엄청난 피로를 감내해야 한다. "그는

다."(《도덕감정론》, IV.i.8)

애덤 스미스는 사람들이 풍요와 번영을 향해 돌진하는 것은 바로 이런 주요한 열정 때문이라고 보았다. 그러나 이 열정은 개인들이 부지불식간에 희생자가 되는 자기기만에 그 기반을 두고 있다. 즉 부자는 더 행복하다거나 '행복을 위한 더 많은 수단'을 소유하고 있다는 생각과 같은 기만(《도덕감정론》, IV.i.8)에서 비롯된다. 그러므로 더 많은 부와 권력을 갖는다는 것은 더 행복해진다는 것을 의미한다는 생각의 기만이기도 하다. 애덤 스미스는 이러한 생각이 완전히 틀렸다고 간주한다. 그는 자신의 관점을 지지해줄 여러 논거들을 인용한다. 첫째, "눈은 배보다 크다(the eye is larger than the belly)"라는 고대 속담을 소환한다. 다시 말하면 재화를 즐기는 능력은 생리적 한계를 갖고 있으며, 부자들은 '가난한 자들보다 조금 더' 소비할 수 있을 뿐이다.(《도덕감정론》, IV.i.10)

눈으로 보면서 판단하는 것보다 사실은 많이 먹지 못한다는 의미

그리고 그는 부자들이 나이가 들었을 때 느끼는 고독과 실망, 부자들이 소유하고 있는 물질들과 관련된 걱정과 집착, 같은 도시에 사는 동료 시민들에 대한 질투 등을 이야기한다. '큰길가에서 햇볕을 쬐는' 가난한 사람들은 이러한 모든 불쾌감을 겪지 않아도 된다.(《도덕감정론》, IV.i.10) 그들의 물질적 결핍은 그들에게는 걱정과

집착이 더 적다는 사실을 통해 보상받는 것이다. 이러한 모든 이유들로 인해 애덤 스미스는 부자들의 행복은 실질적으로 가난한 자들의 행복과 크게 차이가 나지 않는다고 생각한다.

애덤 스미스의 논의에서 보이지 않는 손이 등장하는 것이 바로 이 지점이다.[12] 행복해지려는 욕구가 우리들로 하여금 돈을 벌기 위해 노력하게 하고 부자가 되게끔 하며, 부가 우리를 보다 행복하게 만들 것이라고 우리 자신을 기만하게 한다. 이러한 자기기만 덕분에 사람들은 공동선을 향해 자기도 모르게 협력한다. 왜냐하면 사람들은 '자연적 이기심과 탐욕' 때문에 부자가 되기 위해 노력하지만 그럼에도 불구하고 결과적으로 그로 인해 경제적 발전을 창출하기 때문이다. 이러한 기초와 관련하여 애덤 스미스는 "인간 생활의 진정한 행복을 구성하는 것에 있어서, 가난한 자들은 그들보다 상당히 위에 있는 것처럼 보이는 자들보다 결코 열등하지 않다"라고 단언했다.(《도덕감정론》, IV.i.10)[13]

애덤 스미스는 《국부론》에서 이와 같은 주제를 발전시킨다.

---

12 실제로 '최고의 손(supreme hand)'이라는 은유는 나폴리의 경제학자 갈리아니(F. Galiani)가 시장에서 의도하지 않은 메커니즘을 표현하기 위하여 처음 썼다.(*Della Moneta*, p. 91)
13 수단의 분배에서 눈에 보이는 명백한 불공평은 대부분의 사람들에게는 보이지 않는 현실을 숨기지만, 이는 철학자인 애덤 스미스에게는 명백한 현실이다. 다시 말하면 개인의 행복이라는 측면에서 실질적 평등이다. 그러나 단지 개인의 이익을 위하여 물건을 사고 소비하는 부자들은 원하지는 않지만 공동선에도 기여한다. 즉 부자들은 모두에게 공평한 행복의 분배를 위해 협력한다.

행위의 의도되지 않은 결과에 대한 이론의 배후에는 건전한 이성에 대한 신뢰가 있다. 애덤 스미스는 때때로 이것을 '신神의 섭리 Providence'라고 부르기도 한다.(《도덕감정론》, IV.i.10) 비록 개인들이 의도적으로 사적인 이익을 위하여 행동하고 공동선의 실천을 원치 않거나 그것을 알지 못할지라도, 인권과 정의를 확실히 보장해주는 적절한 제도와 함께 경제·사회 시스템이 잘 조직되어 있다면 개인들이 공동선에 기여할 수 있도록 건전한 이성은 세상을 잘 짜 맞추어 고안해놓았다.[14]

에로스와의 비유를 들여다보는 것은 다시 한번 흥미로운 일이다. 만약 결혼과 같은 제도에 의해 잘 정리되고 규제된다면 에로스

---

14 다음은 보이지 않는 손이 다시 등장하는 유명한 구절이다. "모든 개인은 자신이 이용할 수 있는 자본이 무엇이든지 간에 가장 이로운 직장을 찾기 위해 계속 애써 노력한다. 사실 각자는 사회의 이득이 아니라 개인 자신의 이익을 목표로 한다. 그러나 개인의 이익을 추구하는 것이 개인으로 하여금 자연적으로, 혹은 좀 더 정확히 말하면 필연적으로 사회에 가장 이득이 되는 직장을 선호하게 만든다. … 일반적으로 개인은 정말로 공적인 이익을 증진할 의도도 없고, 자신이 공적인 이익을 얼마나 증진할 수 있는지도 알지 못한다. … 개인은 오직 자신의 소득을 목표로 한다. 다른 많은 사례가 보여주는 것처럼 개인은 자신의 의도가 아니었던 목적을 증진하기 위하여, 보이지 않는 손에 이끌리게 된다. 이 목적이 그 개인이 의도했던 바가 아니라는 점이 사회에도 항상 나쁜 것은 아니다. 개인 자신의 이익을 추구함으로써, 개인이 실제로 사회의 이익을 증진하려고 할 때보다 종종 더욱 효과적으로 사회의 이익을 향상시킨다. 나는 공공재를 위하여 무역을 하고자 하는 사람들이 많은 선행을 한 것을 결코 본 적이 없다."(《국부론》, IV.ii.9)
게다가 버나드 데 맨더빌(Bernard de Mandeville)이 《꿀벌의 우화》에서 "사적인 악덕이 공적인 미덕으로"라고 말한 것처럼, 애덤 스미스의 논의에서는 사적인 이익을 공동선으로 변화시키는 이 마법이 제도(시장), 법(특히 재산권), 그리고 시민의 미덕(무엇보다도 정의와 신중함)의 출현을 요구하는 것이 내포되어 있다.

적 사랑 역시 간접적으로 공동선을 만들기조차 한다. 즉 인간이라는 종種의 재생산, 사람 간의 강한 연대 창출, 아동에 대한 돌봄, 인구 성장(긍정적인 측면이 있는 경우) 등과 같은 공동선이 가능해진다. 그러나 이러한 결과는 욕정과 에로스적 욕망에 따라 행동한 사람들이 의도한 것은 아니다.

'에로스적' 경제학을 넘어서

공동선은 에로스-계약뿐만 아니라 필리아에도 연결되어 있다. 실제로 필리아의 인본주의에서는, 친구 간의 우정으로서의 사랑이 결사체와 협동조합 안에서 상호부조를 불러일으키고, 참여와 연대가 이루어지는 지역 공동체 체육관이나 학교와 같은 '오아시스'를 창출함으로써 공동선에 이르게 한다. 이러한 참여와 연대는 시민 생활 전체를 '감염시킨다.' 결사체나 협동조합에서 평등과 참여를 경험한 사람들은 한 지역에서 다른 지역으로 이동할 때, 그 도시polis의 다른 지역에서도 필리아의 '이행성transitivity'에 근거하여 문명을 쉽게 건설할 수 있다.

계약과는 대조적으로 필리아는 보편적이지 않다. 아리스토텔레스가 《니코마코스 윤리학》에서 언급했던 것처럼 필리아는 선택적 관계성이다. 그러나 필리아는 그 다양한 일탈적·분파적 형태를 고려하면, 필연적으로까지는 아닐지라도 잠재적으로는 상호성의 좋은 형태로 남을 가능성이 높다. 이러한 상호성은 문명적이며 문명화시키는 상호성이다.[15] 이것이 바로 오늘날 **교량적 사회자본**bridging social capital이라는 표현을 통해 발전된 개념으로서, 결사체 내부에서나 시민사회에서 건설된 상호부조의 관계를 통해 협동과 상호성이 확산되는 사회적 네트워크가 되는 것이다. 이에 비해 상대적으로 문명이 낮은 곳에서는 **결속적 사회자본**bonding social capital의 역학이 지배적이다. 필리아가 폐쇄적이 되고 친구가 아닌 사람들을 배제하는 경향이 생길 때 이런 역학이 우세해진다. 이것은 모든 형태의 마피아 세계에서 벌어지는 일이기도 하고, 방식은 다르더라도 여러 형태의 클럽과 공동체주의 사회에서 일어나곤 하는 현상이기도 하다.

다음으로 아가페는 무엇인가?

아가페도 공적·시민적 차원을 지녀왔는데 물론 이것은 서구의 이야기이다. 서구의 인본주의는, 명암이 공존하기는 했지만 그리스도교의 역사로부터 깊은 영향을 받아 그 틀을 잡게 되었고 양분도 공급받았다.

그러나 경제학에서 아가페는 크나큰 부재자不在者였고 아직도 그러하다. 사실 근대 경제학은 세 가지 사랑의 형태 중에 오로지 두

---

15 알래스데어 매킨타이어(Alasdair McIntyre, 1981)도 이와 유사한 주장을 했다.

가지, 곧 계약의 기초가 되는 에로스적 사랑과 그보다는 덜하지만 우정으로서의 필리아만이 경제 분야에서 활동하고 있다고 보는 경향이 강한 것이 특징이다.

아가페는 한편으로는 사적인 영역으로 좌천되었다. 특히 가족 관계나 영성 분야, 혹은 매우 친밀한 관계로 한정되어 다루어졌다. 다른 한편으로는 공적 영역에서 무조건적인 선물 차원에서의 아가페가 유럽 전통에서는 주로 국가에, 이른바 복지국가welfare state에 맡겨졌다. 다음으로는 이를 보조하는 차원에서 시민사회에 맡겨졌다.

앵글로색슨 문화, 특히 미국 문화에서는 자선 활동이 일부 아가페 차원의 일을 주로 담당하면서 많은 사회적 기능을 수행해왔고, 지금도 그러하다. 이에 비해 유럽에서는 아가페 차원의 많은 사회적 기능을 국가가 담당하는 것으로 정해졌다.

아가페가 공적인 영역에서 드러나는 이 두 가지 형태는 분명 그리스-로마 전통과 유대교·그리스도교 전통이 역사적으로 성숙의 과정을 거친 결과이다. 다만 이 두 형태는 아가페의 풍부한 이타적 사랑의 차원 중에 일부분만을 계승한 것이다. 아가페를 자선사업가나 국가에 맡기는 것만으로는 만족할 만한 해결책을 기대할 수 없다. 물론 복지국가와 자선사업이 지니고 있는 여러 긍정적인 가치들을 부정하려는 것은 아니다. 특히 복지국가와 자선사업이 공공재와 가치재의 생산을 가능하게 해주는 상황을 감안하면 더욱 그렇다. 하지만 아가페를 자선사업가나 국가에 맡길 경우 그런 해

가치재(merit goods)란 소비를 통해 얻을 수 있는 효용이 저평가된 재화나 서비스를 말하는데, 교육, 의료, 공영주택 등이 대표적이다.

결책에는 아가페의 두 가지 근본적인 요소가 통상 결여되기 마련이다.

첫 번째 간과한 요소는 긴밀한 이웃 관계neighborliness인데 사마리아인의 딜레마와 관련하여 일찍이 언급했던 문제를 초래한다. 두 번째 빠진 요소는 상호성이다. 사실 아가페는 '무조건적 상호성'이라고 정의 내릴 수도 있다.

나는 오늘날 문명의 도전 중 하나가 아가페의 형태를 사적 영역에만 한정하지 않고 폴리스polis로서의 도시 삶의 중심으로 다시 가져오는 것이라고 확신한다. 사적 영역에서는 아가페가 그저 잔여적이고도 보조적인 역할만을 하는 데 그치기 때문이다. 더욱이 포스트모던 사회가 공적인 영역에서 아가페와의 접촉을 상실하고 있다면 사적인 영역에서의 접촉도 조만간 잃게 될 것이다. 세계화된 사회에서는 공적 영역과 사적 영역을 구분하던 경계선이 무너지고 있기 때문이다.

시민사회의 역동성 차원에서 아가페가 중요한 역할을 확립할 수 있는 네 가지 주요한 길이 있다고 본다. 우리의 풍족한 사회가 빈곤하고 암울해지는 것은 아가페의 부재 때문이 아닐까?

아가페의 역할 중 첫 번째 길은 적어도 계약의 경제와 우정의 경제에 못지않게 문명적으로 두드러진, 아가페에 기반한 경제가 존재해왔고 현재에도 존재한다는 것을 믿을 만하고 의미 있는 구체적인 경험들을 통해 증명해 보이는 것이다.

여기에 관련 학자들과 사회과학적인 연구가 수행해야 할 특정한 역할이 있는데, 그것은 바로 아가페에서 비롯된 경제적·시민적 경험의 특정한 차이점을 보여주는 경제사를 기술하는 것이다. 앞으로 살펴보게 되겠지만 이런 경험 중에 많은 것이 카리스마charisma, 곧 특별한 은사恩賜의 작용과 결부되어 있다. 그리고 이를 위해 아가페에서 비롯된 경제적·시민적 경험들을, 흔히 우리가 혼동하는 유사한 경험들과 구분해야 할 것이다. 예를 들어 어느 산악 지역에 등산 케이블 철도를 건설하기 위하여 설립된 협동조합, 또는 자신이 사는 도시의 가난한 이들을 포용하기 위한 카리스마를 가진 사람이 설립한 사회적 협동조합 등과 같은 사례는 아가페에 기반한 경제의 경험과는 상당히 다르면서도 모두 시민적 경험들이다.

과거와 현재의 경제학은 단지 계약(에로스)의 역사만도 아니고 상호부조(필리아)의 역사만도 아니며, 공적 개입과 자선사업 행위의 역사로만 이루어진 것도 아니다. 중세 시대 프란치스코회의 '몬티 디 피에타'부터 현재의

몬티 디 피에타(Monti di pietà)는 문자 그대로 '연민 자금(Compassion Fund)'이다. 이것들은 특히 중소 도시에서 고리대금업에 대항하여 신용 거래에 대한 접근을 증진하기 위하여 프란치스코회가 만든 연대 은행의 초기 형태였다. 몇몇 학자들은 이를 오늘날 소액 대출의 선구자로 본다. 더 자세한 내용은 브루니와 자마니의 《21세기 시민경제학의 탄생》을 참조하라.

EoC와 공정무역까지의 역사는 그것들의 기원과 발전의 기저를 이루는 아가페를 고려하지 않고서는 완전히 이해될 수 없다. 따라서 경제학에서 아가페에 이론적 품격을 부여하는 것이 관건이다. 이를 위해 아가페에 기초하여 시민 생활과 경제생활의 터전을 설정하는 것이 계약이나 필리아와는 다르면서도 그에 못지않게 '합리적'이라는 것을 증명할 수 있어야 할 것이다.

두 번째, 현대 문화에서 오늘날 점점 더 강력하고 뚜렷하게 윤곽을 드러내고 있는 두 개의 **단성론**에 대해 반대의 목소리를 높여야 한다는 점이 점점 더 시급해지고 있다. 한편으로는 오로지 계약의 원칙에만 기울어져 있는 시민 생활을 초래하는 인간적·경제적 일탈들에 대해 사실과 개념을 통해 증명함으로써 계약의 단성론을 규탄하는 용기가 시급하다. 계약을 시민 생활을 규제하는 유일한 도구로 삼으려는 욕망은 오늘날 서구 문화의 큰 위험 중 하나이다. 그것은 단지 서구에만 해당되는

단성론(monophysism)은 이탈리아어로 monofisismi인데, 이 용어는 신학적 담론에서 주로 발견되지만 여기에서는 관계의 유일한 수단에 기반한 경제로 간주하려 한다. 가브리엘라 카라모어(Gabriella Caramore)와의 라디오 인터뷰에서, 브루니는 '시장 없는(without markets)' 세상과 '시장만 있는(only markets)' 있는 세상 간의 균형을 발견하고 싶다고 말한다. 시장 없는 세상에서 사람은 잘 살 수 없다. 그러나 시장의 유혹은 사회관계의 유일한 형태로 계약을 맺어야만 하는 것이다. 브루니는 시장 자체를 비판하려는 것이 아니라 시장의 단성론, 예를 들면 경제 관계라는 유일한 형태에 기반한 시장을 비판하려는 것이다.

것이 아니라, 예를 들어 일본을 생각해볼 수 있다.

이런 점에서 교황 베네딕토 16세가 회칙 '하느님은 사랑이십니다'에서 에로스에 대해 논한 말들은 계약을 근본적인 수단으로 여기는 계약 근본주의에 완벽하게 적용할 수 있다. 교황은 교회는 "결코 에로스 그 자체를 거부하지는 않았습니다. 오히려 왜곡되고 파괴적인 형태의 에로스를 물리치고자 하였습니다. 에로스를 그릇되게 신격화하는 이러한 행위는 사실상 에로스의 품위를 떨어뜨리고 에로스를 비인간화하기 때문입니다."(4항)라고 했다. 그러므로 계약이나 시장이 사회적 관계를 비인간화하고 파괴하는 것이 아니라 경제생활과 시민 생활을 오로지 계약을 기반으로 해서만 꾸려나가야 한다는 생각이 사회적 관계를 비인간화하고 파괴한다.

다른 한편으로는 이에 못지않게 염려스럽고 편파적인 필리아의 '단성론'이 있는데, 이른바 공동체주의의 많은 경험들과 표현들에서 그 사례들을 보게 된다. 공동체주의에서는 아가페의 구심력과 예지적 목소리가 없는 공동체는 각 개인의 개인주의가 단지 집단이기주의로 대체되는 **일종의 '거대한 나gigantic I'로 전환될 수 있으며, 그러한 경우가 자주 발생하는 것도 사실이다.**[16]

세 번째 중요한 도전은 '보조성의 원칙'을 심층적으로 고찰하고 이에 대한 새로운 방향성을 제시할 필요에 대해 직접 논의해보자는 것이다. 보조성의 원칙은 최근 제도적 구성에 있어서 '긴밀한 보조성의 원칙(the principle of sub-sidiarity)이란 '하위의 조직이 상위의 조직에 단지 종속되는 것이 아니라, 자발적으로 제 기능을 발휘할 수 있도록 상위의 조직이 협조해야 한다'는 원칙이다. 예컨대 중앙 정부는 각 지자체의 상황을 염두에 두고 정책들을 시행해야 하고, 모든 정책 결정 과정에서 현장의 목소리와 이용자 본인들의 선택권이 존중받도록 해야 한다는 것이다. 가톨릭 교회의 사회교리 용어이기도 하다.

이웃 관계'와 숙의 민주주의를 존중하기 위해 종종 언급되곤 한다. 지금까지 보조성의 원칙은 국가, 지방, 군 단위 등과 같은 공공 행정의 다양한 수준 간의 관계를 규제하는 기준의 측면에서 주로 '수직적' 차원에서 해석되어 왔다. 그러나 최근에는 보조성의 원칙과 관련해 시민사회와 시장, 그리고 공공 행정 간의 관계에서 '수평적' 측면도 강조된 바 있다.

나는 시민 생활의 근본적인 원칙인 이 보조성의 원칙이 새로운 방향성을 지녀야 할 필요가 있다고 믿는다. 이는 다음과 같이 요약

16 실제로 '공동체주의'라는 이름으로 진행된 문화 운동과 사상운동은 방대하며 다른 문화 운동 및 사상운동과는 뚜렷이 구분된다. 이 운동의 선도적인 주창자들, 예를 들어 알래스데어 매킨타이어(Alasdair McIntyre, *After virtue*, 1981)와 찰스 테일러(Charles Taylor, *Sources of the self*, 1989) 등은 상당히 흥미로운 요인들을 제시하는데, 그 방식은 나의 문화적 관점, 곧 시민적 덕성의 구심성, 관계와 연결된 행복과 가까운 입장에 있기도 하다. 내가 개인적으로 이러한 운동과 의견을 달리하는 지점은 과거의 공동체들을 떠올리면서 향수에 젖은 자세를 지닌 점이다. 또는 시장이 도달하는 곳에는 필연적으로 공동체가 후퇴한다고 보면서 시장과 공동체를 이분법적으로 서로 분리해서 바라보는 입장에도 나는 동의하지 않는다. 반면에 현대 시민경제의 많은 경험들과 여러 관련 사례 및 개념의 역사가 말해주는 것은 이와 같은 관련성은 보다 복합적이며 그렇게 단순하지 않다는 점이다. 한 가지 오류는 자본주의와 시장경제를 동일시하는 것이다.

해서 표현할 수 있을 것이다. 곧 "계약은 우정이 할 수 있는 일을 하지 말 것. 그리고 우정은 아가페가 할 수 있는 일을 하지 말 것."

따라서 잠재적으로는 긍정적이고 문명화시키는 특성을 지닌 계약이란 것은 필리아와 아가페를 보조하는 도구로 간주되어야지, 싼값에 필리아나 아가페를 대체할 수 있는 관계성의 한 형태로 여겨져서는 안 된다. 반대로 현대의 급진적인 자유주의 문화가 개인의 권리 문제에서 종종 보여주는 것처럼, 필리아나 아가페가 보조적인 가치를 지닌 것으로 간주되어서도 안 된다.

몇몇 특정한 정황에서는 계약이 필리아와 아가페에 봉사하고 돕는 데, 즉 보조하는 데 적합한 도구인 것으로 판명될 수도 있다. 불리한 여건에 있는 이들을 보호하는 일이 위험에 처했을 때나, 문제의 당사자들 간에 구조적인 불균형이 있는 경우에 특히 더 그렇다. 소액 대출에 관련된 많은 경험들이 이러한 형태의 보조성이 성공한 사례들이다. 계약과 필리아가 보편적 형제애를 자라나게 하는 데 도움이 되는 경우에는 그것들을 환영할 만하다.

이러한 보조성의 방향성은 근대의 지배적인 경제 이론과 실천에서 말하는 바와는 정확히 반대라는 점에 유의해야 한다. 다시 말해서 시장이 할 수 있는 것을 사랑이 할 수 있도록 허락하지 않는다는 것이다. 이러한 논거는 어떤 근본적인 철학적·인류학적 가정에 기초하는데, 이 가정에 따르면 사랑은 정상적인 경제재economic goods처럼 희소 자원scarce resource이기 때문에, 계약만 있으면 되는 시장의 상호작용에서 '낭비'되어서는 안 된다는 것이다. 계약 덕분에 우리는 사랑을 '아껴두었다가' 나중에 좋은 대용품이 없는 사적 영역에서 사용할 수 있다는 것이다. 이와 관련해서 영국의 경제학자 데니스 로버트슨Dennis Robertson이 제시했던 명제, 곧 "경제학이 아껴두는 것은 바로 사랑이다. 사랑이야말로 현대 사회의 진정한 희소 자원이다."라는 논지는 잘 알려져 있다.[17]

대신 보조성의 원칙은 이와는 다른 인류학적 관점에 기반한다. 즉 아가페는 쓰면 쓸수록 품질이 저하되는 경제재가 아니라 반대로 쓸수록 가치가 커지는 덕목이라는 것이다. 만약 그것이 사실이라면 다음과 같은 점을 인정할 필요가 있다. 곧 필리아가 가능한데도 계약에만 의지하고, 아가페가 있을 때도 아가페 대신 필리아에만 의지할 때마다 우리는 사람의 가치, 관계의 가치, 그리고 사회의 가치를 떨어뜨리는 것이다. 그리고 일종의 관계적 덤핑relational dumping으로 함께 살아가는 삶의 가치를 헐값에 투매하는 셈이다.[18]

---

17 "'경제학자는 무엇을 아껴두나요?' '사랑이요, 사랑입니다.' 공작부인이 말했다. '세상이 돌아가게 만드는 사랑이지요.' 그러자 앨리스가 이렇게 소곤거렸다. '어떤 사람은 경제학자는 각자가 자기 이익을 생각하면서 하는 일을 아껴둔다고 말합니다.' '아, 좋아요.' 공작부인이 답했다. '사실은 같은 의미지요.'"
아마도 이것은 앨리스와 동시대 사람들이 생각하던 바와 진정 동일하지는 않을 것이다. 그러나 우리 경제학자들이 우리의 일을 잘한다면, 우리는 '사랑'이라고 하는 그 희소 자원을 아껴두는 데 효과적으로 기여할 수 있다고 나는 믿는다. 우리는 다른 모든 인간들이 알고 있듯이, 사랑이 이 세상에서 가장 소중한 것임을 안다." 로버트슨의 주장에 대한 논의는 Buchanan(1957, pp. 453-454) 참조.

그러므로 우리 공동의 삶이 황폐해지지 않게 하기 위해 아가페의 시민권을 회복시켜준다는 것은 시민 공동체로서 아가페의 진정한 가치를 인정하고 아가페에 상을 주어 칭찬할 줄 안다는 것을 의미한다. 왜냐하면 아가페는 우리 사회의 진정한 선익이자 희소한 덕목이며 시간이 지난다고 악화되지도 않는 것이기 때문이다. 그러나 어떻게 아가페에 기반한 관계성을 증진하고 그러한 관계성에 보상해주면서 격려할 수 있을까? 무엇보다도 특히 가격과 인

---

18 계약, 필리아와 아가페 간의 보조성의 원칙에 적용할 수 있는 가상적 사례 몇 가지는 유익하다. 첫 번째 예로, 사회적 협동조합의 종업원이 병에 걸려 한 달 동안 타인이 일을 대신해야만 한다. 다른 직원이 아픈 동료의 일의 일부를 대가 없이 해줄 때 두 가지 선택이 가능하다. 하나는 반드시 일을 준수하게끔 만드는 어떤 형태의 처벌과 함께 일주일에 한 사람이 해야 할 일정량의 시간을 정한 객관적 규칙을 실행하는 계약이다. 다른 하나는 필리아로, 동료들이 자신의 너그러움과 용이성에 근거하여 자발적으로 조직하는 것이다. 이런 경우, 보조성의 원칙에 의하면 다른 조건들이 동등하다면 두 번째 해결책이 더 좋다고 말할 수 있다. 왜냐하면 기업 공동체 안에서 사회 유대를 강화할 수 있기 때문이다. 거기에는 명백히 치러야 할 대가가 있다. 누군가는 타인의 헌신을 남용함으로써 상처를 남긴다. 그러나 그 결과로서 생긴 축복은 보다 크다. 다음과 같은 계약 규칙이 만들어질 수 있다. 부재중인 동료의 몫을 채우기 위하여 일주일에 일정 시간 더 일해야 하는 종업원은 다음 달에 휴가를 낼 수 있는 권리를 갖는다. 이런 경우에 계약은 필리아를 돕는다. 두 번째 예를 고려해보자. 두 부모가 외출해야 해서 보모가 필요해졌다. 큰딸이 시간당 10달러에 아이를 돌보는 일을 할 수 있다.(계약) 혹은 부모들이 직접적/간접적 교환의 방식으로 어린아이가 있는 부모들과 협정을 맺을 수 있다. 비록 그 교환이 동등한지 보장할 수 없지만, 한 가족이 아이가 있는 부모를 도울 수 있다. 아리스토텔레스가 지적한 것처럼, 필리아에서 교환된 가치는 동등할 필요가 있다. 여기에서 보조성의 원칙은 두 번째 해결책을 선호하는 것같이 보인다. 마지막으로 딸이 공짜로 동생을 돌보는 것을 제안할 수 있다. 그리고 부모들은 딸에게 멋진 선물을 줄 수 있다.(아가페) 보조성의 원칙 아래서 볼 때, 세 번째 유형이 처음 두 가지 유형보다 더 좋은 것 같다. 왜냐하면 가족 안에서 가장 부족한 자원인 무상성을 증가시키는 경향이 있기 때문이다.

센티브가 활용되는 경제 영역에서 그렇게 할 수 있을까?

이탈리아 나폴리의 법률가인 자친토 드라고네티는 시민 인본주의의 계승자였으며 제노베시의 제자였다.[19] 그는 체사레 베카리아가 《범죄와 형벌에 관하여(Dei delitti e delle pene)》를 출간한 지 1년 만에 《덕목과 보상에 대하여(Delle virtù e de' premi)》라는 책을 나폴리에서 출간했다. 그는 서문에서 다음과 같이 말했다. "인간은 범죄를 처벌하기 위하여 수백만 조항의 법을 제정했다. 하지만 선행의 덕목들을 보상하기 위하여는 단 한 건의 법도 만들지 않았다." 몇 페이지 후에는 다음과 같이 서술했다. "덕목은 법에 의한 명령의 산물이 아니라 인간의 자유의지의 소산물로, 사회는 덕목에 대해 어떠한 권리도 없다. 덕목은 사회적 계약을 맺는 것과는 전혀 관계가 없다. 덕목이 보답 없이 지속된다면 사회는 다른 사람이 땀 흘려 일한 결실을 착취하는 것과도 같은 불의를 저지르는 셈이다."

최고의 덕목인 아가페에는 인센티브가 내재되어 있지 않다. 그러나 아가페는 보상받을 수 있고 보상받아야만 한다. 계약과 필리아는 협약과 사회계약의 기초이다. 그러므로 계약과 필리아는 '제재와 인센티브'라는 전형적인 경제적 수단으로 장려할 수 있어야 한다. 그러나 아가페는 사랑의 반응으로서 고유한 본질적 동기와

---

19 이탈리아의 경제학자인 멜키오레 지오자(Melchiorre Gioja)는 그의 유명한 대논문 〈공로와 보상에 대하여(Del merito e delle ricompense)〉(1818-19)에서 드라고네티의 노선을 발전시켰다. 이 대논문은 드라고네티의 고유한 스타일을 명확히 반영했다.

'내적인 소명'에 의해서만 선택될 수 있을 뿐, 제재와 인센티브라는 통상적인 시장 도구로는 자극받을 수 없다. 만약 진정으로 문명화된 사회가 되기를 바란다면 아가페에 대해 '돈을 지불하는 것'이 아니라 반드시 '보답'을 해야 하는데, 보답은 주로 무엇보다도 인정recognition을 통해서 가능하다. 곧 한 사회에서 진정한 무상성에 의해 동기 부여를 받아 움직이는 사람은 어떤 예외적인 사례로 간주하거나 시장이나 국가에 의해 쉽게 대체될 수 있는 잔여적이고 부수적인 요소라고 느껴지게 하는 것이 아니라 오히려 도시 공동체civitas의 주춧돌이라는 것을 느끼게끔 해주어야 한다는 것이다.

누룩 같은 아가페, 소금 같은 무상성

오늘날의 세계 경제는 이분법적 경향을 단호히 넘어서야 한다. 최근에는 한편으로 경제는 계약과 우정으로만 충족되고, 다른 한편으로 아가페는 별도의 사적 영역에서 작동한다고 보는 이분법적 경향이 뚜렷하게 드러난다. 정말 세상이 그렇다면 시민 생활은 얼마나 음울할 것이며, 경제학자라는 직업은 또 얼마나 착잡하겠는가! 경제적 영역은 아가페와 무상성과의 접촉을 끊을 수밖에 없는 운명이라는 생각을 받아들일 수 있겠는가! 이는 에로스와 필리아밖에 없는 삶을 상상하는 것과 같다. 사랑을 최고의 신성한 인간 경험으로 만드는 밝음과 아름다움을 줄 수 있는 인간관계란 무엇인가? 아가페의 존재는 에로스 사랑과 필리아 사랑을 시작하게 하고 향상시킨다. 경제와 시민 영역에서 무상성이 존재할 때라야 비로소 계약이 자유와 평등의 도구가 되고 우정이 형제애로 꽃필 수 있다. 아가페, 즉 무상성은 누룩이나 소금과 같다. 이것이 없다면 모든 것은 맛을 잃게 된다. 무상성 속에서 시민 생활은 확실히 더욱 즐겁고 생산적이다. 그러나 시민적·경제적 생활은 상처에 노출된다는 것을 인정해야만 한다. 경험할 수 있는 큰 축복은 대가가 따른다. 충분한 인간관계를 경험하기 위하여 시민이 동료가 될 수 있게 하는 것이 천직이라고 믿는 사람들은 강력하면서도 상당히 고통스러운 관계를 감안해야 한다. 이것이 바로 무상성의 대가이자 가치이다.

제5장

경제학의 관심은 행복이었다

Communitas
economy

행운이 있다 한들

나와 똑같이

더불어 즐거워할 이가 없다면

무슨 소용이 있겠는가.

- 키케로

변질된 행복의 약속

만약 정말로 상처 없이는 축복도 없다면, 위험과 비극의 씨앗을 내포하고 있는 타인과의 만남 없이는 좋은 삶과 행복, 에우다이모니아도 없다.

지금까지 몇 번 언급했지만, 경제학의 출현을 고찰하면서 논의의 출발점으로 삼아야 할 흥미로운 첫 번째 사실은, 우리 시대가 방향 상실이라는 암울한 처지에 이르게 된 것의 적잖은 책임이 경제학에 있다는 점이다. 근대 경제학이 이탈리아에서 처음 등장하였을 때는 행복과 관련되어 있었지만, 불과 몇 년

에우다이모니아(eudaimonia)는 아리스토텔레스가 말한 행복으로, 인간의 고유한 기능이 덕에 따라 탁월하게 발휘되는 영혼의 활동을 의미한다.

여기서 부와 결부된 경제학이란 애덤 스미스의 《국부론》을 의미한다.

여기서 말하는 행복(happiness)의 개념은 덕(virtues)에 가깝고 쾌락(pleasure)과는 완전히 구별되며 덕의 실천에 의해 성취된 '최고선(the supreme good)'으로서 그 자체로 완벽함을 나타낸다. 에우다이모니아와 행복에 대해서는 6장의 각주 1에 더 자세한 설명이 있다.

후 스코틀랜드에 가서 부富와 결부되었다.

사실 유럽 경제사상의 초기에 나폴리 학파와 같은 주요 학파에서 사용된 '행복'이라는 말은 이미 16세기와 17세기 사이에 톰마소 캄파넬라Tommaso Campanella와 안토니오 세라Antonio Serra 같은 학자들이 언급했는데, 이들은 오늘날에도 사회사상과 경제사상의 준거점이 될 만한 인물들이다.

어쨌든 18세기는 나폴리 문화의 황금시대siglo de oro이자 나폴리의 경제학적 전통의 황금기였다. 당시 부르봉 왕가가 나폴리를 통치했기 때문에 이 스페인어 표현(siglo de oro)이 적절하다고 하겠다. 수년 전부터 나폴리 학파의 경제학적 전통은 국제적인 이론 논쟁에서 중심을 차지해오고 있는데, 이는 단지 경제사상사에 관한 논쟁에만 국한된 것은 아니다. 거기에는 앵글로색슨 전통의 인류학 모델이 갖는 우위에 밀려 지배적인 위치를 차지하지는 못했음에도 불구하고, 크나큰 관심을 끌 만한 요소들을 담고 있는 사상적 전통이 있기 때문이다. 역설적이게도 이러한 나폴리 학파의 요소들은 처음 그 학설이 세워졌을 때보다 오늘날 더 부각되고 있다.

특히 나폴리의 사상에는 공공행복, 상호성, 관계, 신뢰라는 개념들이 포함되는데, 이는 오늘날 '시민경제(학)civil economy'이라고 불리는 이론적 플랫폼을 구성하는 것들이다. '시민경제'는 안토니오 제노베시가 고심 끝에 선택한 표현이다.

그러므로 오래되었지만 여전히 현대적 의미를 갖는 나폴리의 전통, 어떤 의미에서는 18세기 이탈리아 전체가 지녔던 전통의 관점에서는 '공공행복'을 어떻게 바라보았는지에 대해서부터 논의를 시작하는 것이 유용할 것이다. 이를 위해 이 학파[1]를 이끈 나폴리의 경제학자이자 철학자인 안토니오 제노베시의 사상을 개요만이라도 재구축해볼 수 있을 것이다.

이 장에서는 시민경제의 초기 단계에 제시되었던 행복의 약속이 2세기 뒤인 우리 시대에 '상처가 없고' 또한 바로 이로 인해 '기쁨도 없는' 경제로 변질된 과정을 알아볼 것이다. 따라서 이 장이 이 책을 가로지르는 지적 여정의 정점인 것은 우연이 아니다.

'공공행복'과 제노베시의 시민경제

앞에서 기업에 관한 '시민'경제적 전통을 논의하던 중에 언급했

---

1   시민경제에 관한 역사적이고 이론적인 관점들에 대해서는 Bruni and Zamagni(2004) 참조.

던 안토니오 제노베시는 많은 지점에서 애덤 스미스와 의견이 완전히 같다. 예컨대 시장의 문명화 기능, 봉건제에 대한 격렬한 비판, 그리고 무엇보다도 선할 수도 있고 사악할 수도 있는 행동의 동기와 그 행동의 시민사회적 결과 간의 간극—이는 사회과학자의 가장 큰 관심거리 중 하나이다.—등에 대해서 말이다. 역사가들이 대체로 간과하고 있지만, 제노베시도 보이지 않는 손의 메커니즘에 대해 명확하게 통찰하고 있었다. 그는 스승 잠바티스타 비코Giambattista Vico와 나폴리의 동료 페르디난도 갈리아니Ferdinando Galiani를 통해 이러한 통찰을 얻었으며 그것을 발전시켜나갔다.

애덤 스미스와 마찬가지로 제노베시는 철학자로 출발했고 1750년대 초, 애덤 스미스보다 조금 앞서 경제학자가 되었다. 그의 표현을 빌리면 '형이상학자로부터 상인'으로 진화한 것이다. 그는 시대를 너무 앞서가는 이론적 입장을 견지했고 유럽 북부의 사조, 특히 존 로크John Locke의 사상에 개방적인 입장을 취했다. 이 입장 때문에 그는 당시 나폴리 교회의 교계 질서와 정통성을 둘러싼 갈등을 겪게 되었다.[2]

애덤 스미스와 마찬가지로 제노베시도 단순한 사회성을 넘어서는 인간 간의 친교friendliness와 상호성을 인간 본성의 핵심적 구성 요소라고 생각했다. 자신의 철학과 경제학 저술에서 그는 "인

---

2   제노베시의 사상에 대해서는 Bruni and Sugden(2000) 참조.

간은 동료들과의 모든 거래commerce를 떠나 혼자 있을 때 가장 불행하다"(《시민경제에 대한 강의(Lezioni di commercio o sia di economia civile)》, II, ch. X, §XI)라고 반복해서 말했다.

인류학적 측면에서 제노베시는 자신에 대한 사랑과 타인에 대한 사랑이 인간에게 함께 존재하는 두 가지 차원이라고 보았다. 인간 행동의 역학은 이 두 가지 기본적인 힘 사이에 존재하는 상호작용의 기초 위에서 설명할 수 있다. 제노베시는 뉴턴Isaac Newton 사상의 영향을 받아 이 힘들을 '구심력'과 '원심력'이라고 불렀다. "이 두 힘 가운데 하나가 다른 것에서 비롯된다고 주장하는 것은 잘못된 것이다. … 우리 안에 있는 이 두 힘은 함께 묶여 있기는 하지만 둘 다 근원적이다."[3]

제노베시가 말하는 '원심력'은 단순한 자비심이나 오늘날 우리가 일컫는 이타주의가 아니다. 그것은 사람들 사이의 관계에 더 밀접히 관련된 것이며, 그 기본 요소는 사람들 사이에 친교를 나누는 능력이다. 이 능력은 제노베시와 스코틀랜드의 전통 양쪽 모두에 있는, 우리 본성의 자연적 덕목이자 지울 수 없는 특징이다. 친교를 나누는 능력은 크고 작은 모든 사회에서 인간 행동의 대부분을 설명한다.[4]

---

3   안토니오 제노베시([1766]1973, p. 42). 제노베시가 뉴턴 사상으로부터 받은 영향에 대해서는 Bruni and Porta(2003) 참조.

제노베시는 인간의 전형적인 사회성은 자격을 갖춘 사회성이라고 생각했다.

> "인간은 본성상 사회적 동물이다"라는 말은 통상 쓰이는 말이다. 그러나 지구상의 어떤 동물도 사회적이지 않은 동물은 없다는 말을 모든 사람이 믿지는 않을 것이다. 그렇다면 우리는 어떤 면에서 인간이 다른 존재들보다 더 사회적이라고 말할 수 있는가? … [그것은] 상호부조의 권리이자, 결과적으로 우리의 필요에 따라 서로를 도울 의무이다."《시민경제에 대한 강의》, I, ch. I, §§XVI, XVII)[5]

이 구절에는 애덤 스미스에게서 찾아볼 수 없는 무언가가 있다. 제노베시는 단지 관계성이나 단순한 사회성만이 아닌, '상호성'을 인간 사회성의 전형적 요소라고 본다. 반면 애덤 스미스는 '거래하고 물물교환하며 어떤 것을 다른 것과 바꾸려는 … 인간 본성의 성

---

4   그러나 신플라톤주의자인 앤서니 섀프츠베리(Anthony Shaftesbury)와 달리 제노베시는 인간성이 본래 이타적이라는 인류학적 논지를 받아들이지 않았다. 그는 이타주의보다는 상호성을 강조하려고 했다. 예를 들어 그는 저서 《시민경제에 대한 강의》에서 다음과 같이 썼다. "나는 완전히 사심(私心) 없는 사람을 보고 싶다. 나에게 그런 사람은 분명 인간의 수준에 못 미치는 것처럼 보인다. 왜냐하면 그런 사람은 인간 본성의 주된 공통적 본능이 없을 것이기 때문이다. 인간 본성의 주된 공통적 본능이란 자신의 존재를 보존하려는 본능, 편안함을 추구하려는 본능, 스스로를 남과 구별하려는 본능이다. 이러한 본능이 없는 사람은 모스크바 사람들이 그토록 찾아다녔다는 맘모스나 고대 이집트의 스핑크스, 아니면 아라비아의 불사조와 같은 동물일 것이다."(II, ch.XIII, §24, note I)

향'이 인간 관계성의 전형적 특징이라고 본다.(《국부론》, I. ii.1)

제노베시는 시장의 경제적 관계를 상호 조력하는 인간관계로 본다. 따라서 그것은 비인격적이지도 익명적이지도 않다. 사실 그는 시장 자체를 시민사회의 일반 법칙의 표현, 즉 '상호성'으로 이해한다. 상호부조로서의 경제 이론은 그의 저작 도처에 나타나지만 신뢰 또는 '공적 신뢰'에 관한 분석에서 특별히 효과적인 방식으로 드러난다.

사실 제노베시의 시민경제에서는 '공적 신뢰'가 핵심 개념이다. 나중에 시민경제 전통에서 그것을 받아들였고, 제노베시는 그것을 경제 발전의 진정한 전제 조건으로 본다. "신뢰는 상업의 영혼이다. ⋯ 신뢰 없이는 모든 상업 체계가 스스로 무너진다."(Filangieri, [1780]2003, p. 93)

제노베시와 나폴리 학파의 학자들이 공적 신뢰를 만들어가는 모든, 혹은 주요 과제를 정부에 맡기는 것이 옳다고 여긴 것은 아니

---

5   그는 다음과 같이 덧붙인다. "[우리는] 서로 접촉하도록 창조되었다. 타인을 보는 것은, 즐거운 음악을 들을 때 그렇듯 우리에게 즐거움과 내적 만족을 준다." 그리고 이어간다. "이것은 가장 잔인하고 사악한 자들 사이에서도 그렇다. 자기 말고는 아무도 참여하지 않는 곳에서는 누구나 즐겁지도 않고 만족스럽지도 않다. ⋯ 피아노와 비슷하게 생긴 하프시코드의 한 현을 튕기면 현의 조화로운 장력 때문에 옥타브 공명이 일어난다. 그러나 만약 같은 음높이 소리만 내도록 다소간 그 현 하나를 잡아당기기만 한다면 공명하지 않을 것이다. 마찬가지로 우리의 본성도 분명 같은 규칙들로 형성되어 똑같이 창조되었기 때문에, 타인과 만날 때 한 사람의 영혼이 다른 이에게 기분 좋게 반응하지 않을 수 없다."(《디체오시나(diceosina)에 대하여, 혹은 의로운 이와 정직한 이의 철학에 대하여(Della diceosina o sia della filosofia del giusto e dell'onesto)》, p. 42)

다. (제노베시는 공적 신뢰를 '공공에 대한 믿음public faith'이라고 부르기를 좋아했다.) 사실 그는 공적 신뢰를 윤리적, 경제적, 정치적 신뢰라는 세 가지 하위 범주로 나누었고, 이 세 가지 하위 범주 중에 윤리적 신뢰라는 범주, 즉 '계약 당사자들의 가치관과 종교관에 기초하여 개인, 가족, 그리고 사회 질서가 공유하는 상호 간의 믿음'이 가장 중요하다고 명시했다. "한 국가 안에서 윤리적 신뢰의 기초가 흔들릴 때, 경제적 신뢰와 정치적 신뢰 그 어느 것도 확고하게 남아 있을 수 없다."(《시민경제에 대한 강의》, II, ch. I, §VI)[6]

따라서 시민경제 전통에서 볼 때 공적 신뢰는 경제 발전의 으뜸가는 자원이기도 하다.[7] 만약 시장의 확대가 시민들의 삶의 질을 향상시키는 것이 맞다면, 공적 신뢰가 구축되지 않고서는 시장이 발전하지 않고 경제는 활력을 얻지 못할 것이라는 점을 강조하는

---

[6] 제노베시는 '공적 신뢰'가 애당초 시민사회에서 주로 발전하는 것이라고 보았고, 따라서 정부 활동의 결과라고는 여기지 않았다. 그러나 좋은 법률, 정의의 공정한 집행, 정치인의 정직과 청렴이 갖는 중요성은 보장되어야 한다고 보았다. 정치인은 "모두가 공적 행복을 매우 소중하게 생각하는 온전한 존재들"이어야 한다는 것이다.(《시민경제에 대한 강의》, II, ch. X, §XVIII) 그러므로 개인으로서든 조직으로서든 어느 쪽이나 시민들의 시민적 덕성이야말로 한 나라의 경제적 발전과 사회적 발전에 핵심적인 역할을 한다고 보았다.

[7] 사실 제노베시는 나폴리 왕국이 낙후된 주요 원인으로 공적 신뢰의 부족을 특별히 강조한다. 그는 나폴리 왕국에 사적 신뢰는 풍부했지만, 다름 아닌 일반적 공적 신뢰가 부족했다고 보았다. 가에타노 필란지에리도 몇 년 뒤에 이것을 강조했다. 그는 한 나라의 기본적 자원은 "정부에 대한 신뢰, 재판관에 대한 신뢰, 그리고 다른 시민들에 대한 신뢰"라고 보았다.([1780] 2003, p. 5)

것이 훨씬 더 시급한 일이다. "대규모의 빠른 [화폐적] 유통을 위해서는 공적 신뢰가 무엇보다도 중요하다."(《시민경제에 대한 강의》, II, ch. X, §1) 그러고 나서 그는 주석에 이렇게 덧붙인다. "라틴어 단어, 피데스fides는 … 묶어주는 끈이며 연결 고리이다. … 따라서 공적 신뢰는 한 국가 안에서 사람들 서로 간에, 가정 간에, 또 그들과 군주 간에, 그리고 그 국가가 무역하는 모든 나라와 그 국가 사이에 서로를 함께 이어주고 긴밀히 묶어주는 끈이다."[8]

그러므로 제노베시의 체계 안에서 공적 신뢰는 한 나라의 모든 발전을 위한 기초이다. 만약 공적 신뢰가 부족하다면 저발전의 원인이 된다. 공적 신뢰 없이는 경제적, 사회적 발전은 없다. 이 저서 《시민경제에 대한 강의》제2권의 제10장[9]에서 제노베시는 어떻게 공적 신뢰가 본질적으로 진정한 상호성에 해당하는지를 보여준다. 그의 이론에서는 시장도 또한 진정한 사회성의 장소이다. 또는 한마디로 말해서 우정의 장소이다. 그는 공적 신뢰라는 자본이 시장 외부에서 형성된 후 시장이 그 자본을 활용하는 것이라고는 보지 않았다. 오히려 공적 신뢰를 시민사회의 일부로 이해했다.[10]

---

8   1768년 밀라노에서 간행된 판본의 주석에는 다른 표현이 있다. "이 '피데스(fides)'라는 말은 묶고 결속시키는 끈을 의미한다. 따라서 공적 신뢰는 함께 어우러진 삶 속에서 상호 결속된 가정들 간의 연결 끈이다."

9   제노베시의 이 저서에서는 제10장이 제1권에서나 제2권에서나 모두 이론적 중심이라는 점에 주목해야 한다. 그중 제1권은 사치를 다룬다.

'공공행복'이라는 범주는 이러한 인류학적이고 관계적인 관점과 직접적으로 연결되어 있다. 어떤 의미에서는 이것이 나폴리의 경제학적 전통을 요약하는 것이다. 그래서 많은 저자들이 나폴리학파뿐만 아니라 이탈리아의 사상적 전통 전반을 다룰 때 '시민경제'와 '공공행복'이라는 표현을 서로 바꿔 쓸 수 있는 것으로 간주한다. 제노베시에게 행복은 그 본질상 관계를 근본적인 구성 요소로 한다. 제노베시에게서는 이탈리아 전통에서 자주 만나게 되는 한 가지 특성, 곧 행복과 좋은 삶의 역설적인 본질이 명확히 드러난다.

다음의 구절에서 제노베시가 제시하는 행복 개념의 이러한 측면을 이해하기 위해 내딛는 중요한 한 걸음을 볼 수 있다. 이는 이 책에서 지금까지 차근차근 재구성한 행복 이론의 종합적이고 자연스러운 결론이다.

여러분은 여러분 자신들의 이익을 위해 힘들게 일하는 것이며, 어떤 사람도 자신의 행복을 위하는 것 말고 다른 식으로 행동할 수

---

10 이것 때문에 공적 신뢰에 관한 그의 담론은 곧바로 경제적 함의를 갖게 된다. "서로에 대한 시민의 믿음에서나, 혹은 계약의 확실성에서나, 아니면 법의 효력과 판결의 과학 및 그 온전함에 있어서나 어떤 신뢰도 전혀 없는 곳에서는 … 계약의 확실성도 없고, 법의 강제력도 없으며, 사람과 사람 사이의 믿음도 없기 때문이다. 계약은 서로를 이어주는 관계의 끈이고, 시민법 또한 **서약이며 공적 계약**이기 때문이다."《시민경제에 대한 강의》, II, ch. X, §1; 강조 표시는 저자.)

없다. 그런 존재가 있다면 인간에 이르지 못하는 존재일 것이다. 그러나 타인을 불행하게 하려고 애쓰지 말라. 오히려 만약 할 수 있다면, 그리고 할 수 있는 만큼 어떻게 타인들을 행복하게 만들까 진지하게 고민하라. 자신의 이익을 위해 일하면 일할수록 괴로워져서는 안 된다. 그러지 않으려면 그만큼 도덕적으로 더 고결해야 한다. 다른 이들을 행복하게 해주지 않으면서 혼자 행복할 수는 없다. 이것은 우주의 법칙이다.(Genovesi, 1962, p. 449)

여기서 행복은 다른 사람들을 행복하게 해줄 때 비로소 태어난다고 확언하는 데 역설이 있다. (이것 역시 아리스토텔레스적인 풍미가 느껴지는, 그리고 토마스 아퀴나스적인 풍미는 더더욱 느껴지는 테마이다.)[11]

이 전통에서 보면 행복은 본질적으로 관계적인 것이라는 바로 그 의미에서 역설적인 특성을 갖는 것이다. 타인들과 함께하지 않는다면, 그리고 남의 도움이 없다면 ('타인들을 행복하게' 해주지 않으면서) 누구든 '좋은 삶'을 살아갈 수는 없다. 그러나 정확히 바로 이 때문에 우리는 행복에 대해 완전한 통제력을 갖지 못한다. 인간 존재는 스스로를 실현하기 위해 상호성을 필요로 하지만, 그러기 위해서는 보상받지 못할지도 모른다는, 즉 무상성이라는 모험을 감행하지 않을 수 없다. (이것이 플라톤과 그리스 철학의 많은 부분에서 경고했던 치명적인 위험이다.)[12] 어떤 방식으로든 무상성 없이 진정한 상호성은 발전하지 못하며 이에 따라 사회도 발전하지 못한다.

11 제노베시보다 몇 살 적으면서 제노베시의 추종자였던 레체 출신의 주세페 팔미에리 (Giuseppe Palmieri)가 취한 입장은 흥미롭다. 그의 책 《나폴리 왕국에 관한 공공행복론 (Riflessioni sulla pubblica felicità relativamente al Regno di Napoli)》(1788)은 루도비코 안토니오 무라토리(Ludovico Antonio Muratori)와 안토니오 제노베시를 이어준다. 팔미에리의 책 제목은 '무라토리'라는 모데나 출신의 위대한 역사가의 저작과 다시 직접 연결되며, 책의 내용에는 제노베시의 사상이 온통 스며들어 있다. 책에서 그는 이렇게 썼다. "이윤, 즉 인간 행동을 몰아가는 거대한 힘은 모든 이들이 열망하는 행복(well-being)이다. 사람들은 언제나 이윤과 행복이 더 많이 생기고 이 두 가지가 보다 쉽게 합치되는 지점으로 달려갈 것이다." 몇 줄 뒤에는 "누구든 자신에게 유익한 것을 찾기 위해서는 동료의 이익을 추구해야 한다"(pp. 38-39)는 점을 깨닫도록 해주는 교육의 중요성을 강조한다.

몇 년 뒤인 1792년에 펴낸 《국부에 대하여(Della ricchezza nazionale)》라는 책에서 그는 "네 이웃을 너 자신처럼 사랑하여라"라는 성서의 황금률은 사람들을 행복하게 만드는 최고의 길이라고 확언했다. 그리고 더 나아가, 비록 자연이 우리에게 반드시 행복할 것을 명령하면서 이를 우리 존재에 각인시켰지만, 그럼에도 불구하고 누구도 "'타인을 행복하게 해주지' 않으면서 자신의 행복을 달성할 수는 없다"([1792]1853, p. 192)고 거듭 강조했다.

몇십 년 뒤에 존 스튜어트 밀은 애덤 스미스의 스승인 애덤 퍼거슨(Adam Ferguson)이 정식화한 논지에 따라 다음과 같이 썼다. "나는 행복이 모든 행동 규칙의 시금석이며 인생의 목적이라고 하는 확신에서 결코 흔들려본 적이 없다. 그러나 나는 이제 이 목적은 그것을 직접적인 목적으로 삼지 않을 때에만 달성된다고 생각한다. (내가 생각하기에) 마음을 자기 자신의 행복이 아닌, 다른 어떤 목표에 두는 사람들만이 행복할 수 있다. 타인의 행복, 인류의 발전, 심지어 예술이나 연구에 목표를 두되, 그것들을 수단으로서가 아니라 이상적 목적 자체로서 추구하는 자들만이 행복하다. 따라서 사람은 다른 어떤 것을 추구할 때 자신의 여정 속에서 부수적으로 행복을 발견한다. … 스스로에게 행복한지 아닌지 물어보라. 그러면 즉시 더 이상 행복하지 않을 것이다."([1874]1981, ch. V) 이 모든 것은 제노베시의 역설이 오랜 세기에 걸친 그리스 문화사 및 그리스도교 역사(Greco-Christian)라는 고목에 새로운 가지를 접붙이려고 했던 근대 사상의 흐름에서 사실상 공통적 정서였다는 것을 확인시켜준다.

12 앞서 인용한 Bruni(2004, ch.1) 참조.

관계성과 행복

2세기를 훌쩍 뛰어넘어 현대의 우리에게 다가온 제노베시와 시민경제의 담론이 지닌 근본적인 관점은 우리가 당면한 현실에서 여전히 생명력을 지니고 있음이 틀림없고 기쁨 없는 경제를 효과적으로 설명하고 있다. 기쁨 없는 경제는 자신의 정원에서 타인과의 위험하고 대가 없는 무상성의 관계를 뽑아내고 싶어 했던 것이다.

이제 현대 사회과학은 좋은 삶으로 나아가는 데 인간관계가 갖는 결정적 역할을 널리 인식하고 있다. 소위 행복의 역설에 관한 연구는 사람들의 주관적 복리를 평가할 때는 물론 소득과 비교할 때도 가장 큰 비중을 차지하는 것은 진정한 관계, 즉 비도구적 의미에서의 관계에 기초한 삶의 질이라는 것을 보여준다.[13]

특히 이 주제에 관해 경험적이고 실험적인 증거들을 풍부하게 갖춘 심리학적 연구가 있다. 예를 들어 대니얼 카너먼Daniel Kahneman은 인간의 행복에서 관계가 지닌 중요성을 입증하는 연구를 폭넓게 해왔다. 최근 연구에서 그는 자신의 '일과 재구성 방법Day Reconstruction Method, DRM'을 사용하여 텍사스 여성 900명에게 어떻게 시간을 보내는지 질문하고 평가하게 했다.(Daniel Kahneman et al.,

---

13   이 주제에 관해서는 Bruni and Porta(2005)와 Bruni(2005) 참조.

2004) 그 결과를 보면 인터뷰 대상 여성들은 하루에 수행한 15가지 활동 가운데 14가지(기도를 제외한 모든 활동)에서,[14] 타인들과 함께할 때 자신의 복리에 대해 더 높은 평가를 내렸다.[15]

경제학자인 슈테판 마이어Stephan Meier와 알로이스 슈투처Alois Stutzer는 1985년부터 1999년까지의 독일사회경제패널German Socio-Economic Panel, GSOEP[16] 데이터에 기초해서, 내재적 동기에서 비롯된 관계의 초기 단계를 나타내주는 자발적 활동과 주관적 복리 사이에 통계적으로 유의미한 상관관계가 있음을 보여주었다. 더 나아가 심리학자들이 스스로에 대해 만족하고 주위 사람들도 인정하는 사람들의 특성을 분석한 결과, 이들은 예외 없이 의미 있고 긍정적인 인간관계를 가진 것으로 나타난다.(Diener and Seligman, 2002)

따라서 사람들의 행복과 만족에서 관계가 중요하다는 것을 확인해주는 심리학적 연구 데이터가 다수 존재한다. 타인과의 연결

---

14 기도는 관계적 활동이 아니라고 이의를 제기할 수도 있기 때문이다.

15 이 실험에서 사람들은 주어진 날에 주어진 경험을 하면서 자신의 행복을 휴대용 컴퓨터로 매 순간 평가한다. 이는 객관적인 행복의 평가에서 기억의 왜곡 효과만이 아니라, 회귀분석에서 '사람들 사이의 관계가 행복을 증진하는가, 또는 반대로 상대적으로 더 행복한 사람들이 보다 많은 사회적 인간관계를 갖는 경향이 있는가'라는 결정적인 인과관계의 문제를 회피하기 때문에 중요하다.

16 패널 데이터는 시제 간 주제의 표본과 관련된 것이며, 시간의 경과에 따라 일어나는 특성치의 변화(예를 들어 소득, 건강 및 주관적 복리 간의 관계)가 갖는 전개를 추적하는 데 중요한 몇 가지 유형의 시점 간 분석을 가능하게 한다.

relatedness이 복리를 위해 가장 우선시되는 필요조건이라고 정의해 온 사람들이 있다.(Deci and Ryan, 1991) 특히 아리스토텔레스 학파의 에우다이모니아 사상에 공감하는 학자들은 인간관계의 질과 주관적 복지 사이에 보편적인 연결 고리가 존재한다고 주장한다.

"타인과의 연결과 주관적 복리의 연관이 복합적이라는 것은 다양한 증거로 뒷받침된다. 연구에 따르면 행복에 영향을 미치는 모든 요소 가운데 타인과의 연결이 거의 최상위를 차지한다. … 더욱이 통계적으로 고독은 애정의 감정과 삶의 만족도에 정확히 반비례한다."(Deci and Ryan, 2001, p. 154)[17]

끝으로 내가 밀라노비코카대학의 정치경제학과 동료와 함께 세계가치관조사World Value Survey의 데이터(1980년부터 2003년까지 80개 국가에서 얻은 관찰값 26만 4,000개)에 기초하여 수행한 연구(Bruni and Stanca, 2008)에서 보면, 관계적 요소를 갖는 활동(친구와 가족과 함께하는 활동, 혹은 자원봉사)에 보내는 시간과 주관적 복리(또는 행복)에 관한 자기 평가 간에 강한 상관관계가 나타났고, 많은 다른 변수들(나이, 지리학적 지역, 교육, 문화 등등)을 통제했을 때조차 상관관계는 통계적으로 여전히 유의미한 것으로 나타났다.

지금까지 살펴본 대로 경험적 연구들을 볼 때 행복은 진정한 관

17　마이클 아가일(Michael Argyle, 2001)과 데이비드 마이어스(David G. Myers, 1999)가 유사한 주장을 제기했다. 깊은 인간**관계**와 건강 사이의 관계에 대해서는 Ryff and Burt Singer(2000, p. 34) 참조.

계성에 달려 있다는 하나의 명료하고 보편적인 메시지를 찾을 수 있다.

왜 우리는 많이 누리면서도 그만큼 행복하지 못할까?

물질적으로 풍요한 사회임에도 불구하고 구성원 하나하나가 더 행복해지기는커녕 오히려 더 불행해지는 듯하다는 것을 보여주는 몇몇 경험적 연구 덕에, 경제학은 약 30년 동안 행복—또는 달리 말해 불행—이라는 주제에 다시 초점을 맞추어왔다. 지금까지 내 이야기를 들어온 사람들에게는 그렇지 않겠지만 이런 사실이 역설적으로 느껴지는 사람이 있을 수 있다.

왜냐하면 불행, 즉 축복의 결핍은 타인에게서 상처받기를 피하려고 애써온 전통 경제학이 만들어낸 주요한 결과이기 때문이다. 사실 오늘날 행복이라는 주제는 경제 이론에 관한 주요 출판물들에서 찾아볼 수 있고, 행복에 관한 연구에 전념하는 학술지가 증가하고 있으며, 이 주제에 관한 과학적 학술회의가 거듭되고 있다. 2006년 12월에는 권위 있는 〈이코노미스트The Economist〉지가 특별판과 표지 기사를 행복에 할애했다.

현대의 몇몇 학자만이 이탈리아에서 경제학의 초기 단계에 행복이 경제학의 구성 요소였다는 것을 알고 있다. 그러나 경제학자들이 역사에 대해서는 거의 전적으로 둔감한 채 데이터와 형식적 모형들만 가지고 연구하는 경우가 대부분일 때는 이는 놀라운 일이 아니다.

다음에서는 경제학과 행복에 관한 논쟁의 현황을 간략하게 짚어본 후,[18] 진정한 관계성을 위한 공간을 마련하는 행복론을 제안하고자 한다. 또한 행복의 역설에 관해 다른 방식으로 설명해보려고 하는데, 특히 관계재의 개념과 무상성의 범주에 중점을 둔 방식이다. 나는 특히 인간이 어떤 발전을 원하든지 간에 관계성과 무상성이 매우 중요한 역할을 할 것이라고 생각한다. 또한 정통 신고전학파의 주장 및 그에 대한 비판과는 달리 무상성을 허용하는 관계성과 통상적인 시장의 상호작용이 공존할 수 있다고 생각한다. 이는 현대 사회과학에 역행하는 이론이지만, 매일 시장에서 일하는 사람들을 위한 희망찬 이야기이다. 우리는 진정한 사회성을 점점 더 협소해지는 비시장과 비노동 부문으로 몰아내는 것을 묵인해서는 안 된다.

미국에서 시작되어 유럽에서, 그리고 이제 어느 정도는 전 세계에서 설문지를 이용해 사람들의 행복을 측정하고 그것을 소득, 부, 실업 등의 전통적인 경제지표들과 비교하기 시작하면서, 행복은

---

18 경제학에서 발전해온 행복에 관해 더 넓은 범위에서 다룬 방법론적이고 역사적인 개관은 Bruni(2006) 참조.

경제학에서 앞자리를 차지하는 주제가 되었다. 행복이라는 주제는 조용하지만 확고하게 '행복well-being'의 경제학을 이해하는 방법을 바꾸고 있다. 이와 관련해서 경제학자 자코모 베카티니Giacomo Becattini는 이렇게 썼다.

"물론 내가 틀렸을 수 있다. 그러나 만약 내가 실수한 것이 아니라면, 비록 현재로서는 초라하고 주변적이며 눈에 잘 띄지 않지만 경제학 연구에 혁명적 패러다임의 변화가 준비되고 있다. 새로운 '행복의 경제학'은 지배적인 패러다임의 관점에서 사회적 현실이라고 생각되던 것에 관한, 겉으로는 도전받지 않고 남아 있는 것처럼 보이는 경제 분석의 영역을 뒤엎으려 하고 있다."(2004, p. 1)

경제학에서 행복의 역설이라고 알려진 현상에 대한 가장 초기의 연구조차도 소득과 주관적 행복 간에, 또는 경제적 풍요와 전반적 행복 간에 상관관계가 없거나 미미하다는 점을 제기했다.

이 역설에 앞서 사회심리학자 해들리 캔트릴Hadley Cantril은 1965년 연구에서 혁신적인 방법을 도입했다. 그가 세운 가설은 경제학자들이 보기에는 도발적이거나 아니면 그저 순진할 뿐인 생각이었다. 주관적인 행복 측정, 특히 서로 다른 개인들의 행복 비교가 그것이었다. 캔트릴은 나이지리아부터 일본에 이르기까지 전 세계의 14개 국가에 걸쳐, 문화와 경제 발전 수준이 매우 이질적인 사람들에게 설문조사를 했다. 사람들의 '희망, 공포, 행복'에 대해 묻는 여러 문항 가운데 이런 것이 있었다.

"당신이 생각할 수 있는 최악의 상태에 0점을 주시오."

"이제 절대적으로 최상인 상태를 생각하고 10점을 주시오."

"이제 당신의 현재 상태를 평가하여 0점과 10점 사이의 점수를 주시오."

캔트릴과 그 뒤를 잇는 모든 행복경제학자들의 방법은 매우 과감한 것이었다. 그들은 이 조사 방법이 매우 기본적이어서 문화적 요소에 의해 유의미한 차이가 나타나지 않으리라는 가설에 기초해서 나이지리아인이 매긴 7점과 미국인의 7점을 비교할 수 있다고 생각했다.[19] 이것은 최소한 빌프레도 파레토Vilfredo Pareto 이후에는 경제학자들에게 매우 낯선 가설이었다. 각 개인이 인간 조건에 대해 생각할 때 자신에게 무엇이 최상이고 무엇이 최악인지 상상할 수 있으리라고 상정한 것이다. 확실히 대담한 전제였지만 이는 결과적으로 주관적 차원을 진지하게 다루는 일련의 주목할 만한 연구 성과들을 낳았다. (방법론적 질문의 유용성은 주로 시간이 지나면서 그것이 얼마나 성과를 거두었는가에 의해 평가된다.)

이 시기의 행복에 관한 연구에 앞서서, 정통파 경제학에서는 "소득이나 소비가 늘어난다면 복리가 증가해야 한다. 만일 그렇지 않

---

19 사실상 지난 100년 이상 동안 경제 이론에서는 경제학자 빌프레도 파레토의 연구를 따라서, 개인의 마음은 조사해도 알 수 없는 것이기 때문에 개인 간 비교가 유용하지 않다고 받아들여졌다. 이러한 관점에서 행복의 경제학은 개인 간의 비교가 충분히 가능하다고 생각했던 시기인, 파레토보다 앞선 공리주의 시기로부터 경제학적 방법론을 취한다.

다면 당신을 위해서는 매우 안된 일이다!"라고 외쳤다. 달리 말하면 경제 성장이 부와 풍요를 가져다주리라고 기대할 수는 있지만 행복happiness을 실현시키는 것은 아니라는 것이다. 그러나 만약 부가 불행을 낳는다면 담론은 엄청나게 더 복잡해진다.

두 번째 단계는 미국의 경제학자이자 인구통계학자인 리처드 이스털린의 연구가 대표적이다. 그는 1974년에 캔트릴의 데이터에 기원을 두고 경제학에서 행복의 역설에 관한 논쟁의 문을 공식적으로 열었다. 사실 이것은 오늘날 '이스털린의 역설'이라고도 알려져 있다. 이스털린은 행복에 관한 주관적 자기평가에 기초해서 오랜 기간에 걸쳐 데이터를 수집했다. 이는 개인의 바깥에서 행하는 '전문가적' 평가가 아니다. 그의 핵심적인 연구 결과는 다음과 같다.

1. 단일 국가 내부에서, 그리고 어떤 주어진 시점에서 소득이 어떤 경계치를 넘고 나면 소득과 행복의 상관관계가 항상 중요하거나 유의미한 것은 아니며, 가장 부유한 사람들이 항상 가장 행복한 것도 아니다.

2. 국가들 간 비교는 소득과 행복 사이에 의미 있는 상관관계를 보여주지 않으며, 일단 어떤 경계치를 넘고 나면 가장 가난한 국가들이 가장 부유한 국가들보다 덜 행복하지 않다는 것이 유의미하게 나타났다.

3. 생애 주기에 걸쳐 사람들의 행복은 소득과 부의 변화와는 거

의 상관이 없다.

1976년에 티보르 스키토프스키Tibor Scitovsky가 《기쁨 없는 경제(The Joyless Economy)》를 쓰면서 세 번째 중요한 진전이 이루어졌다. 이스털린과 달리 스키토프스키는 그의 세대에 가장 유명하고 영향력 있는 미국의 경제학자였다. 당시의 경제학적 동향은 객관적인 부의 척도에만 지나치게 치우쳐 있었기 때문에 기쁨의 결핍을 경제학 연구의 진지한 주제로 받아들이지 않았고, 스키토프스키는 이 책으로 인해 명성을 잃었다. 그러나 불행에 관한 열정적인 비판은 선지자적이었고, 오늘날에 와서야 그 중요성이 충분히 인정받는다.

《기쁨 없는 경제》는 1970년부터 1977년 사이에 있었던 경제학의 혁명적 변화의 한 부분을 담당하고 있었다. 그것은 조지 애컬로프George A. Akerlof와 앨버트 허시먼Albert O. Hirshman의 저작으로 시작해서 아마르티아 센Amartya Sen의 저작으로 마감되었다.

행복에 관한 이스털린(1974)의 연구와 '지위재positional goods'에 관한 프레드 히르시Fred Hirsch(1976)의 연구가 그 사이에 있었다. 이 두 사람 모두 같은 방향으로 연구해갔다. 그 방향은 — 허시먼의 말대로 하자면 — 경제학을 복잡하게 만드는 것이며, 다른 학문 분야의 성과와 인간 선택에 있어서 경제적인 것이 아닌 차원들을 가지고 경제학을 오염시키는 것이었다.

사실상 그때까지만 해도 경제학은 균형 분석과 완전 경쟁의 가설에 지배당하고 있었다. 이 둘은 경제학자들이 현실에서 일어나는 선택이 불완전하다는 것을 보지 못하게 막는, 강철 장막의 역할을 한 이념형ideal type들이다. 이 때문에 애컬로프는 1970년 발간한 《레몬 시장(Market for Lemons)》에서 정보 비대칭성의 개념을 소개하면서, 느리기는 하지만 단호하게 합리적 선택을 다시 생각하는 과정을 시작했던 것이다.

허시먼은 그의 책 《떠날 것인가, 남을 것인가(Exit, Voice, and Loyalty)》에서 비슷한 결과를 얻었는데, 그는 '싫으면 떠난다exit'라는 용어(그때나 지금이나 시장 이론이 제안하는 것이다)뿐만 아니라 '남아서 목소리를 낸다voice'라는 용어(당시의 이론이 정치 분야의 배타적 전유물로 여기던 수단이다)를 가지고서도 시장에 대해 생각하자고 제안했다.

센(1977)은 《합리적 바보들(Rational Fools)》에서 합리적 선택에 대한 비판적인 운동(이스털린과 스키토프스키의 저작이 거기에 기여했다)을 발전시켰고, 어떤 의미에서는 마무리했다. 정확히 말하면 센은 행복과 경제학 간의 관계를 검토함으로써 합리적 선택에 대한 비판 운동을 마무리했다.

이스털린은 미국 사회에 관한 데이터를 가지고[20] 사람들의 소득과 행복 사이에, 혹은 경제적 풍요와 전반적 행복 사이에 상관관계가 존재하지 않거나 매우 제한적으로 나타남을 보여주었다. 그의 연구는 당시의 실험적이고 심리학적인 분석에 의한 것이었다.

특히 1971년에 심리학자 필립 브릭먼Philip Brickman과 도널드 캠벨Donald T. Campbell은 적응adaptation 이론 또는 세트 포인트set point 이론을 개인적 행복과 집단적 행복에 관한 연구로 확장함으로써, 소득과 부를 포함하는 생활의 객관적 환경을 개선하는 것은 오직 일시적이고 지속적이지 않은 복리만을 낳을 뿐이라고 결론지었다. 이런 방식으로 당시 경제학 연구에서 뭔가 새로운 것이 출현하기 시작했다.

실제로 《기쁨 없는 경제》는 이스털린과 캔트릴이 과거에 강조했던 행복의 역설만이 아니라 그보다 훨씬 더 많은 것을 제시했다. 스키토프스키의 저작은 본질적으로 미국적인 생활 방식에 대한 비판이었고, 어떤 의미에서는 당시의 서구적 발전 모델을 비판하는 것(우리 시대라면 훨씬 더 심하게)이었다.

《기쁨 없는 경제》와 연관된 첫 번째 책은 소스타인 베블런Thorstein Veblen의 《유한계급론(Theory of the leisure class)》(1899)이었다. 두 책은 저자가 모두 유럽 출신이라는 점과, 그들이 미국의 현실에 대해 내적으로나 외적으로 비슷한 견해를 갖고 있었다는 점을 포함해서 많은 유사성이 있다. 첫째, 두 책 모두 경제학 저술이지만 동시에 사회학적이고 역사적인 분석이다. 베블런과 스키토프스키 모

---

20 사실 이스털린은 캔트릴의 1965년 데이터를 사용했는데, 개발도상국들을 포함하여 전 세계에 걸쳐 다양한 나라에서 얻은 것이다.

두 자기 시대의 심리학을 기반으로 이야기를 풀어나갔고, 인간 합리성의 현실적이고 과학적인 기초를 찾기 위해 신고전학파 경제학의 단순한 방식을 넘어 심리학을 탐구했다.

비록 스키토프스키가 과시 소비의 사회적 효과에 대해 덜 비판적이기는 했지만, 두 사람 다 과시 소비의 열풍 뒤에 숨겨져 있는 개인적이고 집단적인 환상을 고발했다. 끝으로, 베블런과 스키토프스키는 둘 다 당시의 미국 사회에 대해 비판적이었지만, 그들의 분석은 그 시대의 역사적이고 문화적인 맥락을 넘어섰고, 그 때문에 두 사람 다 현재의 조건에 대해서도 목소리를 낼 수 있다.

스키토프스키가 그 시대의 경제와 사회에 대해 더 강한 어조로 실망하고 쓴소리를 했다. 그는 사람들이 좋은 삶을 살 수 있는 기술적이고 경제적인 수단을 갖고 있지만 어리석게도 대기업의 이해관계와 그들이 필요로 하는 규모의 경제라는 심리적이고 경제적인 메커니즘에 갇혀 있다고 주장했다. 이것이 바로 《기쁨 없는 경제》가 끊임없이 규범적이고 윤리적인 사고와 밀접하게 연결되는 이유이다. 스키토프스키의 저작을 관통하는 윤리적 영감을 이해하지 못한다면 《기쁨 없는 경제》 및 경제학과 행복에 관한 모든 논쟁을 이해하기 어려울 것이다.

풍요로운 불행이라는 역설

캔트릴, 이스털린, 스키토프스키는 의심할 바 없이 오늘날 '행복의 역설'이라고 알려져 있는 현대 경제학의 불행을 비판하는 선구자이다.

대체로 보아 아직도 논쟁적이기는 하지만, '행복의 역설'은 대규모 데이터를 활용함으로써 여러 성공적인 이론과 해석의 다양함을 넘어서서 실제적으로 하나의 논점을 공유한다. 일단 1인당 소득이 '어느 정도 적절하게' 살 수 있는 어떤 지점을 넘어서면 소득은 더 이상 사람들의 주관적 행복을 결정하는 중요한 요소가 되지 않는다. 또는 어떤 경우에는 관계적인 삶과 가정생활, 혹은 건강과 같은 다른 요소들이 소득보다 훨씬 더 중요해진다.

오늘날 소득과 행복의 상관관계가 약하다는 것에 대한 설명은 대부분 다람쥐 쳇바퀴 비유를 중심으로 진행된다. 소득의 증가는 뭔가 다른 것의 증가를 불러오겠지만, 마치 다람쥐 쳇바퀴가 그렇듯이 사람이 아무리 달려도 쳇바퀴는 반대 방향으로 돌기 때문에 결국에는 제자리걸음을 하고 만다.

심리학자이자 노벨 경제학상 수상자인 대니얼 카너먼은 두 가지 유형의 다람쥐 쳇바퀴 효과treadmill effect를 구별했다.(2004) 하나는 쾌락적 쳇바퀴hedonic treadmill이고 다른 하나는 만족의 쳇바퀴satisfaction treadmill이다. 쾌락적 쳇바퀴는 적응 수준에 관한 이론으로부터 도출된다. 예를 들면 소득이 낮은 사람들은 실용적인 자동차를 탄다. 실용적 자동차는 '향락'(혹은 쾌락) 수준 5에 해당한다. 그들은 소득이 늘어나면 고급 새 차를 구입하는데, 구입 이후 몇 달 동안은 행복이 증가했다가(예를 들어 7 수준), 심리적 적응 메커니즘 때문에 곧 실용적 자동차에 해당하는 수준(5 수준)으로 다시 떨어진다.[21]

그러나 열망의 쳇바퀴는 '만족하는 결과와 불만족스러운 결과의 경계선을 표시해주는' 열망의 수준에 달려 있다.(Kahneman, 2004, p. 98) 소득이 증가할 때, 물질적 조건의 향상은 동일한 수준의 만족을 유지하기 위하여 더 강렬한 쾌감을 추구하도록 사람들을 유인한다.

따라서 보통 쾌락적 쳇바퀴에 덧붙여지는 만족의 쳇바퀴는 객관적 행복(소비하는 재화의 질)의 증가에도 불구하고 주관적 행복(자신의 행복에 대한 자기 평가)을 일정하게 유지시킨다. 따라서 자동차의 예를 들면 소득이 높아질수록 더 고급 자동차를 원하게 되는 것이다. 그리고 이런 쳇바퀴를 돌리는 광고라는 강력한 메커니즘 때문에, 내가 비록 새 차를 탈 때 객관적으로 더 안락하다 하더라도 소득이 증가하기 전과 동일한 수준의 만족만을 느끼는 것이다.

---

21 카너먼은 새로운 것에 대한 경험은 쾌감을 증가시키지만 쾌감은 정의상 수명이 짧다고 본다. 새 차의 예로 돌아가 보면 처음 몇 달 동안은 차를 몰면서 우리는 늘 그 새로움에 대해 생각한다. 그리고 기술 혁신과 액세서리 등을 즐긴다. 그러나 운전하면서 라디오를 듣는 몇 달이 지나면 더 이상 주관적인 복리의 증가를 느끼지 못한다.

물질적 재화의 영역에서 적응과 열망은 거의 총체적인 영향을 미친다는 점에 주목하는 것은 흥미로운 일이다. 안락함이 커지는 효과는 다소간의 짧은 시기가 지나고 나면 거의 다 사라져버린다. 따라서 이 현상은 '부wealth의 파괴'나 재화의 비효율적 사용을 초래한다. 왜 그런가? 적응과 열망의 작용이 덜한, 친밀하고 정서적이며 문화적인, 비경제적 영역이 존재하기 때문이다. 예를 들면 깊고 안정된 정서적 관계를 경험하는 사람들이 상대적으로 더 행복하다는 것을 입증하는 기록은 풍부하다.[22]

그래서 가정생활에서는 비록 적응과 열망의 효과가 존재한다 하더라도 적응이 전부가 아니다. 그리고 가족과 인간관계가 더 풍요로울수록 사람은 더 행복해진다.

"개인은 '쾌락에 대한 적응'과 사회적 비교 때문에 화폐에 대한 열망이 실제 주변 여건들을 바탕으로 변화한다는 것을 인식하지 못한다. 그 결과 가정생활과 건강을 희생하면서 화폐적 목표들을 추구하는 데 과도한 양의 시간을 사용하게 된다. 그래서 주관적인 행복은 기대했던 수준에 비해 감소한다. 가정생활과 건강에 도움이 되도록 시간을 배정하면 주관적인 행복이 분명히 늘어날 것인데도 말이다."(Easterlin, 2004, p. 52)

----

22 친근한 관계성이 행복에 미치는 영향에 관해서는 Bruni and Stanca(2008)를 참고할 수 있다. 결혼과 주관적 행복 간에 존재하는 강하고 유의미한 상관관계를 경험적으로 보여준다. 자녀가 있는 경우는 더욱 그러하다.

경제학자들이 가장 널리 받아들이는 행복의 역설에 대한 세 번째 설명은 소득과 소비가 미치는 '지위' 효과positional effects에 관한 것이다. 이 가설은 역사적으로 베블런의 '과시 소비'에 관한 연구와, 보다 최근으로 오면 '상대적 소비'에 관한 제임스 듀젠베리James S. Duesenberry의 연구로 거슬러 올라간다. 이 가설은 우리가 소비로부터 이끌어내는 쾌감은 주로 소비 자체의 상대적 가치, 즉 절대적 소비 수준이 아니라 통상 자신과 비교하는 타인들의 절대적 소비와 차이가 나는 정도에 달려 있다는 통찰에서 나온 것이다.

예를 들어 나의 소득이 10% 증가한다고 하자. 그런데 내 동료의 소득은 더 많이, 예컨대 15% 증가한다면 나는 소득이 늘어났지만 불만족은 더 커질 수도 있다. 인간은 타인의 눈을 통해 자신이 가진 것을 평가하는 듯하다. 흥미롭게도 이 '지위' 메커니즘은 경제학이 전통적으로 합리성을 이해하는 방식인 경제적 합리성의 실패로 이어진다.

이것이 잘 알려져 있듯이 이른바 '부정적 외부효과negative externalities'의 작동 원리이다. 타인의 소비가 나의 복리를 '오염시킨다.' 이러한 경우 시장 경쟁은 시민사회에 어울리는 유익한 결과를 가져오지 못하고 반대로 개인적 혹은 집단적 자원에 파괴적인 영향을 끼친다.

그 때문에 특히 리처드 레이어드Richard Layard와 로버트 프랭크Robert H. Frank 같은 저자들은 그런 과시재, 혹은 관계재의 소비를 줄이기 위해 과세 제도를 이용할 것을 제안한다. 도수 높은 술과 같은 비非가치재demerit goods는 사회적으로 해롭고 중독성이 있기 때문에 거기에 세금을 매기는 것과 마찬가지이다.[23]

행복의 역설에 관한 이들 세 가지 간략한 설명들은 분명히 사회적 성격을 내포하고 있다. 로빈슨 크루소의 섬에서는 (적어도 원주민 프라이데이가 등장하기 전에는) 사회를 전제로 하는 이러한 현상들은 일어나지 않을 것이다.

행복 연구는 어떤 의미가 있는가?

이 지점에서 결정적 질문을 하나 해야 한다. 오늘날 경제학에서 행복의 역설을 설명하려고 하는 학자들은 마음속에 **어떤** 행복, **어떤** 사회성을 담고 있는가? 일반적으로 위에 제시된 이론들은 정도의 차이는 있지만 인류학적 환원주의의 정도가 높기 때문에 곤란을 겪는다. 여기에서 개별적 인간은 본질적으로 남을 질투하고, 소유물을 통해 다른 이들과 경쟁하는 것을 좋아한다. "싫든 좋든 인간 존재는 경쟁하는데, 이제 주류 경제학은 이 지점을 '인간 본성

---

23   현대 민주주의에서 세금 부과는 공공재를 생산하고 보다 평등하게 소득을 재분배하기 위해 필요한 재원을 조달한다는 목적을 넘어서 세 번째 역할도 한다. 사회가 해롭다고 생각하는 어떤 종류의 소비를 억제하는 역할이다.

의 핵심'으로 설정한다."(Layard, 2005a, p. 147)

인간이 **그렇기도** 하다는 점을 아무도 부정하지 않는다. 레이어드 조차도 다른 책(2005b)에서 그랬듯이 부정하지 않는다. 그러나 내가 보기에, 질투와 적대감이 인간 행복을 설명하는 근본적인 인류학적 특성이라고 생각하는 것은 잘못이다. 욕구의 좌절과 불만족이 광고에 의해 유도된 높은 기대의 결과이며 타인과 위치를 비교하는 결과라는 것에 동의하는 경제학자들이 많겠지만 나는 인간 행복이 질투와 경쟁의 차원에 한정된 어떤 것이라고 생각하지 않는다.

달리 말하면, 현재의 지배적인 이론들이 **불행**과 욕구의 좌절에 대해서는 좋은 설명이 되는 것 같지만, 인간 행복에 관한 실증적인 이론이라고는 확신할 수 없다. 인간 행복은 이웃 사람들과 다소 비슷한 크기의 자동차나 집을 갖는 것과는 다르며 그것 이상의 그 무엇이다. 사실 타인과 비교함으로써 자주 좌절을 겪기도 하지만, 우리는 직장 동료들보다 더 많이 소비한다는 이유로 삶이 행복하다고 생각하거나 실현된 삶이라고 느끼지는 않는다.

현행의 행복 연구들도 중요한 혁신을 보여주기는 한다. 그러나 나는 행복 분석에서 관계적 차원을 포함하는 영역에 대한 연구가 더 많이 이루어져야 한다고 생각한다.

사실 행복에 관해 연구하는 학자들, 특히 대니얼 카너먼과 로버트 서그덴 같은 학자들이 연구하는 소위 행동경제학은 '공인된'

신고전학파 경제학에 비하면 몇 가지 진전을 이루었지만 만족할 정도는 아니라고 생각한다. 특히 카너먼은 윌리엄 제번스William S. Jevons나 프랜시스 에지워스Francis Y. Edgeworth 같은 19세기 말의 쾌락주의hedonistic 경제학자들의 단순했던 주관적 접근 방법에 비하면, 카너먼 자신의 '일과 재구성 방법DRM'을 수단으로 삼아, 보다 객관적으로 행복을 측정하도록 제안한 선구자에 속했다. 그러나 여전히 보완할 것이 많다.

한편으로 인간 감정을 경험적으로 연구할 때, 행복의 경제학은 내재적인 동기에서 비롯된 감정들과 사회적이고 관계적인 요구로부터 일어나는 감정들에 대해서도 열려 있다. 이러한 접근에서는 앞에서 카너먼의 설문조사가 보여준 결과를 이야기할 때 언급한 바와 같이, 개인에게 가져다주는 행복과 쾌락에 기초해서 관계재의 등급이 매겨진다.

그러나 다른 한편으로, 심리학적 경제학자들의 접근 방법은 여전히 쾌감에 기초한 쾌락주의에 가깝고, 아리스토텔레스의 '좋은 삶'이라는 의미에서의 행복에 기초한 에우다이모니아와는 관계가 없다. 이 접근법에서는 사실 쾌감과 행복 간에 어떤 실질적인 차이도 설정하지 않으며, 행복에 관한 평가 전체는 캔트릴의 방법론에서처럼 자신의 주관적 복리 수준에 대한 주체 스스로의 평가에 맡겨져 있다. 그런 방법에는 어떤 문제가 있을까?

나는 최소한 두 가지 문제가 있다고 본다.

첫째는 '스키토프스키 효과'라고 부를 수 있을 것이다. 만약 재화에서 얻는 쾌감을 인식하는 일이 전적으로 자기 평가에만 맡겨져 있다면, 창의 상품creative goods처럼 낯선 것보다는 일상의 편안한 재화comfort goods를 택하려는 강력한 경향이 있다는 점을 명심해야 한다.

이것들은 즉각적인 쾌감이라는 측면에서 보면 똑같은 것으로 나타날 수 있다. 그러나 장기적인 측면에서 보면 두 유형의 재화에서 얻어지는 '객관적인' 행복은 상당히 다르다. 이에 대해서는 나중에 다시 논의할 것이다. 소비 면에서 우리는 체계적으로 '근시안적인' 실수를 저지른다.

두 번째는 '카너먼 효과'라고 부를 수 있다. 주관적 행복의 자기 평가 과정에서는 중요한 인지 오류들이 존재한다.

언젠가 '일과 재구성 방법'이 널리 사용될 수 있다 하더라도, 적응이라는 문제는 여전히 남아 있을 것이다. 사람은 재화에 적응하며 비록 객관적으로 그들의 형편이 더 나아졌다 할지라도 쳇바퀴 효과로 인해 주관적으로는 단기간 내에 행복의 증진을 인식하지 못하게 된다. 이러한 적응은 새로운 생산품들로 바꾸고, 새로운 생산품들을 구입하고자 하는 과도한 경향, 곧 비효율적인 경향을 낳는다. 여기서 새로운 생산품들이란 객관적으로는 우리의 형편이 더 나아지게 하는 것이 아니면서도 주관적으로는 우리를 '기만하는' 것들이다.

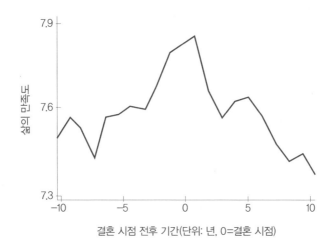

결혼에 대한 적응

삶의 만족도

결혼 시점 전후 기간(단위: 년, 0=결혼 시점)

나는 배우자, 아이들, 친구들 등과의 관계재 또한 '적응 효과'의 대상이라는 사실에 주의를 기울이고자 한다. 여기서 결혼에 대한 적응에 관해 브루노 프레이Bruno S. Frey와 알로이스 슈투처가 수행한 유명한 연구 하나를 소개한다.(Frey and Stutzer, 2002)

그러나 우리의 삶과 행복의 질에 대한 평가를 오직 주관적 인지에만 맡길 수 있을까? 아마도 그렇지 않을 것이다. 그 이유는 바로 적응 효과가 매우 큰 영향을 미칠 수 있기 때문이다. 행복의 주요한 지표 내지 유일한 지표로 주관적인 자기 평가를 사용한다면 많은 실수를 하게 될 위험이 있다.

예를 들어 우리는 권리와 자유 같은 시민재civil goods를 낮게 평가하는 경우가 있다. 시민재를 주관적 행복의 차원으로 표현하기는 어렵지만, 객관적인 행복의 측면에서는 매우 큰 영향을 미친다. 만약 시민재가 없어진다면 어찌 될까 생각해보기만 해도 알 수 있다.

만일 현대인들에게 소득세 5% 감면과 이와 비슷한 수준의 민주주의 확대 가운데 어느 것을 더 원하느냐고 묻는다면, 분명 모두는 아니겠지만 대다수가 전자를 택한다고 해도 놀라운 일은 아니다. 이 경우 구약 성경 〈창세기〉의 에사우처럼, '불콩죽' 한 그릇어치의 소득을 위해 민주주의라는 '장자권'을 맞바꾸려 하는 셈이다.

장자권(birthright)은 〈창세기〉의 에사우와 야곱의 일화에 나오는 것으로, 에사우는 불콩죽 한 그릇에 동생 야곱에게 장자권을 팔았다.

두 번째 예로, 이전 파트너에게 지루함을 느끼자마자 새로운 자극과 감정을 찾아 파트너를 바꾸는 사람의 삶에 비해, 앞의 사람보다는 좀 덜 행복할지라도 애정 면에서 안정적이고 적응된 가정생활을 꾸리는 사람을 생각해보자.

주관적인 행복은 분명히 중요하다. 그러나 그것만으로는 삶의 좋고 나쁨을 평가하기에 충분하지 않다. 행복의 수준을 가늠하는 것을 자기 평가에만 맡겨둘 수는 없는 일이다.

한 국가의 부를 측정하는 국내총생산GDP이 행복의 지표로는 불충분하다고 해서 주관적 행복이라는 대안적 지표로 대체해버릴 수만은 없는 것과 마찬가지이다. '인간성의 고양된 상태 내지 풍성한 실현' 또는 에우다이모니아를 위해 필수 불가결한 시민적 가치들은 GDP나 행복에 대한 개인적 인식으로는 쉽게 표현하기 어렵다. 때때로 더 큰 자유는 감정적 희생을 요구할 수 있으며 감각적 행복으로는 표현되지 않을 수도 있다. 최소한 단기적으로는 그럴 수 있다.

그리고 큰 축복을 즐기기 이전에 큰 상처를 견뎌내야 할 수도 있다. 만약 감각적 행복만 있으면 그것으로 충분하다면, 언젠가는 적절한 향정신성 약물이나 기술적 장비들을 가지고도 인간 행복에 관한 모든 문제를 해결할 수 있다고 하게 될지도 모른다.

이런 측면에서 '행복한 노예'에 관한 아마르티아 센의 주장은 항상 의미가 있다.

행복해지는 것이 가치 있는 성취라는 점, 그리고 삶의 수준을 평가할 때 행복이 가치 있는 목표, 또는 가치 있는 목표들의 집합이라는 점에 대해서는 상당히 쉽게 확신할 수 있다. 행복이 다원적인 형태를 갖고 있는 것으로 본다면 말이다. 이러한 접근법에 대한 흥미로운 질문은, 행복은 가치 있다고 여기는 것이 정당한지가 아니다. 그런 정당성은 충분히 설득력이 있다. 그러나 관심을 가져야 할 부분은 그것의 배타적 정당성이다. 매우 불우한 사람을 생각해보자. 가난하고 착취당하며 과도한 노동과 병에 시달리는 등의 사회적 조건에도 불구하고, 예를 들어 종교, 정치 선전, 또는 문화적 압력에 의해 자신의 운명을 만족하게 받아들이게 된 사람을 생각해보자. 그가 행복하고 만족하고 있기 때문에 그가 잘 살고 있다고 믿을 수 있을까? 비록 그가 사는 삶이 궁핍으로 가득 차 있다 하더라도, 그 사람은 높은 수준의 삶을 산다고 할 수 있을까? 삶의 수준은 그 사람이 사는 삶의 특성과 떼어놓을 수 없다.(1985, p. 188)

센은 이 지점에서 아리스토텔레스와 완전히 의견이 일치한다. 좋은 삶은 사람들이 무엇을 느끼는가, 즉 주관적 행복에 기초해서가 아니라, 사람들이 얼마나 많이 무언가를 하고 있는지, 또 할 수 있는지(역량)에 기초해서 측정된다.

그래서 이 예들이 보여주는 바대로, 카너먼이 설명한 것처럼 사람들이 삶의 우여곡절에 적응하는 것이라면 행복에 대한 그들의 전반적인 자기 평가는 그냥 틀렸을 수도 있다.

나는 현대 민주주의에는 GDP 외에도 행복에 대한 더 많은 지표들이 필요하다는 데 동의한다. 어떤 하나의 가치로 환원하는 것은 그것이 무엇이든 항상 민주주의와 자유를 위험에 처하게 한다. 왜냐하면 플라톤이 다른 말로 바꾸어 표현했듯이, 행복은 하나인 것 같지만 사실 여러 가지이기 때문이다.

그렇다면 행복에 관한 연구는 사회적 현실과 복리를 이해하는 데 어떤 기여를 했는가?

만약 행복이 단순히 효용의 새로운 이름에 불과하다면, 왜 이 오래된 단어를 건드려 폄훼하는가? 고전적 효용과 관련해서 행복이 단지 자기 평가라는 경험적 차원만 덧붙이는 것이라면, 행복이라는 말 대신 주관적 효용 또는 자기 평가된 효용이라고만 해도 충분할 것이다.

이미 제러미 벤담Jeremy Bentham은 쾌락주의적 행복happiness을 효용utility으로 탈바꿈시켰다. 아마도 오늘날 우리는 그 이상을 하도록 소명을 받았을 것이다.

만약 오늘날 시민적 삶을 위해 새롭고 진정으로 적절한 의미로, 효용 대신 '행복'이라는 단어를 사용한다면 '관계재'와 같이 무시되었던 범주들과 함께, 아리스토텔레스의 전통인 에우다이모니아로서의 행복을 진지하게 받아들여야 한다.

따라서 다음 장에서는 관계의 차원을 중심에 두고 실증적인 행복 이론을 찾아 좀 더 심도 있게 논의를 계속해 나가고자 한다.

제6장

돈과 행복의 크기가 같지 않은 이유

Communitas
ECONOMY

애덤 스미스가 천착했던 연구 과제는

국가의 부富의 본질과 그 원천이라고 알려져 있다.

그런데 그는 이따금씩 이 연구 과제와

연관 지어 또 다른 과제를 고찰했고, 아마도 그 연구 과제가

훨씬 더 흥미로웠다고 할 수도 있을 것이다.

그것은 국가의 행복에 결정적인 영향을 미치는 것들에 대한 연구,

혹은 각 나라에서 가장 인구수가 많은 사회 하위 계층의 행복과 안녕에

결정적인 영향을 미치는 것들에 대한 연구이다.

나는 이 두 연구 과제가 상당히 밀접한 연관성을 지니고 있음을 잘 알고 있다.

곧 한 국가의 부를 증가시키는 것들은

일반적으로 그 국민의 하위 계층의 행복을 증가시키는 경향도 있다.

그러나 아마도 애덤 스미스는 이 두 가지 연구 과제가

현실에서 실제로 상호 연관성을 지니는 정도보다

더 밀접한 상호 연관성을 지니고 있다고 여긴 것은 아닐까 싶다.

– 토머스 로버트 맬서스Thomas Robert Malthus

고전 경제학이 놓친 것, 관계성

우리가 본 바와 같이 오늘날의 경제 이론에서 말하는 행복은 고전적인 행복의 개념과는 상당히 거리가 먼 것이다. 고전적인 행복의 개념은 덕德에 깊이 연결되어 있고, 쾌락과는 뚜렷이 구분된다. 오늘날 경제 이론의 행복 개념은 특히 아리스토텔레스의 행복 개념인 에우다이모니아와는 매우 거리가 멀며, 오히려 제러미 벤담의 행복 이론에 가깝다고 하겠다. 벤담은 행복happiness이 단지 쾌락pleasure의 동의어일 뿐이라고 보았다.

아리스토텔레스 학파의 철학적 전통에서는 행복을 최고선, 삶의 궁극적인 목표와 동일시했는데, 이는 오늘날에는 주로 '인간성의 고양된 상태human flourishing'라고 바꾸어 표현하곤 한다. 여기서 영어로 human flourishing이라고 표기하는 것은 happiness와 구분하기 위해서이다.[1] 이러한 배경에서 아리스토텔레스 학파의 전통 안에서의 행복 개념은 시민적이면서도 취약한 면이 있는 특성을 지닌다고 하겠다.

이 지점에서 고대인들의 행복 개념과 현대인들의 행복 개념은 깊은 차이를 보인다. 적어도 현대인 중 많은 이들에게 그러하다. 현대의 경제학자들이 말하는 행복은, 좋은 삶의 구성 요소인 취약

---

1   그리스어의 행복 개념인 '에우다이모니아(eudaimonia)'는 '에우(eu, 좋음good)'와 '다이몬(daimon, 정령demon 또는 정신spirit)으로 구성된다. 이 단어가 태어난 것은 철학이 등장하기 이전 신화의 시대로 거슬러 올라가며, 좋은 정령, 좋은 정신, 혹은 좋은 운수를 자기편에 지니고 있는 사람만이 '에우다이모니아'에 도달한다는 뜻으로 쓰였다. 당시 행복과 행운 또는 운수 좋음은 실제로 동일한 개념이었다. 이러한 본래의 의미는 현대의 몇몇 앵글로색슨 계통 언어들에도 남아 있는데, 예컨대 독일어로 '글뤼크(Glück)'는 행복과 행운 둘 다를 의미하며, 영어의 '행복(happiness)'은 '일어나다(happen)' 또는 '닥치다(befall)'에서 유래한다. 반면 라틴어에서 행복이라는 뜻인 '펠리치타스(felicitas)'를 살펴보면, 접두사 '페(fe)'는 '비옥한(fecundus),' '여성의(femina),' '풍요로운(ferax)'이라는 단어에서 파생되는데 이는 덕을 키우기 위한 생산력이란 뜻이다.
    소크라테스의 철학, 특히 플라톤과 아리스토텔레스의 철학에 이르면, 에우다이모니아에서 '행운'이라는 예전의 뜻은 없어지는 대신, '덕의 실천에 의해 도달해야 할 최고선,' '그 자체로서 완벽한 최고선'이라는 새로운 의미가 부여된다. 덕(Virtues)은 행복에 이르는 길을 의미하게 되는데, 그렇다고 해서 덕이 도구와 같다는 뜻은 아니다. 오히려 덕은 그 자체가 목적이며, 덕의 실천에 의해 간접적으로 행복이 생겨난다. 그러므로 덕은 길이면서 동시에 목적이기도 하다.
    한편 그리스 비극과 플라톤 윤리학, 아리스토텔레스 윤리학은 덕을 통해 행복을 행운의 개념으로부터 분리해내려는 시도로 읽힐 수도 있다. 바로 이러한 이유에서 오늘날 신(新)아리스토텔레스 철학자들 다수는 아리스토텔레스 철학에서 본 에우다이모니아의 의미를 표현하기 위해 행복(happiness)보다는 '인간성의 고양된 상태(human flourishing)'라는 용어를 선호한다.

성은 전혀 고려하지 않음으로써 사실 쾌락주의적인 즐거움과 합치하는 면이 있다. 그러나 소득이 일정 수준을 넘어서면 소득과 행복은 더 이상 비례 관계가 아님을 보여주는 '행복의 역설'은 쾌락이 곧 행복이라고 보는 이러한 개념의 기만을 밝혀주고 있는 셈이다. 시장의 확장으로 얼굴을 마주하지 않는 거래에 의해 대인 관계의 질이 떨어지고, 경제 관계가 여타의 사회적 유대를 침식하게 되면, 재화goods는 악evils이 되어 더 이상 행복well-being을 가져오는 수단이 아니라 불행ill-being을 초래하는 수단이 될 수 있다.

행복과 가정생활의 관계는 이와 관련하여 매우 의미 있는 경험적 데이터 하나를 제공한다. 즉 결혼 생활이 주관적 행복과 밀접하게 관련되어 있다면, 이혼이나 별거는 불행의 주요 원인이 된다는 점이다. 이는 실업 상태이거나 가구 소득이 3분의 1 감소하는 것보다 더 불행의 무게를 느끼게 하는 요인으로 작용하기도 한다. (다음 표 참조)

신고전주의 경제 이론의 위기를 시사하는 지표 하나를 예로 들면, 이 이론으로는 본질적, 내재적으로 동기 부여된 인간관계, 즉 비非도구적 관계, 무상성에 근거한 관계를 설명할 수 없다는 점이다. 특히 종래의 경제학에서는 비도구적 관계를 고려하지 않음으로써 이미 관계의 재화, 곧 '관계재relational goods'라고 명명되고 있는 인간관계가 존재할 여지가 없다.

이처럼 신고전주의 경제 이론이 설명하지 못하는 이유를 말하기

행복의 효과

	행복 감소 지수
수입	
가구 소득이 3분의 1 감소	1.0
직업	
무직	3.0
비정규직	1.5
실업률 10% 증가	1.5
인플레이션 10% 증가	0.5
가족관계	
이혼	2.5
별거	4.5
사별	2.0
건강	
개인 건강 1점 감소(5점 척도)	3.0

자료 출처: Richard Layard(2005a) 지수의 수치들은 상호 비교가 가능하도록 조정 과정을 거친 것이다.

는 쉽다. 우리가 곧 확인하게 될 관계재는 비도구적 동기 부여, 곧 무상성으로부터 생성되는데, 신고전주의 경제 이론에서는 재화들을 도구적 수단으로만 취급할 뿐, 결코 그 자체로서 취급하지 않기 때문이라는 점이다.

현대 경제학에서는 개인의 선택에만 주목하고, 그 개인들이 이루어가는 관계들은 무시한다. 개인 간의 관계는 후속 분석을 할 때에나 고려될 수 있으므로 결과적으로 도구적일 수밖에 없다. 경제학에서 비도구적 관계를 연구하려 한다면,─그리고 우리는 그 연구를 해야 하는데,—반드시 올바른 분석 도구를 적용해야 한다. 이제부터는 관계를 다루는 학문science이 필요하다. 그러나 모든 관계를 아우르는 전체론적인holistic 분석의 도구를 말하는 것은 아니다!

그러므로 문제는 개인주의라기보다는 오히려 유아론唯我論, solipsism과 '방법론적 자아도취methodological narcissism'라고 말할 수 있다.

이 장에서는 고대 그리스 철학의 아리스토텔레스 학파 및 중세 스콜라 철학의 토마스 아퀴나스 학파의 고전적 전통과 직접적으로 다시 연결되는 행복의 개념을 소개하고자 한다. 이 학파들의 인류학적 기본 가정은 좋은 삶 또는 행복한 삶을 살기 위해서는 비도구적 대인 관계가 필요하다는 것이다.[2] 바로 이러한 이유로 어떤 행복 이론, 또는 '인간성의 고양된 상태human flourishing'에 대한 이론의 핵심 개념은 '관계재'일 수밖에 없다.

관계재, 만남의 결과

관계재라는 범주에 대해서는 학자 4명이 거의 동시에 이론적 논의를 시작했다. 철학자 마사 누스바움(1986), 사회학자 피에르

---

2   이러한 행복 이론은 인격주의(personalism) 철학으로부터 영향을 받기도 했는데, 특히 자크 마리탱에서 주세페 마리아 잔기에 이르는 공동체적 형태의 인격주의 철학에서 주된 영향을 받았다.

파올로 도나티Pierpaolo Donati(1986), 경제학자 베네데토 구이Benedetto Gui(1987)와 캐럴 울래너Carole Uhlaner(1989)가 그들이다.

베네데토 구이는 '개인적으로 소비되지만 대인 관계에는 연결되어 있는 서비스'에 대해 언급하면서 관계재는 "비물질적 재화이므로 그것은 서비스는 아니다"라고 정의했다.(1987, p. 37) 캐럴 울래너는 같은 노선에서 관계재에 대해 "임의의 사람들이 아닌, 다른 사람들과 함께, 한 사람이 적절한 공동 행동을 취한 후에 상호 합의가 존재하게 되는데, 관계재는 이런 상호 합의에 의해서만 '소유할 수 있는' 재화"라고 정의했다.(1989, p. 254)

따라서 이 두 경제학자는 '관계재'가 타인과의 상호작용이라는 방식과 동기 부여에 기반을 두고 있고 상호성을 통해 공유하는 경우에만 향유할 수 있는 것이기 때문에, 한 개인이 혼자서 생산하거나 소비할 수 없는 관계의 차원이라고 부른다.[3]

특히 베네데토 구이는 상호작용이 특정한 생산 과정이라고 보면서 이를 '만남'이라고 불렀는데, 이러한 관점에서 모든 형태의 상호

---

3   그러나 관계재에 대한 경제학적 접근 방식은 결국 관계재란 관계 자체와는 분리되어 있는 현실이라고 여기게 만든다. 베네데토 구이는 이와 같은 방법론적인 목적을 명시적으로 표현함으로써 경제학과의 연속성을 살리고자 하는데, 경제학은 재화가 소비의 행위와는 구별되는 현실이라고 보기 때문이다. 그러므로 관계 분석의 관점에서 볼 때 다른 이론들에 비해 월등히 더 진전된 그의 이론에서 관계재는 행위자의 정서 상태, 동기 등과 같은 주관적 특성과는 구별된다. 비록 최근의 연구에서는 이러한 구분이 더 모호해졌지만 말이다.(Gui and Sugden, 2005)

작용을 분석할 것을 제안했다.(2002; 2005) 그는 '판매자와 잠재적인 구매자, 의사와 환자, 직장의 두 동료, 심지어 같은 가게의 두 고객 사이'(2002, p. 27)의 만남에서는 거래의 실행, 생산에 관련된 과제의 수행, 또는 서비스 제공 등과 같은 전통적인 결과물의 범주를 넘어서서, 관계를 토대로 하고 손으로는 만질 수 없는 다른 특별한 유형의 산출물이 생산되는데, 이것이 바로 관계재라고 주장했다.

요약하면 베네데토 구이와 캐럴 울래너가 주장하는 관계재란 관계 자체와 일치하지는 않는다. 그들의 견해로는 우정은 관계재라고 정의될 수 없다. 우정은 반복적인 상호작용, 일련의 만남과 정서적인 상태이며, 관계재는 우정에 속한 하나의 구성 요소일 뿐이다.[4]

반면 마사 누스바움은 '관계재'라는 표현을 베네데토 구이와는 다르게 사용하여 우정, 상호 간의 사랑, 시민 참여를 세 가지 전형적인 관계재라고 정의하면서, 이와 같은 관계재에서는 관계가 선薦

---

4   사회학자 피에르파올로 도나티(2005)는 사회관계를 관계의 측면에서 바라보고 접근하는 방식 안에서 관계재에 대해 말하는데, 이 같은 접근법은 총체주의(holism)와 개인주의(individualism)의 '환원주의(reductionism)'와는 다르다고 주장한다. 이러한 맥락에서는 관계재가 행동으로부터 발현되는 현실이라고 정의된다. 따라서 관계재는 행위자의 선택의 결과도, 환경의 영향에 따른 결과도 아니며 구체적인 관계들의 산물 내지 결과로서, 이 구체적인 관계들은 행위자의 의지 자체를 바꿀 수도 있다는 것이다. 바로 이러한 피드백 때문에 관계재는 단순히 행위자의 의지라는 영역으로 환원될 수 없다는 것이다. (관계의 사회학: 사회과학에서 인간적인 것과 인간적이지 않은 것의 구분에 대한 관점, 학술지 〈새 인류Nuova umanità〉 157호 [2005], pp. 97–122)

을 구성한다고 보았다. 우정, 상호 간의 사랑, 시민 참여는 관계 자체와 함께 생겨나고 사라진다. 따라서 아마르티아 센과 존 스튜어트 밀의 사상에도 영향을 받은 신아리스토텔레스 학파 철학자인 누스바움에게 관계재란 관계 그 자체로서 재화가 되는 인간으로서의 경험이다.

그러므로 상호성의 차원은 오늘날 관계재에 대한 모든 정의에서 근본적인 요소이다. 궁극적으로 관계재에서는 나의 행동과 다른 사람의 행동을 유발하는 동기, 그 이유가 필수 요소이다. 이미 아리스토텔레스가 상기시켜주었듯이, 에우다이모니아에 기여하는 가장 숭고한 우정은 결코 수단이 될 수 없는데, 그런 우정은 덕목이기 때문이다.[5]

로버트 서그덴은 베네데토 구이와 같은 이론적인 노선에서 다음과 같이 언급했다.

"관계재relational goods(혹은 관계악or bads)는 대인 관계의 정서적 요소이자 소통적 요소이다. 나는 대인 관계의 정서적 요소를 분석하기 위한 이론적 전략 하나를 제안한다. 대인 관계는 몇 가지 기제

---

5 그렇기 때문에 관계재를 외부효과라는 전통적인 범주에 기대어 자리매김하는 것은 그리 효과적이지 않다. 베네데토 구이와 우리는 한편으로는 '재화'로서의 속성을 유지하기 위해서 그렇게 하지 않는 쪽을 선호한다. 외부효과에서는 통상적으로 비의도성이 필수적인 특성으로 간주되는 반면, 일반적으로 관계재에서는 비의도성이 결여되어 있기 때문이다. 예를 들어 어떤 특정한 모임에서는 종종 비용을 감수하고서라도, 특별한 분위기나 미소를 추구하곤 한다.

를 통해 정서적인 상태를 만들어내는데, 그 정서적인 상태 중에는 특정한 대인 관계에 참여하는 사람들이 가치 있게 여기는 것도 있고, 가치 없게 여기는 것도 있다. 이 이론적 전략의 목적은 그러한 정서적 상태를 만드는 데 작용하는 몇몇 기제들을 이해하는 것이다."(2005, p. 53)[6]

한편 이 책의 제1장에서 언급한 관계재의 취약성에 대한 마사 누스바움의 주장 또한 중요하다.(1986, p. 344)

나의 개인적인 확신으로는 관계재의 독특한 성격을 이해하기 위

---

6   따라서 로버트 서그덴은 만남의 인풋(inputs)과 아웃풋(outputs)을 분석하기보다, 감정과 정서 상태의 측면에서 관계재의 '기술(technology)'을 분석할 것을 제안했다. 그래서 선호하는 것과 신용하는 것에 전적으로 집중되어 있는, 합리적인 선택에 대한 고전적 이론을 넘어설 것을 주장했다. 서그덴은 애덤 스미스의 《도덕감정론》을 독창적으로 재해석하는 데서부터 출발하여 자신의 이론을 구성했는데, 특히 스미스의 '동류 의식(fellow-feeling)' 이론을 재해석했다. 스미스와 서그덴은 동류 의식을 인간의 일반적인 인류학적 경향으로서, 이타주의와는 매우 다른 것으로 보았다.(Gui and Sugden, 2005, p. 53)
     '동류 의식'은 '상호 간의 연민과 호감'이다. 애덤 스미스는 인간이 모든 형태의 동류 의식을 즐겁게 여긴다고 가정했다. 관계재로 돌아가서, 서그덴은 애덤 스미스인 관점에서 관계재가 감정의 상응에 대한 인식에서 비롯되었고, 공동으로 하는 모든 활동에서 관계재를 향유할 수 있다고 주장했다. 비록 경제적인 성격의 공동 활동일지라도 그렇다는 것이다.
     결론은, 사람들이 사회적 상호작용에 의해 서로 간의 '동류 의식'을 인식하게 될 때, 그들은 사회성(sociality)의 부가 가치 및 내재적인 가치를 지니게 되며, 이러한 가치가 바로 서그덴의 이론에서는 관계재라는 것이다. 이러한 접근법에서 '감정 상태'와 '관계재'를 구별하는 것은 덜 중요하다. 왜냐하면 관계재는 주체의 감정과는 구별되는 별개의 구성 요소로 간주되기 때문이다. 서그덴에게는 관계재의 '생산 기술'이란 자신과 상대방을 동일시할 수 있는 기술, 그리고 감정의 교감을 표현하고 함양하는 것을 포함한다고 할 것이다.

해서는 먼저 '공공재'와 '사유재'가 상충하는 것이라고 보는 도식으로부터, 그리고 수단으로서의 재화라는 개념으로부터 해방되어야 한다.

실제로 우리가 관계재를 신발이나 샌드위치처럼 소비에 있어서 '경합적競合的, rival'이고 대가를 지불하지 않은 사람은 사용에서 배제가 가능한 재화, 곧 사유재private goods 중 하나로 자리매김하게 하고자 하는 한, 혹은 비경합성非競合性, non-rivalry과 비배제성non-excludability을 지닌 공공재public goods[7] 중 하나로 자리 잡도록 하려는 한, 우리는 언제나 비관계적non-relational 패러다임 안에만 머무르는 셈이다.

사실 '사유재'나 '공공재'에 대한 정의가 그 재화에 관련된 주체들 간의 관계까지도 함축적으로 암시하는 것은 아니다. 두 종류의 재화 간의 유일한 차이점은 소비에 '간섭'이 있는지 여부이다. 공공재의 소비는 단순히 고립된 개인이 서로 독립적으로 소비하는 것과 다름이 없다. 예컨대 교통이 혼잡하지 않은 도로를 이용하는 경우나 박물관에서 동일한 그림을 감상하는 두 명 이상의 사람이 있는 경우를 가정해보자. 그중 한 사람의 소비가 다른 사람의 소비를 방해하거나, 서로의 소비에 간섭하는 일이 없도록 되어 있는 것이

---

7   사실 비경합성은 재화를 공공재로 만드는 요소이다. 비배제성은 기본적으로 기술 및 비용의 문제이다. 생산된 모든 공공재는 적어도 원칙적으로는 그 공공재의 생산에 기여하지 않은 사람에게는 소비가 허용되지 않을 수도 있기 때문이다.

다. 이것이 비경합성의 가설이 함축적으로 의미하는 바이다. 따라서 공공재의 범주 안에 관계재를 끼워 맞추려는 시도는 내가 보기에는 잘못된 길로 이끄는 오류이다. 오히려 나의 의견은 관계재가 '사적인 재화(사유재)'와 '공적인 재화(공공재)'로 분류되는 경제적인 의미에서의 전통적인 재화의 구분과 달리, 제3의 재화 유형genus으로 간주되어야 한다는 쪽에 가깝다.[8]

위의 논의에 비추어, 또한 방금 제시했던, 관계재에 대한 서로 다른 입장들을 굳이 융화시키려고 하지 않으면서, 나는 관계재의 기본적 특성들을 다음과 같이 규정해보고자 한다.

정체성: 관련된 개인들의 정체성은 관계재의 근본적인 구성 요소이다. 이 때문에 캐럴 울래너는 다음과 같이 말했다. "거래 당사자 각자가 익명으로 무언가를 제공할 수 있는 상거래 교환에서 등장하는 재화는 관계재가 아니다."(1989, p. 255)[9]

상호성: 관계로부터 만들어진 재화인 만큼 이 재화들은 오로지 상호성을 통해서만 향유될 수 있다. "상호적인 활동, 서로 간의 감정, 상호적인 인식은 사랑과 우정의 매우 심오한 부분이어서, 아

---

8   관계재에 대해서는 Tondini and Zarri(2004), Michele Biavati 외(2002)와 같은 문헌들도 참고하라.

9   관계재, 곧 '관계적 재화(Relational goods)'라는 말에서 '관계적(relational)'이라는 용어는 서술적인 용법이 아니라 한정적인 용법으로 사용된다.

리스토텔레스가 보기에는 만일 사랑과 우정에서 공유된 활동들과 사랑과 우정을 표현하는 의사소통의 형태들을 제거해버릴 경우에도 사랑이나 우정이라는 이름에 합당한 그 무언가가 여전히 남아 있으리라고는 인정하기 어렵다는 것이었다."(Nussbaum, 1986)

동시성: 시장에서는 사유재이든 공공재이든, 생산과 소비가 기술적으로나 논리적으로 서로 구분되어 있는데 이러한 시장의 일반 재화와는 달리 관계재는 사람에 대한 많은 서비스처럼 생산과 동시에 소비된다. 관계재란 여기에 관련된 사람들이 동시에 공동 생산하고 동시에 공동 소비하는 것이다.

예를 들어 친구들이 함께하는 축제를 조직하는 경우나 어떤 사회적 협동조합을 운영할 때, 모임을 생산하는 데 참여자 각자가 기여하는 정도는 균등하지 않을 수도 있지만 관계재를 소비하는 행위에서는 전적인 무임 승차자가 되는 것이 불가능하다. 왜냐하면 관계재를 향유하기 위해서는 우리가 지금 열거하고 있는 관계재의 특성들을 지니면서 하나의 관계 안에 얽혀들어야 하기 때문이다.[10]

동기 부여: 순수한 상호성의 관계에서 행동의 동기는 필수 요소이다. 저녁 식사와 같은 만남은 관련된 주체들을 움직이는 동기에 따라 관계재를 창출하거나, 아니면 단지 '규격'품으로서의 재화를 만드는 데 그치기도 한다. 관계가 궁극적인 목적이 아니라 다른

어떤 이유, 예를 들어 업무 수행을 위한 수단일 뿐이라면 관계재라고 할 수 없다.[11]

발현적 요소: 관계재는 관계 내에서 발현한다.[12] 아마도 '발현적 요소'라는 범주는 '생산'이라는 경제적 범주보다 관계재의 특성을 더 잘 포착할 수 있다고 할 것이다. 발현적 요소가 관건이라는 주장은, 관계재는 관련된 주체들의 기여도를 능가하는 제3의 요소라는 점을 부각하는 것이다. 이는 많은 경우 관계재는 초기의 의도들과도 관련이 없었다는 점을 강조하는 것이기도 하다. 이것이 바로 정상적인 시장 거래 내에서도 관계재가 나타날 수 있는 이유이다. 즉 어느 시점에 이르러 일반적인 도구적 경제 관계의 한가운데에서 무언가가 발생하여 관계의 주체들로 하여금 그들이 본래 서로 만나게 되었던 이유를 초월하게 한다는 것이다.[13]

무상성: 관계재의 종합적인 특징은 무상성이다. 이는 관계가 다

---

10 친구들끼리 여행하는 것을 예로 들어보자. 모임을 생산할 때, 즉 여행을 조직할 때, 이 그룹을 구성하는 여러 사람들 각자가 맡게 될 일과 이에 따르는 수고는 서로 균등하지 않을 수도 있다. 하지만 만일 그중에 누군가가 여행 중에 다른 사람과 진정한 상호성의 관계를 맺어보려고 시도하지 않는다면, 그래서 소비에 있어서 아무런 노력도 기울이지 않고 수고(effort)를 생산해내지 않는다면 그 사람은 표준적인 시장의 재화(관광 여행)를 이용한 것일 수는 있지만 관계재를 향유했다고는 할 수 없다.

11 이것은 진정한 관계재가 비즈니스 관계에서는 창출될 수 없다는 것을 의미하지는 않는다. 비즈니스 관계와 같이 도구적인 관계 내에서도 어떤 방식으로든 관계재가 창출될 경우, 이는 전적으로 혹은 우선적으로 도구성에 기인하는 것으로 볼 수는 없는, 새로운 무언가가 등장하는 것이다.

12 Colozzi(2005) 참조.

른 어떤 것에 '이용'되지 않고 그 자체로서 좋은 것이기에 삶 속에서 살아내는 것일 때, 그리고 내재적인 동기에서 유래하는 것일 때 비로소 관계재는 관계재답게 될 수 있다는 의미이다.[14] 이것이 바로 마사 누스바움이 말했듯이, 관계재는 "관계가 선익善益인 재화"라고 하는 이유이다. 이러한 관계는 자신의 이해타산에 따른 만남이 아니라, 무상성을 기반으로 하는 만남이다.[15] 관계재에는

---

13 이를테면 직장에서 통상적으로 열리는 회의의 참석자 중 누군가에게 집에서 전화가 걸려 오는 경우를 생각해볼 수 있다. 회의는 중단되고 그 사람은 그날 회의 의제가 아닌, 자녀들에 관한 대화와 같은 사적인 대화를 시작한다. 그 몇 분 동안 회의 참가자들은 관계재를 창출하고 소비할 수 있다. 마찬가지로 '관계악,' 곧 관계적 해악에 대해서도 유사한 사례를 생각해볼 수 있다.

14 지금까지 한 이야기로 봐서 내가 무상성의 개념과 내재적 동기 사이에는 매우 밀접한 연관성이 있다고 본다는 점을 분명히 알 수 있을 것이다. 나는 이러한 연관성이 무상성과 이타주의의 연관성보다 더 밀접하다고 본다. 어떤 행동이 이타적이지만 내재적인 동기에 의해 유발된 행동은 아닐 때, 그런 행동으로 인해 창출된 외부효과보다 훨씬 더 큰 긍정적인 외부효과를 창출하는, 이타적이지는 않지만 무상적인 행동이 있을 수 있다. 예컨대 운동선수나 과학자의 행동의 경우가 그러하다.

사실 나는 다른 사람이나 우리 자신이 어떤 행동으로부터 직접적으로 이익을 얻는다는 사실과 무관하게 내재적인 동기, 그리고 비도구적인 동기에서 비롯된 행동을 성취하는 모습을 볼 때마다 스스로 기쁨을 느끼게 되는 심리적 기제가 인간 존재에게는 있다고 믿는다. 바로 이러한 심리적 기제로 인해 우리는 예컨대 나병 환자를 돕는 선교사는 존중하되, 착한 마케팅(cause-related marketing)을 하는 기업은 존중하지 않게 되는 것이다. 또는 금전적 인센티브에 지나치게 민감한 운동선수는 비판하게 되는 것이다.

15 따라서 그렇게 정의된 관계재는 지역에서 함께 소비된다는 측면에서 지역 공공재와 유사한 특징을 지닌다. 또는 관계재 역시 갑자기 나타나지만 의도적인 것은 아니라는 점에서 외부효과와도 유사한 특징을 갖고 있다. 그러나 관계재를 지역 공공재나 외부효과와 동일시할 수는 없다. 예를 들어 관계재는 비(非)경합적일 뿐만 아니라 반(反)경합적이기도 하다고 정의될 수 있다. 이 표현은 루카 자리에게서 빌려왔다.

그러한 특별한 관계에 대한 내재적인 동기들이 존재해야 한다.

재화: 마지막으로 관계재가 무엇인지 정의하기 위한 또 다른 종합적인 방식은 '재화'라는 명사에 초점을 맞추는 것이다. 관계재는 마르크스가 사용한 용어로, 말하자면 재화이지만 상품은 아니다. 즉 관계재는 필요성을 충족시키기 때문에 가치를 지니지만, 다름 아닌 바로 무상성 때문에 시장 가격이 매겨지지는 않는다. 그러나 관계재에는 항상 '기회비용'이 따른다.[16]

그러나 이러한 특성들을 나열하고 나면 우리는 복잡한 동기들로부터 영향을 받는 인간관계를 경제 이론으로 다루는 것이 얼마나 어려운 일인지 확인할 수 있을 뿐이다. 사실 경제학은 재화를 선택하는 개인의 관점에서 세계를 바라본다. 관계에 대해서는 경제학이 인식하지 못한 채 지나쳐버리곤 한다. (혹은 관계를 하나의 수단이나 연결 고리로 여길 뿐이다.) 경제학이 이처럼 관계를 제대로 인식할

---

16 우리는 관계의 가치를 측정할 때 '기회비용'이라는 고전적 도구를 사용하는 것에 대해 주의해야 한다. 기회비용이라는 개념은 이탈리아인인 프란체스코 페라라(Francesco Ferrara)의 연구에 이미 존재했던 개념이기는 하지만 오스트리아 학파의 강력한 개념이자 경제학에서 크나큰 중요성을 지니는 개념인 것은 틀림없다. 그러나 기회비용이라는 개념은 그 자체 안에 삶의 모든 측면들을 화폐적인 가치로 환산해버리는 위험성을 지니고 있다. 한 시간 동안 드리는 기도의 가치는 얼마인가? 일하는 대신에 기도를 드림으로써 포기하는 화폐적 가치는? 그렇다면 우리는 경영자의 기도가 한 가정주부의 기도보다 1,000배 더 가치가 있고, 한 실업자의 기도보다는 헤아릴 수도 없이 더 큰 가치가 있다고 추정해야 한단 말인가! 그러므로 우리가 이 세계의 중상주의화를 피하고자 한다면, 세심한 주의를 기울여 이러한 계측 도구들을 사용해야 한다.

수 없는 이유는 바로 관계재가 재화의 총합이나 개인적 관계의 총합이 아니기 때문이다. 이는 용어상 모순이다! 또한 우리와 상호작용하는 상대방은 재화가 아니며 연결 고리도 아니기 때문이다.

만남의 본질과 가치

관계재에 대한 이론 연구를 위해서 피에르파올로 도나티의 분류 방식에 따라 (내용상 여기서 사용된 의미와 꼭 일치하지는 않지만, 명칭은 동일하다.) 관계재를 이른바 '주요 관계재'와 '비주요 관계재 혹은 부차적 관계재'의 두 그룹으로 나누어 생각하는 것이 유용할 수 있다.[17] 실제로 이발소에서의 상업적 만남에서 형성된 관계재는 어머니와 아들 사이 또는 두 친구 사이에 형성된 관계재와는 상당히 다르다는 것을 쉽게 알 수 있다.

따라서 비주요 관계재는 상호작용과 만남에 의해 다른 구성 요소들이 생산되는 것에 이르는 결과라고 정의될 수 있다. 그렇기 때문에 그러한 결과가 관계의 측면에서 지니는 가치는 제로zero인 경

---

17   나는 루카 자리와 함께 이 구분에 대한 논문(2007)을 발표했다. 나는 주요 관계재와 비주요 관계재가 본질적으로 구분되는 것이 아니라 정도의 차이에 따라서만 구분되는 것임을 강조하고자 한다. 여기서는 그러한 구분 방식을 이념형(ideal type)으로 소개하겠지만 실제로는 보다 미묘한 차이가 있다.

우에도, 우리가 그 특정 만남으로부터 얻게 되는 효용이 없어지지는 않는다. 예를 들어 내가 잠시 방문한 도시에서 이발을 하는데, 어떤 불친절한 이발사에게 나의 머리를 맡기는 경우를 생각해보자. 나는 비록 그 이발사로부터 관계재를 얻지는 못하지만 이에 관계없이 내 머리카락은 똑같이 깎인다.[18] 그러한 결과는 만남의 가치가 달라지게 하지만, 그 본질을 바꾸지는 않는다. 왜냐하면 만남이 그러한 관계의 재화를 창출하지 않을 때에도, 만남은 그 만남에 참여하는 사람들에게 필요한 효용을 계속 생산하기 때문이다.

이 경우 관계재는 총합에서의 하나의 추가 항목addendum이다. 예를 들면 한 만남의 가치는 식 P1 + P2 + RG로 나타낼 수 있는데, 여기서 세 번째 항 RG만 관계재이고, 이 관계재의 값이 0이 될 수도 있다고 해서 다른 두 값의 가치에 영향을 주지는 않을 수 있는 것이다.[19]

비주요 관계재의 경우, 관계재가 없다고 해서 해당 재화의 가치

---

18 관계재와 서비스의 객관적 품질이 연결될 수 있는가는 또 다른 문제인데, 화기애애하고 유쾌한 분위기에서는 이발도 더 잘된다. 이 밖에도 의사의 진료나 상담 등 이에 관한 여러 다른 사례들이 있다.

19 여기서는 완전히 추상적인 수준에서만 가능한 몇 가지 과감한 단순화를 한 것이 사실이다. 현실에서는 우리가 알다시피 관계재의 가치가 항상 다른 구성 요소들의 가치를 바꾸거나, 그 반대의 경우도 생긴다. 예를 들어 강사와 학생 사이에 정서적인 관계가 작동하지 않는다면 객관적인 학습도 정말 영향을 받는다. 공식에서 현실로 넘어갈 때에는 공식을 현실에 맞게 재해석해서 사용해야 하므로, 항상 이러한 공식을 일종의 비유와도 같은 것으로 간주하자.

가 무효화되지는 않는다. 따라서 어떤 특정한 만남이 관계재도 관계악도, 곧 관계적 해악도 생성하지 않으면서도, 만남에 관여하는 행위자에게 경제적 재화와 효용을 여전히 제공할 수는 있다.

두 번째 예로 기술적으로는 숙련되었지만 관계재는 전혀 창출하지 않는 의사에게 진료를 받는다고 가정해보자. 이런 진료는, 환자와의 만남에서 관계재도 생성하는 또 다른 의사에게서 받는 진료에 비해 비록 수준은 낮지만, 그 안에 경제적 재화로서의 '진료'는 여전히 존재하며 그 가치는 유지된다.[20] 비주요 관계재의 다른 사례로는 법률 상담이나 동네 카페에서 친구들과 커피를 마시는 행위를 들 수 있다.[21]

그러나 주요 관계재의 경우, 만남의 관계적 요소는 재화 자체를 파괴하지 않고서는, 즉 그 관계재의 가치를 0으로 만들지 않고서는 무효화될 수 없다. 주요 관계재는 항상 사례를 통해 보다 복잡한 함수로 표현하는 것이 가능한데 이런 함수는 생산함수production function의 형태를 취할 수도 있다. 특히 '주요 관계재'의 구성 요소는 $RG \times (P1 + P2 + \cdots)$과 같은 공식으로 나타낼 수도 있는데, 이는 단지 원리를 직관하는 데 도움을 주고자 제시하는 것이다. 즉 합계 $(P1 + P2 + \cdots)$에 대한 승수(곱하는 수)로서 작용하는 매개 변수 RG

---

20 이것이 모든 진료에 해당되는 것은 아니다. 예를 들어 심리 상담에서는 관계재가 만들어지지 않으면 상담 자체가 전혀 가치 없게 될 가능성이 매우 높다.

로 표현되는 공식이다. 이 주요 관계재의 구성 요소 공식에 나오는 합계(P1 + P2 + …) 안에는 정보 교환이나 물질적으로 여러 유형의 호의를 베푸는 것과 같은, 상호 작용에서의 비관계적인non-relational 요소들도 추가 항목으로 존재하는 것을 보게 된다.[22]

실제로 주요 관계재에는 만남에 의해 생성된, 다른 비관계적 구성 요소들이 항상 포함되어 있다. 비관계적 구성 요소들이나 도구적 구성 요소들은 한 가족의 중심에 있는 내적인 관계적 가치나 오래 우정을 나눈 친구 사이에 존재하는 내적인 관계적 가치처럼 강한 관계적 가치와 상호 작용하는 맥락에서도 항상 존재한다.

---

21 이러한 비주요 재화의 부차적인 특징은, 비주요 관계재 자체를 대체할 만한 금전적 가치를 찾아낼 수 있다는 것이다. 나의 개인적인 경험 하나를 예로 들겠다. 한번은 내가 여행에서 돌아오는 길이었는데, 그다음 날 (이탈리아) 밀라노에서 강의를 해야 했다. 나는 함께 지내는 식구들을 만나기 위해 로마에 잠시 들렀다 가거나, 아니면 곧장 밀라노로 가거나 둘 중의 하나를 할 수 있었다. 나는 스스로에게 물어보았다. '이 둘 사이의 가격 차이는 얼마인가?' 그 차이가 지나치게 크지는 않았기에 나는 몇 시간 동안이나마 집에 들렀다가 가기로 결정했다. 그러한 경우에 나는 관계재, 곧 '우리 식구들을 보는 것'이 어느 정도의 가치를 지니는지를 가늠해볼 수 있었다. 다시 말해서, 밀라노 직항 항공편과 로마 경유 항공편의 가격 차이에 대해, 내가 기꺼이 지불할 수 있는 액수의 최대치와 그 관계재의 가치는 맞먹는 것이었다. (물론 소득효과[income effect]는 당연한 것으로 하더라도, 더 부유한 사람들이 더 가난한 사람들보다 자신의 가족들을 더 사랑한다고 주장하는 일이 없도록 하려면,) 이러한 방식이 관계재를 측정하는 타당한 방법인가? 아마도 그러할 것이라고 본다. 하지만 나는 이 방식이 주요 관계재에는 적합하지 않다고 생각한다. (소득효과는 소득이 일정할 때 가격 변화에 따른 실질 소득의 변화로 수요량이 변하는 것을 뜻한다. - 옮긴이 주)

22 합계의 추가 항목들 중의 하나로 비주요 관계재도 포함될 수 있을 것이다. 더 나아가 이 요소들 간의 관계도 감안함으로써 함수를 더 복잡하게 만들 수도 있다. 앞에서 언급한 불친절한 이발사의 사례도 여기에 해당한다.

그럼에도 불구하고 주요 관계재의 경우, 다른 비관계적인 구성 요소들(우연들accidents)이 효용을 창출해낼 수 있도록 하기 위해서는 관계성의 역할이 필수적(본질substance)이다. 효용이 결여된 경우 앞에서 말한 합계는 행복의 측면에서 실제로 아무런 효과도 창출해내지 못한다.

다시 말해서 가족 간의 관계나 깊은 우정과 같은 고전적인 의미의 주요 관계재의 영역에서 정서적-소통적 구성 요소가 없어지면 소비된 재화의 가치는 비주요 관계재의 경우처럼 단순히 수정되는 것이 아니라 관계 전체가 가치를 상실하게 된다.[23] 예를 들어 부부에게 정서적 유대가 없어지면 상호작용의 물질적 구성 요소들 자체가 더 이상 가치가 없어진다. 아내에게 사랑받는다는 느낌이 들지 않거나 아내의 외도를 알게 된다면 그녀가 차려주는 음식 역시 가치나 효용이 없어지며 오히려 혼자 외식하는 것이 낫다고 여길 것이다. 즉 물질적 구성 요소들은 아무런 가치도 지니지 못하게 되는 것이다. 한편 주요 관계재는 그에 상응하는 화폐 가치로 거의 대체될 수 없으며 주요 관계재의 본질 자체를 근본적으로 바꾸지 않고서는 화폐로 환산하는 것이 불가능하다.[24]

---

23 이 경우 "그 관계는 더 이상 나에게 아무런 가치도 없다"라는 말의 대중적인 의미가 기술적인 의미와 어떻게 일치하는지 주목하는 것은 흥미롭다.

'타인은 지옥이다'

이제 우리의 논의는 중요한 단계에 이르렀다. 앞서 열거한 것과 같은 내용들에 비추어 볼 때 만일 우리가 관계재, 특히 주요 관계재를 논의에 포함한다면 어떻게 '행복의 역설'을 설명할 수 있는가?

소득 수준과 소비 수준이 높아지면 사람들이 소득으로부터 얻는 행복의 정도가, 관계재의 감소로 인해 그들이 잃게 되는 행복의 정도보다 적어지는 현상이 벌어질 수 있다. 또 실제로 그런 현상이 벌어지곤 한다. 예를 들어 소득 증가가 다른 사람들과의 관계의 질을 희생하면서 이루어질 때, 더 부유해졌지만 행복은 줄어든 것을 보게 되는데 이는 특히 1인당 국민 소득이 일정 수준을 넘어서고 나면 그렇다. 세계 북반구의 선진 경제들에서 이런 현상이 벌어지곤 한다.

'행복의 역설'의 주장대로 저소득층에게는 소득이 행복에 전반적으로 긍정적인 효과를 가져오지만, 소득이 일정 수준을 넘어서면 이러한 효과는 부정적인 효과로 바뀐다고 가정하는 것은 합리

---

24 마지막으로 관계재는 시간 경과에 따라 주요 관계재에서 비주요 관계재로, 또는 그 반대로 변할 수 있다는 점에 유의해야 한다. 예를 들어 동료와의 관계는 시간이 지남에 따라 깊은 우정 또는 결혼으로 바뀔 수 있다. 따라서 이러한 구분에 대해서는 역동적으로 해석해야 한다.

적이다.

이와 관련해 간단한 패턴 하나를 생각해보자.

소득 증가의 효과

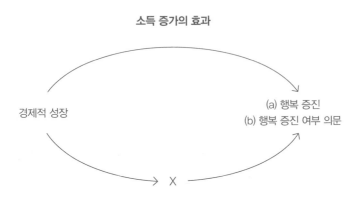

두 효과의 상대적 가중치는 소득의 증가에 따라 달라지고 (a+b)는 임계점을 넘어서면 음의 값을 가질 수 있다.

소득의 증가가 행복에 영향을 미치는 방식은 두 가지이다. 하나는 그림의 (a)와 같은 직접적인 방식이다. 즉 수입이 많아지면 시장에서 선택의 기회가 더 많아지기 때문에, 건강, 교육, 위락 등을 누릴 수 있는 기회도 훨씬 더 많이 갖게 되고, 이렇게 늘어난 기회들은 일반적으로 부작용이 발생하지 않을 경우, 그 자체로서 평균적으로는 주관적인 행복감이 더 커지게 해줄 것이다.

다른 하나는 그림의 (b)와 같이 간접적으로 행복에 영향을 미치는 방식이다. 여기에서는 소득이 증가하면 X라는 표시로 상징되는 삶의 다른 영역들이 간섭을 받게 되는데, 이런 영역들에는 관계재, 특히 주요 관계재가 포함된다. 그런데 일반적으로 무상성, 즉 내재적인 동기 부여로 생겨나는 모든 활동들이 소득의 증가에 따라 간섭을 받게 된다. 여기에는 내면을 성찰하는 내적인 삶과 기도도 포함된다.

다른 말로 표현하면 일반적으로 근로 시간이 늘수록 소득이 증가한다.

근로 시간의 증가로 인해 소득 증가를 위한 도구적 활동과 내재적으로 동기 부여된 활동 사이의 자원 배분이, 항상은 아니지만 빈번하게 변경된다. 소득의 증가와 관련된 도구적 활동은 행복 증진에 강력한 영향을 미치지만, 그 영향은 소득이 증가한 정도의 차이에 따라 달라진다. 실제로 소득이 적을 때는 소득이 행복 증진에 매우 큰 비중을 차지하지만, 소득이 많을 때는 행복 증진을 위한 소득의 비중은 매우 작아진다. 유감스럽게도, 고소득은 그 자체로서는 행복에서 큰 비중을 차지하지 않으며 오히려 우리의 불행에 매우 큰 영향을 미친다. 우리가 고소득에 이르고 이를 유지하기 위해서는 무상성과 인간 본성에 의해 내재적으로 동기 부여된 활동에 할애하는 시간은 줄여야 하기 때문이다.

그러므로 바로 이러한 배경에서 우리는 소득(I)과 X라는 가치의 영향을 받는 행복(H)에 대해 상정해볼 수 있다. 즉 함수식으로 표현하면 Ha = f(Ia.X)이고 이것을 그림으로 설명하면 다음과 같다.

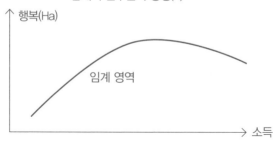

소득과 행복의 관계

잠재적 변수는 무상성(X)

소득이 임계치를 넘어서면 갑자기 무상성을 기습하여 그 자리를 차지하기 시작하기 때문에, 소득과 행복은 정비례적 관계에서 반비례적 관계로 바뀔 수 있다.

특정 임계치까지는 소득, 그리고 무상성에 기초한 관계, 이 두 가지는 서로 보완재인 것으로 간주될 수 있다. 임계치 이후에는 양자가 경쟁 관계가 되어, 그중 하나인 소득이 비도구적 인간관계들을 기습wrong-foot함으로써 그 비도구적 관계들이 행복에 기여하는 효과를 희생시킬 수 있다.

이 지점에서 자연스럽게 질문이 생긴다. 즉 임계 구역을 넘으면 이제 소득은 이전보다 좀 적게 취하고, 대신 무상성과 관계성에 더 집중함으로써 더 나은 삶을 살

> 바늘과 실, 자동차와 휘발유, 커피와 설탕처럼, 둘 중에 한 재화의 수요가 증가하면 다른 한 재화의 수요도 증가하고, 하나의 가격이 오르면(내리면) 두 재화의 수요가 동시에 감소(증가)할 때, 이 두 재화는 서로 보완재(complementary goods) 관계라고 할 수 있다. 보완재들은 각각 따로 소비할 때보다는 함께 소비할 때 효용이 커진다.

아갈 수 있다는 것을, 실수를 통해 배울 줄 아는 합리적 이성을 지닌 우리가 왜 깨닫지 못하는가? 소득이 늘더라도 무상성에 기초한 관계를 희생한다면 삶이 더 나아질 수 없다는 것을 말이다. 왜 우리는 이 그래프의 곡선이 절정에 이를 때, 그곳에서 멈출 수 있도록, 뒤로 다시 돌아가지 않는가?

두세 가지 정도만 고려해보자.[25]

현대 선진 경제 시스템에서 우리는 관계재의 영역에서도 그야말로 대용품들이 저렴한 비용에 생산되고 소비되는 것을 점점 더 많이 목격하곤 한다. 우리는 그런 관계재의 대용품들을 의사관계재pseudo-relational goods라고 명명할 수 있을 것이다. 지난 몇 년 동안 텔레비전과 인터넷에서 점점 더 많은 빈도로 제공되어온 가상의 대인 관계들처럼 허위의 인간관계들이 소비되는 경우가 특히 이에 대한 적절한 사례라고 하겠다.

최근 서구 여러 나라에서 폭발적인 인기를 모으고 있는 이른바 리얼리티 쇼라는 것은 이러한 경향이 나타나고 있는 대표적인 징후들 중에 하나로, 이를 보다 거시적인 관점에서 보여주는 예이다. 예전에 어떤 동료가 다음과 같은 이야기를 들려주었다. "본가에 계신 어머니를 방문했더니 어머니는 TV 토크 쇼에 나오는 사람들이 동네 친구인 것처럼 이야기하시더군. 어머니는 그 여러 명의 사람

---

25   보다 심층적인 분석을 위해서는 앞서 인용한 책(Bruni, 2004)을 참조하기 바란다.

들과 함께 계시다고 느끼지만, 사실 어머니는 TV라는 블랙박스 앞에 혼자 앉아 계신 거잖아." 실제로 이것은 시청자들의 관점에서 보면 그야말로 가상의 관계, 즉 의사관계재를 뜻하는 것이다.

우정과 정서적인 관계를 주로 다루는 인터넷 사이트들은 의사관계형pseudo-relational 소비의 또 다른 사례이다. 가상의 대인 관계는 위에서 언급한 필요 불가결한 속성들 중 일부를 복제하여 실제의 대인 관계를 시뮬레이션한다. 다른 사람의 정체성은 어느 정도까지 중요하다. 즉 소비자로서 나는 어떤 텔레비전 프로그램을 시청할지, 어느 SNS 대화방에서 누구와 소통할지를 선택한다. 또한 동시성이 작용한다. 채팅을 하면서 우리는 상호작용을 통해 재화를 생산하고 소비한다. 이러한 상호작용에는 살과 피처럼 구체적인 현실 속에서 체험하는 관계성에 따르는 고통스러운 취약성이 결여되어 있을 뿐인데, 이 취약성이야말로 관계재를 우리의 논의 전체의 핵심 요소인 바로 그 '상처'이다.

앞서 인용한 세계가치관조사를 바탕으로 한 연구(Bruni and Stanca, 2008)에서 삶의 만족life satisfaction[26]에 대한 관계재의 유의미한 효과를 규명하면서, 의사관계재를 생산하는 TV 시청이라는 소비가 관계성에 미치는 밀어내기crowding-out 효과 역시 규명한 것은 우연이 아니다.[27] 이러한 결과는 관계재에 연관되어 있는 정체성과

---

26 이 결과는 앞서 인용한 Meier and Stutzer(2004)의 연구 결과와 일치한다.

순수성 등의 특성을 지닌 측정 지표가 활용된 경험적 분석을 바탕으로 해서 도출되었다.

첫 번째 지표 전체는 종교, 사회복지, 스포츠 및 오락, 교육, 노동, 정치, 환경 및 전문 직업 등에 관련된 협회 등에서 개인적인 자원봉사 활동 부문에 적극적으로 참여하는 것에 관한 것이다. 이에 비해 두 번째 지표 전체는 친척, 친구, 직장 동료 등과 같은 특정 사회 집단의 영역에서 보낸 시간과 관련된 것이다.[28]

텔레비전과 인터넷은 시장의 산물로서, 독서를 할 때나 공원에서 조깅을 할 때와 마찬가지로 다른 사람들과의 관계를 위한 시간과 에너지를 그만큼 가져가버린다. 그뿐만 아니라 텔레비전과 인터넷은 앞서 우리가 보았듯이 상대적으로 엄청나게 낮은 가격과 너무도 미미한 위험 부담률을 기반으로 하여 다른 사람들과의 의사관계들을 판매하기도 한다. 단지 클릭 한 번으로 텔레비전 프로그램이나 가상의 친구와의 관계에 들어갔다가 나오는 것에 비하면 한 우정의 관계나 결혼 생활에 투자하는 비용과 그 위험 부담률은 엄청나게 더 높은 것이다.

---

27   두 결과 모두 도구 변수에 의한 관계성과 존중의 대체 지표 사용과 관련하여 매우 강력한 영향력이 있다.

28   위에서 언급한 효과의 범위와 중요성을 충분히 파악하려면 텔레비전 시청이 전 세계적으로 가장 주요한 여가 활동이라는 것을 염두에 두는 것이 중요하다. 서유럽에서는 TV 시청에 하루 평균 217분을 소비하고, 미국에서는 290분을 소비한다.

진정한 관계재와 가짜 관계재, 곧 의사관계재를 구별하는 능력은 문화와 영성의 문제이다. 만일 이러한 능력을 상실해버린 채 매우 비대칭적인 위험 부담과 비용만을 보고, 행복 증진 측면의 다른 효용들은 볼 수 없다면, 관계재까지도 대체하기 위해 우리에게 항상 새로운 대용품들을 제공하는 그런 상품들이 우리의 삶에서 관계재 등 재화의 자리를 완전히 차지해버릴 날이 머지않았다고 할 수 있다.

더욱이 경제 발전과 기술 발전은, 지금 우리가 하고 있는 논의에서 중요한 의미를 지니는 다음과 같은 두 가지 방향으로 움직인다. 첫째, 과학 기술은 시장의 규격품에 해당하는 재화들의 비용을 줄이는 경향이 있지만 관계재에 대해서는 그렇게 하지 못한다. 관계재의 '기술'과 비용, 그리고 위험 부담은 지난 수천 년 동안 거의 같았다. 결과적으로 관계재의 상대적 비용은 첨단 기술을 보유한 국가들에서 증가하는 경향이 있는데, 이는 리처드 이스털린이 주장한 '행복의 역설'에서 나타난 결과, 즉 소득은 늘었으나 행복은 커지지 않는 상황을 이들 나라들이 경험하고 있는 것과 같다. 현대 시장 경제에서 다른 사람들과 의미 있는 관계를 키워나가는 것은 오늘날 매우 많은 비용이 든다. 이에 비해 관계재의 대용품들은 끔찍할 정도로 싼 비용에 구할 수 있다.

이것이 오늘날 텔레비전과 신기술에 숨어 있는 실제적인 위험이다. 텔레비전과 신기술은 관계로부터 비롯되는 상처 없이, 행복 또는 축복을 약속하는 새로운 형태의 관계인 것처럼 그 모습을 드러낸다. 우리가 텔레비전 앞에서 3시간을 소비할 때 감수해야 하는 위험은 전혀 없다. 반면에, 같은 시간을 다른 사람들과의 관계에 투자할 경우 많은 위험 부담을 감수해야 한다. 다른 사람들이 반응하지 않는다면, 우리는 그 투자를 통해 아무것도 얻지 못할 뿐만 아니라 관계로 인한 상처를 입을 수도 있다. 곧 관계로 인한 해악, 관계악을 만나게 될 수도 있는 것이다. 불행하게도 또는 다행하게도, 텔레비전과 인터넷이라는 의사관계재는 삶의 결정적인 순간에 별로 도움이 되지 않는다.

전근대적인 세계나 기술문명에 반대하는 세계까지 꿈꾸어야 한다는 것은 아니다. 그런 것이 이 책의 어조인 것도 물론 아니다. 단지 이러한 상처의 부재가, 시간이 흐름에 따라 우리를 오직 가상의 인간관계들로만 이루어진 삶에 이르게 할 수도 있는 위험성에 대해 숙고해보자는 것이다. 이러한 가상의 인간관계들은 그토록 비용이 적게 들기 때문에 매우 매혹적인 것이 사실이다. 그러나 이런 매력은, 어떤 사과가 탐스럽지만 이미 독이 들어 있거나 적어도 중독성이 있는데도 느껴지는 매력에 불과한 것이다.

또 다른 요소가 있다. 시장은 효율성 증대를 위해 관계재와 통상적인 규격품에 해당하는 소비재를 분리하려고 하는 매우 뚜렷한 경향을 보인다. 다시 예를 들자면, 수십 년 전에는 음악이라는 재화를 소비하려면, 즉 음악 감상을 하려면 연극이나 오페라를 보러 가거나, 무도회 또는 친구들과의 파티에 가야 했다. 이에 따르는 위험 부담도 있는 커뮤니티가 필요했던 것이다. 공동체적 맥락에서는 음악이라는 재화가 관계재와 구별될 수 없었다. 음악은 반드시 다른 사람들과 함께 들어야 했기 때문이다. 이에 비해 오늘날 시장은 두 재화의 연결 고리를 해체하는 것에 동의했고, 음악에 대한 소비, 곧 음악 감상은 관계재와 분리되었다.

이와 비슷한 담론은 레크리에이션 및 문화 관련 모든 재화와 상품에 적용되지만 관계재를 개별 소비 재화로부터 분리해내는 경향은, 정도는 다양하지만 모든 형태의 소비에서 관찰할 수 있다. '그렇다면 무엇이 문제인가?'라고 누군가는 스스로에게 물을 수도 있을 것이다. 어쩌면 이것은 선택의 자유가 늘어남에 따라 행복 증진의 자유도 증가한 결과는 아닌가? 내가 원한다면 나는 오늘날에도 여전히 춤을 추러 가거나 운동 경기장에 갈 수도 있지만, 원하지 않으면 혼자 음악만 듣거나 TV로 운동 경기를 볼 수도 있지 않은가! 우리는 더 자유로워졌으므로, 더 행복한 것이다!

그러나 불행히도 실제 상황은 다르다. 가격과 비용의 논리를 인간관계에도 적용할 경우, 관계의 가치들을 가격으로 환산함에 따라, 우리 자신 안에서, 그리고 다른 사람들 안에서, 우리가 장부상으로는 계산할 수 없는 사회적, 윤리적, 그리고 영성적 비용들을 초래하게 된다. 그런데 단지 우리의 실존을 가까이에서 들여다보기만 해도, 얼마나 우리가 참된 인간관계들과 의미들의 측면에서 빈곤해지고 있는지를 알 수 있다.

관계재는 관계들로 이루어졌기에, 오직 상호성 안에서만 향유될 수 있다. 여기에 관계재의 모든 아름다움과 함께 취약성도 있다. 관계재는 상대방의 반응에 따라 달라진다. 상대방이 응답하지 않으면 관계재가 생성되지 않거나 더 안 좋은 경우, 관계재가 변하여 '관계적 해악' 곧 관계악이 되어버리기도 한다.

상처와 연관되어 있는 좋은 삶이라는 모순은 근대에 이르기까지 서구 사상의 궤적 전체를 관통해왔다. 근대는 좋은 삶의 취약성을 시장을 통해 해결하려 했다. 이를 위해 온전히 시민적인 삶을 실제로 포기함으로써 그런 삶의 취약성에서 비롯된 역설들에 맞닥뜨리지 않게 되기를, 즉 우리에게 상처를 줄 수도 있는 타인을 만나지 않게 되기를 기대했던 것이다.

참으로 슬픈 운명이다. 이에 대해 장 폴 사르트르Jean-Paul Sartre는 그의 천재적인 필치로 묘사한 바 있는데, 희곡 〈출구 없는 방 Huis clos〉에서 지옥은 폐쇄된 방이라고 표현한다. 마치 '빅 브라더'가 CCTV를 통해 감시하는 방을 우연히도 연상시키는 듯한 표현이다. 이 희곡에 등장하는 3인의 인물들은 길을 잃을까 두려워서 서로를 만나지 못한다. 이것은 오늘 이 시대의 인간상을 묘사하는, 비극적이지만 효과적인 아이콘이다. 다른 사람들에 대해 단죄하면서도 다른 사람들을 필요로 하는, 이러한 현대인의 인간상은 다음과 같은 끔찍한 탄성에 담겨 있는데, 이 탄성이야말로 우리가 여기까지 이끌어오고자 했던 그 모든 논의를 한마디로 요약해준다. 곧 "타인은 지옥이다!"

만일 한 문명이 사람들을 서로 연결해주는 끈을 잘라버리거나, 그 끈을 약화시켜 단지 시장의 계약 관계라는 가느다란 실로 축소해버린다면, 그런 문명은 실제로, 그리고 부지불식간에 치명적인 위기에 접어들고 있는 것이다. 서구 문명의 위기와 그 위기의 극복은 어쩔 수 없이 시장이라는 토양 위에서 진행되거나 이루어질 수밖에 없을 것이다.

제7장

상처 너머의 축복을 보는 사람들

COMMUNITAS ECONOMY

오늘 우리 교회에 구원이 다다랐다.

모두 장애를 지닌 여섯 명의 아이가 있는 가정이 왔다.

– 로렌초 밀라니 신부Lorenzo Milani

'다른 시선'이라는 선물

　다른 사람의 상처를 외면하지 않고 그를 치료해줌으로써 그 자신과 사회를 위한 축복을 받을 수 있는 사람은 누구인가?

　카리스마들이 작용하고 있을 때는 상처 너머의 축복을 볼 수 있다는 것을 역사는 우리에게 보여준 바 있다. 여기서 카리스마란 다른 사람들은 미처 알아보지 못하는 것을

> 특은(特恩), 곧 특별한 은혜, 하느님의 은사(恩賜)로도 번역되는 카리스마(charisma, 라틴어, 영어)는 '은총, 호의'의 의미를 지닌 그리스어 chàris에서 유래했다. chàris는 나에게 호의를 지닌 마음과 행동, 그리고 그 기쁘고 풍성한 결과를 가리키는 말이다. 위로부터 받은 카리스마는 사람들에게 행사하는 신적 아우라로서의 카리스마, 즉 권위의 근거가 된다. 영어로는 charism과 charisma를 혼용하고 있고, 이탈리아어로는 carisma로 표기한다.

식별해내고,[1] 투쟁 속에 감추어진 포용을 알아보는 '다른 시선'이라는 선물로 정의하고자 한다.

나는 카리스마의 시민적, 경제적 역할을 진지하게 받아들여 여러 나라 국민의 경제사와 시민사를 새롭게 써야 할 때가 왔다고 확신한다. 사실 카리스마를 진지하게 고려하지 않고서는 유럽 경제의 과거나 현재 상황을 깊게 이해할 수 없다. 이를 고려해야 유럽의 경계를 훨씬 넘어서서 세계의 다른 지역들도 살펴볼 수 있다.[2]

카리스마의 작용은 광대하고 강력하며, 온 세상을 감싸며 깊이 스며든다. 그것은 혈관을 흐르는 피와 같다. 눈으로 볼 수는 없지만 삶을 가능하게 한다. 특별히 종교는 비옥한 토양으로 인해 은총이 꽃피는 특전特典을 받은 장소이다. 그러나 종교라는 가시적 경계를 넘어서며, 오히려 세상 한가운데에서 흔히 벌어지고 우리가 상상할 수 있는 가장 평범한 일 속에 카리스마의 작용이 있다.

인류의 카리스마의 역사에 관해 단 몇 구절만 쓰려고 해도 얼마나 많은 학습이 필요한지 모른다! 오늘날 경제 영역에서 벌어지는

---

1   이는 카리스마가 시민적 또는 사회적 의미의 카리스마와는 본질상 부분적으로 다름에도 불구하고, 우리가 나중에 보게 될 내용처럼 카리스마는 곧 예술적 재능이라는 점을 분명히 보여주는 일례이다.

2   예를 들어 남미의 예수회부터 중국에서 선교한 마테오 리치(Matteo Ricci)에 이르기까지, 비유럽 문화권에서의 선교 경험에서 아가페가 문명화 및 경제에 미친 역할을 고려해보라. 마테오 리치가 중국에 도착해서 쓴 첫 책은 우정에 대한 내용이었는데, 그가 말한 이 우정은 주로 필리아에 관한 것이었고 아가페도 포함하고 있었다.

사례만 든다 해도 노동조합 설립에 열의를 쏟은 수많은 사람들과, 저축은행, 시골의 지역은행 및 협동조합 등의 창설자들이 있다. 그들은 오늘날에도 끊임없이 난관을 유용한 수단으로, 또 기회로 전환시키고 있는데 이는 세계를 다른 시선으로 보는 덕분이다.

경제적, 사회적 측면을 포함한 인류의 역사는 대부분 이러한 카리스마들의 결과이며, 따라서 카리스마에 영향을 받는 경제는 시민 생활의 공동 필수 요소이다. 이것들을 고려하지 않으면 현실의 많은 부분을 간과하게 된다. 17세기와 20세기 사이에 사회적 가치를 실천하고자 한 수도회와 수도원을 창설한 사람들의 카리스마가 없었더라면 유럽 사회복지의 역사는 상당히 달라졌을 것이다. 병원, 보건 의료, 학교, 교육 및 빈민 구제는 의심할 여지 없이 공공 정책 및 제도적 정책의 결과였지만, 이러한 영역의 선구적 혁신을 이끈 것은 카리스마의 작용이었다.[3] 예를 들어 17세기에 프랑스에서 소외된 많은 사람들을 위해 복합적인 원조 체계를 만들어 발전시킨 성 빈센트 드 폴St. Vincent de Paul이 유럽 사회 문화 영역에 미친

---

3   미국과 유럽 사회복지국가의 상이한 역사는 이들 두 문화적 맥락에서 카리스마가 수행한 각기 다른 역할을 고려하지 않고는 설명할 수 없다. 이러한 차이는 두 문화가 각각 프로테스탄트 윤리와 가톨릭 윤리에 뿌리를 두고 있었기 때문에 발생한다. 나는 여기서 막스 베버의 프로테스탄트 정신과 가톨릭의 '정신'에 관한 유명한 이론을 직접 다루기보다는 다른 것을 강조하고자 한다. 서로 다른 두 문화적 맥락이 서로 다른 형태의 카리스마를 태동시켰다. 미국에서는 카리스마가 자선 활동의 형태로, 유럽, 특히 지중해 연안에서는 종교적이며 시민적이기도 한 '카리스마적 공동체들'의 형태로 발전했다. 협동조합 및 결사체 운동을 생각해보라.

영향력을 누가 부인할 수 있겠는가.[4]

　카리스마가 항상 새로운 해결책을 모색해온 중요한 분야는 가난이다. 그러나 여기에는 전제가 있다. 가난에 대해 말할 때는 세심한 주의가 필요하다. 실제로 다양한 종류의 가난이 있다. 모든 형태의 가난이 비인간적인 것은 아니다. 가난은 상처이지만, 다른 한편 다른 이들을 사랑하기 위해 자발적으로 선택한 가난이라면 축복이 될 수 있다. '가난'이라는 단어의 의미는 다른 사람이나 사건으로 인해 궁핍에 처한 비극적 가난부터, 가난한 이들이 비자발적 가난에서 벗어날 수 있도록 돕기 위해 자발적으로 가난을 선택한 사람들이 느끼는 축복으로서의 가난에 이르기까지 영역이 광범위하다. 바로 이것이 저개발 국가에서 활동하는 수만 명의 선교사들

―――

4　흥미롭게도 성 빈센트(혹은 빈첸시오)의 모든 저작은 현대의 반(反)복지주의 사상보다 훨씬 앞서서 상호성과 가난한 사람들의 인간적 성장에 대해 이미 언급하고 있다. "가난한 사람들에게 농사에 사용할 도구를 제공하여 이들이 생계를 이어갈 수 있도록 도와주십시오. 여러분은 그들에게 한 뙈기의 땅을 준비하여 경작하고 비료를 주라고 권면하며, 창조주께 약간의 씨앗을 보내주시기를 기도하라고 권할 수 있을 것입니다. 여러분은 그들에게 그 무엇도 보장하지는 않더라도, 창조주께서 채워주시리라는 희망을 줄 수는 있을 것입니다. 우리는 땅이 없는 모든 가난한 사람들이 남자든 여자든 생계를 유지해나가기를 바랍니다. 이를 위해 남자들에게는 일을 할 수 있는 도구를 주고, 여자들에게는 양털로 실을 잣거나 다른 실로 천을 짜는 기계를 제공할 수도 있을 것입니다. 저희 교회 단체(빈첸시오 아 바오로회)는 정말 가난한 사람들이나 그들의 가정에 게으름을 부추기려는 것이 아닙니다. 따라서 저희 단체는 가난한 사람들이 일을 하여 받은 최소한의 수입에 더해 생활비를 충당하는 데 필요한 것을 제외하고는 아무것도 더 주지 않을 것입니다. 주중에 거리나 교회에서 구걸하는 모습이 목격된 사람들이나, 숙녀들의 불평을 들어도 마땅한 사람들은 다음 주일에 아무것도 받아 가지 못할 것입니다."(성 빈센트가 조반니 파레[Giovanni Parre] C.M에게 쓴 글)

의 활동이 지닌 깊은 의미가 아니라면 무엇이겠는가.[5]

예를 들어 이란의 경제학자 마지드 라네마Majid Rahnema는 가난을 다음과 같은 다섯 가지 형태로 구분한다.

"첫째, 페르시아 신비주의를 믿는 위대한 가난한 사람들의 기준에 따라, 내 어머니와 수피 교도인 나의 할아버지가 스스로 선택한 가난,

둘째, 내가 열두 살까지 살았던 동네의 몇몇 가난한 사람들의 가난,

셋째, 근대화가 진행 중인 나라에서 마주하는, 사회적으로 요구되는 최저 수준을 따라가기에도 소득이 불충분한 결핍 상태에 처한 사람들의 가난,

넷째, 비참하고 굴욕적인 갖가지 형태의 불행을 겪는 수많은 사람들을 괴롭히는 견딜 수 없는 궁핍에 연관되어 있는 가난,

마지막으로 부유층과 몇몇 사회 환경의 도덕적 결핍과 천박함으

---

5   아시시의 성 프란치스코와 간디 같은 사람들의 자발적 빈곤은 지구상에서 사라지지 않을 것이며, 오늘날 유엔 프로그램에서 언급하는 역사에만 머물지는 않을 것이다. 만일 불행하게도 이런 일이 벌어진다면, 인류는 이로써 참혹하다고 할 만큼 정신적으로 궁핍해지고 말 것이기 때문이다(그렇다, '궁핍해진다'는 표현이 지금으로서는 적절하다). 나는 어떤 형태로든 자발적으로 가난을 선택하지 않고서는 행복해질 수 없다고 확신한다. (이때 자발적 가난은 자기 자신, 재화, 권력 등으로부터 자유로워진다는 뜻으로 이해할 수 있다.) 이러한 가난은 축복에 이르는 바로 그 상처들 중의 하나이다. 자발적 선택이 아니라 강요된 가난에 대해서는 이탈리아어에는 빈곤(indigenza)과 비참(miseria)이라는 더 적절한 표현이 있다. (한국어에서도 자발적 빈곤을 뜻하는 청빈과 강요된 빈곤을 구분할 필요가 있다.– 옮긴이) 언론에서 이러한 표현을 좀 더 구분해서 사용하면 좋겠다.

로 대표되는 가난.

　나는 나의 직업을 통해 걸어온 과정에서 이런 종류의 몇몇 사회 환경들을 만난 바 있다."(2005, p. x)

　결핍으로서의 가난은 어떤 형태이든 그것을 사랑하지 않고는 해결할 수 없다는 것이 나의 경험이기도 하다. 상처로서의 가난의 형상을 알아볼 수 있는 사람만이 그것을 아름다운 축복으로 승화시킬 수 있다. 카리스마, 곧 특별한 은총 없이는 빈곤의 덫을 완전히 벗어날 수는 없다는 것은 바로 이 때문이다. 제도만으로는 충분하지 않다.

　몇 가지 예를 생각해보자.

　고대 사회는 육체노동을 노예들이나 하는 것으로 보았다. 그러나 성 베네딕도와 수도원 운동의 교부들은 노동을 무언가 더 중요하고 가치 있는 것, 무언가 다른 것으로 여겼고, '기도하고 일하라'라는 말로 노동을 새로운 공동체 생활의 중심에 두었다.

　(성 프란치스코의 도시) 아시시에서는 당시 가난한 사람들을 단지 사회에서 쓸모없어 버려진 이로만 보았다. 반면 프란치스코는 '가난'을 '귀부인'이라는 은유적 호칭으로 부르며 거기에서 오히려 무언가 매우 아름다운 것을 발견했고, 이로써 '가난 귀부인'을 자신의 삶의 이상으로 삼기에 이르렀다. 그리고 이것은 그 후 그를 따르게 될 많은 사람들과 오늘날까지도 그를 따르는 많은 사람들의 삶의 이상이 되었다.

파라과이를 통치하던 포르투갈과 스페인의 통치자들은 원주민들을 정글의 동물과 크게 다르지 않은 종이라고 보았으며, 심지어 원주민들에게는 영혼이 없다고 믿었다. 그에 비해 로욜라의 성 이냐시오(예수회 창설자)의 카리스마는 원주민들에게서 더 크고 다른 어떤 것을 발견했고, 17세기와 18세기 선교 정착지였던 레둑시오네스reducciones, 곧 '원주민 보호구역'에서 토착 문명을 존중했다. 이는 시대를 앞선 예언적 경험으로, 레둑시오네스는 '사회적 경제'라는 말이 생기기도 전에 존재했던 사회적 경제 형태였다.

루이즈 드 마리약Louise de Marillac, 프란치스코 드 살Franciscus de Sales, 조반나 디 샹탈Giovanna di Chantal, 조반니 보스코Giovanni Bosco, 조반니 바티스타 스칼라브리니Giovanni Battista Scalabrini, 주세페 베네데토 코톨렝고Giuseppe Benedetto Cottolengo, 조반니 칼라브리아Giovanni Calabria, 프란체스카 카브리니Francesca Cabrini, 로렌초 밀라니Lorenzo Milani 등 모두가 가난한 사람들, 버려진 사람들, 거리의 아이들, 이민자들, 병자들, 심지어 장애인이 된 사람들에게서 그들의 일생을 바칠 가치가 있는, 훌륭하고 아름다운 무언가를 볼 수 있는 눈을 부여받았다. 그뿐만 아니라 수십만 명의 추종자들도 그러한 카리스마들에 매력을 느끼고 영감을 받아 그들의 뒤를 이어 일생을 바쳤다.

오늘날에도 권리를 인정받지 못한 채 버림받은 사람들, 동물들, 생태계, 그리고 아이들의 권리를 되찾아주기 위해 여전히 협동조합, NGO, 학교, 병원, 은행, 회사의 노동조합 등을 설립하여 싸우고 있는 수많은 사람들이 카리스마의 전달자임을 발견할 수 있을 것이다. 우리가 이런 사람들을 알고 있다면, 그리고 그들을 보고자 한다면 말이다. 이 사람들이 이렇게 하는 것은 다른 모든 이들과는 다른 방식으로 더 많은 것을 보기 때문이다. 오늘날 일부에서 개인주의를 급진적으로 추구하는 경향과 더불어 이상과 정신의 측면에서 궁핍해지는 현상이 드러나는 것이 사실이라 하더라도, 문명과 자유를 위한 수많은 투쟁에서 카리스마들이 이 시대만큼 활짝 꽃핀 적도 없었다는 것 또한 사실이다. 간디, 넬슨 만델라Nelson Mandela, 마틴 루터 킹Martin Luther King, 도로시 데이Dorothy Day가 이에 해당되고, 이탈리아의 경우만 해도 안드레아 리카르디Andrea Riccardi, 오레스테 벤치Oreste Benzi, 에르네스토 올리베로Ernesto Olivero, 안날레나 토넬리Annalena Tonelli, 루이지 지우사니Luigi Giussani, 끼아라 루빅Chiara Lubich이 그 예이다. 이들은 서로 다른 다양한 사람들이지만, 문제에 직면하였을 때 회피하지 않고 계속 집중할 줄 알았고 심지어 그것을 끌어안음으로써 상처를 축복으로 변화시켰다.

더 나아가 비록 '카리스마에서 비롯된' 전형적인 사랑의 형태가 아가페라는 것이 사실이라 할지라도, 아가페적인 사랑은 그 자체에 필리아와 에로스의 형태를 포함할 때 비옥해지고 인간적으로 더 성숙해진다는 것을 늘 명심해야 한다. 카리스마의 전달자는 본질적으로 이타주의자나 박애주의자여야만 하는 것이 아니라, 오히려 공동체를 구축하는 사람(필리아)이자 사랑에 빠진 사람(에로스)이다.

어떤 사람들은 한 카리스마에 이끌려 생기를 얻었기에―나는 (그들이 한 카리스마에) '사로잡혔기 때문에'라고 표현하고 싶다―스스로가 곤궁에 처한 사람들, 나병 환자들, 홀로 지내는 사람들을 찾아 나서는데, 이들이 이렇게 행동하는 주된 동기는 가난한 이들에 대한 열정, 즉 에로스적 사랑에서 비롯된 경우가 많다.

이는 종교적 카리스마인 경우에 뚜렷이 드러나는 사실이지만, 종교성이 명시적으로, 혹은 우선적으로 드러나지 않는 카리스마라 할지라도, 이런 점이 결코 그보다 덜한 것은 아니다. 열정적인 사람들, 사랑에 빠진 사람들만이 타인들을 매료시키고 이끌어 자신의 뒤를 따르게 할 수 있다. 그래서 열정은 에로스의 범주에 속한다. 나는 무하마드 유누스가 그라민 은행을 창설한 것[6]이 자기 나라의 가난한 마을과 그 주민들에게 깊이 매료되어 '사랑에 빠졌기' 때문이라고 확신한다. 나는 그가 이타주의에 영향을 받아 움직였다고는 생각하지 않는다. 에로스, 즉 끌림 없이는 어떠한 '문제'도 해결할 수 없다. 왜냐하면 도움을 받는 사람들이 스스로를 매력적이고 아름답고 사랑스러운 존재라고 느껴야 하기 때문이다.

그러므로 카리스마의 전달자들이나 카리스마에 참여하고 있는 사람들은 가난을 부富의 한 형태로 보기 때문에, 가난에 대한 기존의 관념에서 벗어나 가난의 진정한 의미를 도출해낼 수 있다. 데레사 수녀Madre Teresa는 종종 "여러분은 가난한 사람들을 '문젯거리'라고 하지 마십시오. 오히려 그 사람들을 '선물'이라고 부르십시오"라고 되풀이해서 말하곤 했다. 이와 같이 가난한 사람들에게 다가서는 선교사들은 자신들을 매혹하는 어떤 것을 볼 수 있는 눈을 가지고 있다는 점에서 아가페적 사랑뿐 아니라 에로스적 끌림도 느낀 것이다. 그렇지 않았다면 그들은 결국 문제와 불행에서 탈출하는 것 외에는 다른 방도가 없었을 것이다.[7]

카리스마가 모두에게 또렷하게 드러나는 인간적 삶의 또 다른 영역은 예술이다. 사실 카리스마를 지닌 리더는 예술가와 매우 흡사하고, 예술가는 확실히 카리스마의 전달자이다. 예나 지금이나

---

6   그라민 은행은 1977년 무하마드 유누스에 의해 벵골 주민의 가장 가난한 계층에 소액 신용대출을 제공하고자 설립되었다. '그라민(grameen)'이라는 용어는 '마을'을 의미하는 '그램(gram)'이라는 단어에서 파생되었다. 따라서 '농촌의' 또는 '마을의'로 번역될 수 있다. 실제로 최초의 소액 신용 대출 프로그램은 방글라데시의 가장 빈곤한 농촌 마을에서 시작되었다. 그라민 프로그램의 혁신적인 요소 중 하나는 개인을 대상으로 대출을 제공하는 최근 은행의 추세와 달리, 가난한 여성을 집단으로 모아서 대출을 제공한다는 것이다. 또한 이 은행은 특정 의미에서 대출을 받는 사람들의 파트너가 되는 채권자 그룹과 함께 위험을 감수하며, 채권자는 신뢰와 친밀감의 긴밀한 관계를 형성하여 담보 및 개인 융자에 대한 보증의 필요성을 크게 줄이거나 없애준다. 2007년 8월 기준 그라민 은행은 700만 명 이상의 고객을 보유하고 있으며, 그중 97%가 여성이다. 2,452개의 지점을 통해 방글라데시 마을의 94%를 차지하는 79,152개 마을에 서비스를 제공하고 있다. (2019년 11월 기준으로 고객은 960만 명이며 그중 97%가 여성이다. 2,568개 지점을 통해 방글라데시 마을의 93%를 차지하는 81,678개 마을에 서비스하고 있다. — 옮긴이) 그라민 은행 공식 웹사이트 www.grameen-info.org 참조.

7   나는 한 콘퍼런스에서 시민적 카리스마에 대해 말한 적이 있다. 그때 관련 분야의 학자인 어떤 교수님이 "'시민적 카리스마'라는 말은 쓰지 마십시오! 카리스마라는 말에는 다른 특별한 형용사가 필요하지 않습니다"라고 일갈했다. 나는 그 말도 매우 명확한 정의라고 생각한다.

위대한 카리스마를 지닌 지도자 주위에서 많은 예술가들이 번성한 것은 우연이 아니다. 한번은 어느 목공예가가 "나는 때때로 숲의 나뭇조각이나 창고에 쌓여 있는 나무 더미에서 조각품을 본다"라고 말하는 것을 들은 적이 있다. 평범한 사람은 나무를 땔감으로만 보지만, 예술가는 보는 눈이 다르기에 그 안에서 사슴, 독수리, 장미나 십자가를 본다. 카리스마를 지닌 사람들이 그러하다. 그들은 다른 모든 사람이 포기한 사람이나 상황 안에서 걸작품을 알아보고, 가시에서 장미를 볼 줄 알며, 십자가와 동시에 부활을 본다. 확실히 위대한 예술가 역시 상처를 축복으로 '변화시키는 사람'이다. 일반적으로 예술 작품은 자기 자신이나 타인, 또는 자연을 사랑한 고통으로부터 태어난다.

인간성 안에 깃든 카리스마의 현존을 믿지 않는 사람은 예술가의 존재와 행동을 설명할 수 없다.[8]

혁신을 부르는 카리스마

카리스마 없이는 완전한 인간 성숙이나 사회 혁신도 없다. 조

---

8 카리스마는 과학, 차원 높은 예술적 형태인 시, 그리고 스포츠에서도 작용하여 인간의 한계를 넘어서게 하고, 인생의 여정을 한층 더 가볍고 즐겁게 만든다.

지프 슘페터Joseph A. Schumpeter가 가정한 기업가 혁신과 매우 유사한 기제가 사회적 가치의 영역에서도 존재한다. 이 위대한 오스트리아 경제학자는 저서 《경제 발전의 이론(The Theory of Economic Development)》에서 '혁신' 기업가와 '모방' 기업가의 구별이라는, 20세기의 가장 매력적이고도 중요한 경제 이론 중의 하나를 제안했다.

혁신가는 이윤도 손실도 발생하지 않는 정태靜態, stationary state를 깨뜨리고, 새로운 아이디어로 부가가치를 창출함으로써 경제를 발전시키는 사람이다. 그다음에 새로운 이윤 창출의 기회에 매료된 다른 모방 기업들이 벌 떼처럼 몰려들어 혁신을 자신의 것인 양 소유하는데, 그 순간부터 혁신은 시장 전체와 사회의 필수적인 부분이 된다. 이로써 시스템은 다시 균형 상태로 돌아오게 되고, 이 혁신-모방의 새로운 순환 과정 덕분에 나중에 또 다른 혁신가들이 나타나 경제 발전의 한계선을 더 확대해나가기 전까지는 이러한 균형 상태가 유지된다. 이러한 혁신-모방의 순환은 부와 발전을 창출하는 진정한 선순환 과정이다.

나는 사회적 역학동태성, 動態性에서도—그 역학이 제대로 기능할 때는—유사한 기제가 작동한다고 확신한다. 즉 막스 베버의 말을 빌리면 카리스마와 제도 사이의 역학(동태성)이 작동하고 있음이 분명하다고 생각한다. 카리스마적인 혁신가는 충족되지 않은 욕구를 발견하고, 가난의 새로운 형태를 식별하며, 연대를 위한 새로운 길을 열어가고, 인간다움의 한계선과 문명의 한계선을 더 넓혀가도록 밀어붙인다. 국가와 같은 기관은 그 이후에 당도하여 혁신가를 모방하고 혁신을 자신의 것인 양 소유하며 이를 제도화함으로써 혁신이 정규적인 것이 되게 한다. 예를 들어 사회적 대차대조표라는 주제와, 전반적인 기업의 사회적 책임CSR을 생각해보라. 1950년대와 1970년대에는 사회적 혁신가들, 나의 용어로 표현한다면 카리스마의 전달자들이 존재했다. 그들은 자유롭게, 자신의 내면에서 깨달은 소명에 따라 경제나 재정 면에서뿐만 아니라 환경 및 사회적 주제에 관해서도 결산보고를 하기 시작했다.

수십 년이 지난 오늘날 특정 부문이나 프랑스 등의 국가에서는 사회적 대차대조표를 작성하는 것이 의무화되고 있다. 국가는 후발 주자로서 혁신을 모방하고 제도화했다.[9]

또 다른 예는 윤리적 소비라는 주제이다. 예를 들어 연대적 공정무역을 창설한 사람들처럼 생산 과정에서의 높은 윤리 기준을 처음 혁신적으로 제시한 사람들은 카리스마의 전달자들이었다. 오늘날 보다 많은 전통적 기업과 대규모 경제 기관, 다국적 기업들은 많은 경우 소비자의 요구에 떠밀려 자체 기준을 높임으로써 윤리적 소비를 모방하고, 국가와 국제기구는 점진적으로 아동노동 금

---

9   이탈리아에서는 사회적 책임 관련 분야에서 카리스마의 전달자 역할을 했던 사람 중 하나가 아드리아노 올리베티(Adriano Olivetti)이다. 그가 '공동체 사업'을 이야기한 것은 우연이 아니었다.

지법 등 몇몇 사회 혁신을 의무화하는 중이다. 인권과 환경권 분야에서도 카리스마의 전달자들이 혁신을 주도하고 제도가 그 뒤를 따르는 유사한 과정이 일어나는 것이다.[10] 제도는 발 빠르게 혁신가들을 따라잡는다. 다행스럽게도 인간다움에 대한 시민사회의 요구가 고조되기는 한다. 혁신가가 새로운 혁신을 창출하지 못한다면 곧 모방자들과 구별될 수 없게 된다.

연대적 공정무역을 떠올려보라. '정상' 기업들의 빠른 모방이 진행 중인 오늘날, 연대적 공정무역 매장들은 윤리적이고 비판적인 소비의 영역을 선도적으로 확장할 수 있어야만 비로소 현재의 윤리적 소비자들이 유지되고 새로운 소비자가 유입되면서 살아남을 수 있을 것이다. 또한 단지 이윤 추구라는 경제적 동기 때문에 윤리적 제품을 판매하려는 모방 기업들을 저지하는 것은 물론, 성취한 결과에 만족하지 않고 새로운 위기의 특성과 도전을 식별하면서 새로운 형태의 공정과 연대성을 모색해야 할 것이다.

이러한 카리스마와 제도 사이의 동태성 덕분에 문명이 발달한

---

10 이것은 제도에는 카리스마가 없다는 것을 의미하지는 않는다. 카리스마와 제도 간의 동태성은 제도 자체 내에서도 나타난다. 더욱이 시간이 지남에 따라 카리스마의 실제 상황이 제도화되면 카리스마를 계속 살아 숨 쉬게 만들 개혁 또는 '선지자 내지 예언자'가 필요하게 된다. 카리스마를 받게 되는 사람들은 실재하는 사람들이며, 그들이 제도 안에서 일할 때 제도를 카리스마화(化)한다. 피렌체의 시장인 조르조 라 피라(Giorgio La Pira)와 정치가 이지노 조르다니(Igino Giordani), 그리고 쇄신과 예언의 주체로서 제도 기관 안에서 활동하는 많은 사람들을 떠올려보는 것만으로 이 점을 알 수 있다. 카리스마와 제도의 관계는 이렇듯 역동적이고 복잡하며 유동적이고, 절대로 정적이거나 추상적이지 않다.

다. 이러한 동태성을 멈추게 하거나 이에 맞서 싸우는 것은 시민사회의 발전을 방해하는 것이다. 그러한 유혹이 있을 때는 이미 그 첫 신호로 특정한 경험의 영역에서 카리스마가 미치는 영향력의 위기가 나타난다. 진정한 혁신가는 결코 모방자를 두려워하지 않는다. 혁신이 위기에 빠지면 모방자를 포커poker와 같은 제로섬 게임에서의 경쟁자로 바라보게 되고, 교환의 재분배 측면에 관심이 쏠린다. '경제적 파이'는 기정사실로 받아들여지고, 사람들은 오직 가장 큰 조각을 거머쥐고자 한다.[11]

사회복지와 사회적 협력 분야도 생각해보자. 사회와 제도의 관계가 시민적이고 선순환적이라면, 사회적 협동조합과 같이 사람들과 가까운 카리스마를 지닌 사회 조직이 혁신에 앞장서서 새로운 요구들을 찾아내고, 프로젝트의 실현을 위해 제도에 도움을 요청할 것이다. 이것이 '보조성의 원칙'이 다소 변용된 형태로나마 제대로 적용된 모습이다. 제도는 시민의 필요를 충족시키기 위해 시민단체를 지원하거나 '보조'해야 한다. 그러나 흔히 정반대의 상황이 벌어진다. 제도는 경쟁이라는 수단을 통해 필요를 찾아내고, 시민단체는 이러한 경쟁에 참가함으로써 응답한다. 이러한 시민사회 조직들은 제도 기관이 경쟁 입찰에 부치는 계약을 따낼 수 있는 쪽으로 진화하면서 사람을 고용하고 해고한다. 이러한 동태성의 과

11　Bruni(2008, 9장)에서 연대적 공정무역 및 유사한 경험의 '유혹'을 참고.

정은 보조성과 반대된다. 품위 있는 사회를 만들기 위한 제도의 동질적인 역할을 부인하지 않으면서도, 시민적 동태성 내에서 카리스마가 차지하는 우위를 인정할 수 있는 문화적 작업이 필요하다.

근대 이전의 세계에서 카리스마들은 축복의 기능을 하는 조직을 태어나게 함으로써 물리적인 상처를 발견하고 치유해왔다. 병원, 학교, 고아원 등이 수 세기 동안 그렇게 해왔다. 수도회와 음악원[12] 등의 창설자들은 카리스마를 발휘하여 인류의 인간성이 더욱더 인간다워지도록 만들었고, 수많은 불우한 사람들에게 이 지상에서의 삶이 잘 버틸 만한 것이 되도록 해주었다. 이후에는 다행히도 제도가 이를 모방했다.

위에서 설명한 바와 같이 현대에 상대방으로 인해 입는 상처는 무엇보다도 특히 상호성 안에서 서로 만나지 못하고 서로를 축복할 수 없을 때 받는 관계적 상처이다. 포스트모던 사회에서 이러한 정신적이고 관계적인 상처의 비극적 본성은 더욱 분명하게 드러난다. 우리는 새로운 카리스마를 기다리고 있다. 만일 그러한 카리스마가 이미 우리 주변에서 작용하고 있다면?[13] 다시 말해 이러한 상처에서 축복을 발견하게끔 도와줄 새로운 시선을 기다리고 있다.

---

12 도시의 가난한 어린이들이 음악을 접할 수 있게 만듦으로써 가난을 치유할 목적으로 음악원이 창설되었음을 알게 된 것은 흥미로운 일이다. 이를 알려준 키아라 그라나타 (Chiara Granata)에게 감사한다.

기쁨을 주는 것, 인간다움의 본질인 무상성

카리스마는 문자 그대로 '기쁨을 주는 것'을 의미하는 그리스어 카리스에서 유래한다. 그것은 '무상성'이라는 단어와 뿌리가 같다. 바로 이 점 때문에 이 책의 마지막 부분은 기쁨의 위대한 원천인 무상성에 초점을 맞추고자 한다.

여기서 말하는 '무상성'은 모든 사람, 모든 존재 그리고 나 자신을 대할 때 그 사람, 그 살아 있는 존재, 그 활동, 그리고 자기 자신이 어떤 대상으로 이용해야 할 '사물'이 아니라, 그 자체로 존중받고 사랑받아야 할 실재적實在的 존재임을 염두에 두면서 다가가는 내적인 태도를 의미한다. 그들이 어떤 바람직한 가치관을 좋은 것으로 인정하는 한, 그들은 우리가 환영하고 존중해야 할 가치관을 지니고 있는 셈이기 때문이다. 이것이 바로 '무상성'과 본질적이고 내적인 동기 부여로 인해 하게 되는 행동 사이에 매우 긴밀한 관계

---

13 개인적으로 나는 그러한 카리스마들을 기다리고 있다. (이미 존재하는데 내가 미처 발견하지 못했을 수도 있겠지만 말이다.) 이 카리스마들은 비참한 구금 시설에, 그리고 노인들에게 필요하다. (오늘날 서구에서 가정이 공간과 시간의 측면에서 점점 더 핵가족화되고, 신앙은 죽음의 의미에 대해 점점 더 답을 주지 못하게 됨에 따라, '노화'는 종종 매우 고통스러운 경험이 되곤 한다.) 그리고 고독하고 불행한 매니저나 기업가들 또한 이러한 카리스마가 필요하다. 앞에서 마지드 라네마가 언급한 바와 같이 또 다른 형태의 심각한 빈곤이 존재하며 이들은 그 희생자들이다. (이들은 그런 의미에서 너무나 빈곤하기에 스스로가 빈곤하다는 사실 자체를 종종 인지하지도 못한다.) 이 새로운 상처들을 치유할 수 있는 선물의 전달자인 사람들이 필요하다.

가 존재하는 이유이다. 그렇게 동기 부여가 된 행동에는 그 행동 자체에 보상이 내재되어 있다.

만일 내가 당신에게 다가갈 때, 우리가 함께 형성하고 있는 관계 자체에서 보상을 발견한다면, 나는 개인적 목적을 위해 당신과의 관계를 도구화하지 않을 수 있다. 만일 내가 스포츠 연습을 할 때 스포츠 그 자체로 만족을 얻는다면, 나는 성공과 소득을 위하여 내 몸을 도구화하는 것이 아니다. 바로 그 때문에 모든 스포츠에서 도핑doping과 심판의 부정不正은 '무상성의 위기'를 의미하므로 심각한 일이다. 무상성이 없다면 더 이상 경기로서의 스포츠는 존재하지 않고 흥행이나 사업만 남는다.

바로 이런 이유로 나는 무상성의 행동이 반드시 다른 사람을 향한 이타주의일 필요는 없다고 생각한다. 물론 일반적으로 카리스마들은 사회적 가치나 친사회적 행동과 관련이 있다 하더라도 말이다.

반면에 무상성과 카리스마, 그리고 소명 사이에는 강한 연결 고리가 있음이 분명하다.

선교사에서 예술가에 이르기까지 소명을 지닌 사람들은 상대를 도구화하지 않는 방식으로 활동할 수 있고, 가난한 이에게 다가가거나 그림을 그리는 행동 자체에서 보상을 발견할 수 있다. 무상성, 카리스마, 소명이 없다면 그러한 행동은 도구적일 수밖에 없다.

무상성을 이렇게 바라본다면, 그림을 그리거나 운동을 하거나 책을 읽을 때 그 동기가 본질적이고 내재적이라면 무상성을 경험할 수 있다. 이것이 바로 우리가, 예를 들어 시인이나 진정성 있는 운동선수에 대한 찬사 등 우리와 직접적으로 아무 관련이 없는데도 누군가 내적 동기에 의해 과업을 수행하는 것을 보면서 기쁨을 느끼는 이유이다. 반대로 진짜 동기인 줄 알았던 것이 순수하지 못하고 진정성이 없는 것임을 알게 되어 속았다는 사실이 드러나는 경우에는 크게 실망하거나 격분하게 된다.[14] 무상성은 심지어 의도하지 않았더라도 타인에게 긍정적인 '외부효과'를 만들어내는 일종의 '가치재'이다.

이쯤 되면 오늘날 시장과 그 논리는 도구적 계산에 기초를 두고 있기 때문에 무상성의 반대쪽 극단에 있다는 것에 놀랄 이유가 없다. 무상성이 시작되는 곳에서 경제학은 끝나며, 반대의 경우도 마찬가지이다. 지금까지 논의하기는 했지만 경제학과 무상성 사이의 관계를 이해하는 이러한 방식이 비록 사실이라 하더라도 역사적으로든, 방법론적으로든, 또는 이론적으로든 올바른 것이라고 생각하지 않는다. 왜냐하면 이러한 이해 방식은 시민적 차원을 냉소적이고 음산한 분위기에 젖어들게 하기 때문이다. 오히려 최근

14 　나는 어느 주요 사이클링 대회 우승자가 도핑 양성 반응이 나왔다는 뉴스를 접한 어느 스포츠 아나운서의 다음과 같은 말에 충격을 받았다. "이것은 언론인에게 최악의 경험입니다. 왜냐하면 수년간 거짓말을 했다는 느낌이 들기 때문이죠."

몇 년 동안 나의 연구에 영감을 주었던 방법론적 질문은 다른 것이었다. 시장 및 기업의 인센티브와 역동성과 무상성을 함께 배치하는 것이 가능한가? 어떻게? 언제? 그 효과는 어떠할까?

무상성은 인간다움의 본질적 차원이다. 나는 전근대적 향수나 포스트모던 공동체주의라는 함정에 빠지지 않으면서도 무상성의 영역을 떠나지 않고 이 차원을 놓지 않는 것이 인간의 모든 공동생활, 공동의 삶에서 위대한 도전이라고 믿는다.

결론

인간적 경제를 향하여

COMMUNITAS
ECONOMY

당신은 여전히 돌팔매를 들고 있는,

우리 시대의 사람이다. …

그리고 그 차갑고 끊이지 않는 투쟁의 메아리는

심지어 당신의 일상생활 속까지 닿아 있다.

– 살바토레 콰시모도 Salvatore Quasimodo

타인과 우리 모두의 축복과 상처, 그리고 경제학 사이의 관계에 대한 논의를 이제 마무리할 때가 되었다. 비록 잠정적일지라도 이제 몇 가지 결론을 내리고자 한다.

헤겔만 보더라도 알 수 있는 현대 철학의 전통은 물론이고, 막스 베버부터 페르디난트 퇴니에스와 게오르크 짐멜Georg Simmel에 이르는 사회학의 광범위한 전통은 함께 살아가는 삶의 이중성과 양면성, 그리고 칸트가 말한 인간의 '비사교적 사교성unsocial sociability'을 너무나 정확하게 파악했다. 사회학은 전통적으로 콤무니타스, 즉 함께 살아가는 삶의 중심에 깃들여 있는 부정적 속성, 곧 타인은 나와 비슷하지만 내가 '아니라는' 그 비극적 부정성을 발견해왔다. 그러나 사회학은 그러한 모호함과 부정의 길을 가로지르기보다는 그것들로부터 탈출하는 길을 찾았다. 주된 탈출의 길은 시장이라는 것을 고안해낸 것이다. 헤겔부터 니체까지의 수십 년 동안 현대 철학이 타인들의 '아님'이라는 부정으로부터 탈출하여 결국 이르는 곳은 공허함과 허무주의일 뿐임을 간파하는 동안, 현대 경제학은 250년 동안 유아기적 수준에 안주하고 있었다는 것이 놀라울 따름이다. 지금까지 어떤 시대도 세계화에 직면해 있는 현 시대만큼, 시장과 계약의 연금술을 믿으면 사교성의 모순을 해결할 수 있다고 확신한 적이 없었다.[1] 이 시대 경제학의 거대한 위기는 지나치게 긴 유아기 안에 숨겨져 있으며, 불행unhappiness의 역설은 이를 웅변적으로 상징화한다.

그러나 이 책은 사회가, 그리고 시장의 인본주의가 거대한 환상의 희생자였다는 점에서 이 거대한 환상을 고발하는 데 그치지 않는다. 더 나아가 앞에서 지적한 여러 가지 역설들로부터 탈출하는 길을 비록 멀리서나마 제시해보고자 하는 시도이다.

그 탈출로란 무상성에 활짝 열려 있는 여러 가지 경제적 경험을 말하며, 여기서 무상성은 타인들과의 고통스럽고 무서운 마주침으로부터 도망치지 않는 경제적 삶의 경험을 의미한다. 이러한 탈출로는 대신 경제적 차원을 전인격적 인간 영역으로 상상하며, 그리하여 경제/사회, 선물/계약, 에로스/아가페 등 현대 사회의 주요

---

1   내가 보기에 이 시대 경제학이 갖고 있는 허무주의의 징후는 역성장 이론(theory of degrowth)으로 설명된다. 성장과 발전의 신화를 둘러싸고 만들어진 서구 모델이 치명적 위기에 처했다는 선언이 이 이론의 핵심이다.

한 이분법들을 거부하는 것이다. 시민경제는 더 행복하고 인간적인 시민적 삶을 탐구하는 데 이러한 이분법적 긴장을 과감하게 뛰어넘고자 한다. 그렇다고 해서 그러한 여정이 갖고 있는 어려움과 치명적인 위험을 순진하게 부정하지도 않는다.

이것이 내가 사실에 기반하여 총체적이고 온전한 인간적 경제학이 어떠한 축소나 금기 없이도 전적으로 가능하다는 희망을 이 책의 여러 곳에서 제시하고자 했던 이유이다. 나는 이 책이 최소한 이러한 인간적 경제학을 시도라도 해보려는 열정을 끌어올렸다고 믿는다.

지금부터 마지막 고려 사항 두 가지를 제시하고자 한다.

경영, 정치, 지역 사회, 가족 등 모든 인간의 공동체는 삶과 죽음, 그리고 축복과 상처 사이의 공간에 존재한다. 함께 살아가는 선한 삶은 특히 국가와 시장에 의한 중재의 임계점을 식별하는 방법을 알아내는 데 달려 있다고 나는 확신한다. 어떠한 도시도 규칙과 계약, 정의 없이는 제 기능을 할 수 없는데, 이러한 것들은 모든 시민적이고 민주적인 공동의 삶이 절실히 필요로 하는 높은 수준의 중재와 필요불가결한 제3자성이기 때문이다.[2]

그러나 만약 계약의 확장과 개인적 마주침에 대한 제약이 임계점을 넘는다면 공동의 삶은 암울해진다. 갈등을 피하고 싶다고 해서 만약 우리가 이 책 맨 앞의 서론에서 가상의 예로 제시한 것처럼 현관과 계단, 공공장소, 도시의 광장에서 각자의 통행로가 서로 마주치지 않도록 공동주택 관련 규칙을 제정하고 작업장과 도시를 설계한다면 유감스럽게도 그것은 질병보다 치료제가 오히려 훨씬 더 나쁜 결과를 초래하는 셈이 될 것이다. 좋은 정책이란 사람들이 서로 기탄없이 만나는 것은 막지 않으면서도 상호성을 중재하는 것이다. 좋은 정책이 없으면 우리는 타인을 '포용embrace'하는 기회를 놓치게 된다. 포용이 없으면 우리는 죽는다! 우리는 상처가 두렵다는 이유로 이러한 포용을 회피해서는 안 된다. 비록 그 상처로 인해 치명적인 위험을 무릅쓰지 않을 수 없다 할지라도 말이다. 왜냐하면 인간의 삶을 살 만한 가치가 있는 것으로 만드는 유일한 축복은 타인들에 의해 생기는 상처, 그리고 우리도 타인에게 줄 수 있는 상처, 누구나 당하기 쉬운 그러한 열린 상처open wound로부터 흘러나오기 때문이다.

마지막으로, 우리는 또한 시장의 인본주의가 삶에 긍정적 혜택을 주었음을 인정해야 한다. 비록 이 책의 기조가 기본적으로 비판적이기는 하지만, 계약과 시장이 갖는 관계 지향성relationality은 의심할 여지 없이 문명의 결실이자 승리라고 할 수 있는 긍정적이고 교

---

2   비록 다른 성격의 중재이기는 하지만 여기서 분석한 텔레비전과 인터넷, 그리고 그것들이 만들어낸 효과가 진정한 관계재의 싸구려 대체품이자 기만이라고 할 수 있다는 점에서 각종 매체들, 즉 커뮤니케이션 수단인 각종 매체들로 대표되는 중재의 형태에 대해서는 구체적인 논의가 필요하다. 이러한 중재의 형태들은 몇 가지 치명적인 요소를 공통적으로 함유한다.

화적인 요소를 갖는다. 이러한 요소들에 대해서는 나의 다른 저술들을 참조하기 바란다. 시장의 관계 지향성이 생산해낸 주된 혜택은 근대성의 두 가지 가치, 즉 평등과 자유, 특히 개인의 자유로 상징된다.

그러나 근대성이 망각한 세 번째 원칙이 있다. 바로 형제애 fraternity이다. 근대 경제학이 상정하는 시장에 의해 약속된 자유와 평등은 형제애를 희생시켰다. 왜냐하면 자유와 평등의 성취는 공공 영역에서 형제적 관계를 얼마나 소거시켜냈는가에 영향을 받기 때문이다. 자유와 평등은 관계성이 소거된 사회, 즉 임무니타스의 경험에만 그칠 수 있고, 또 실제로 역사적으로도 자주 그래왔다. 그러나 그것은 진정한 형제애의 경험에는 이르지 못했다. 바로 형제애가 항상 기쁨과 슬픔, 그리고 삶과 죽음을 동시에 경험하는 장이기 때문이다.[3] 그러나 형제애가 없다면 삶은 풍요로워질 수 없고, 행복도, 완전한 사람됨full humanness도 존재할 수 없다. 나는 바로 여기에 영감을 받아 이 책을 집필하게 되었다.

자유와 평등이 없을 때 분명히 삶은 전혀 행복하지도, 온전히 인간적이지도 않다. 그러나 인간관계에서 형제애의 관계를 제거하면서도 진정으로 인간적인 무엇인가를 지킬 수 있을 것이라는 생

---

3   자주 하는 착각이지만, 형제애를 연대(solidarity)와 혼동해서는 안 된다. 연대는 관계성이 소거된 임무니타스의 경험 안에서도 잘 유지될 수 있다. 연대는 타인 때문에 생기는 상처를 항상 수반하지는 않기 때문이다. 그러나 형제애는 절대 그럴 수 없다!

각은 시장 인본주의market humanism가 만들어낸 거대한 환상이다. 비록 형제애가 슬픔과 고통이라는 비극적 부담을 배태하고 있다고 하더라도 말이다. 그래서 포스트모더니즘의 큰 숙제는 이러한 세 가지 가치를 함께 지키면서 3차원적인 인본주의를 고안하고 건설하는 것이다. '풍요 속의 불행affluent misery'이라는 역설과 그 외 우리가 이 책에서 다룬 역설들은 기본적으로 형제애라는 잊힌 근대성의 원칙을 희생함으로써 우리가 지불한 엄청난 대가를 이야기해 준다.(M. Baggio, 2007)

이제 우리는 이 논의의 출발점에서 언급했던 야곱과 천사의 씨름 장면으로 돌아가야 한다.

이 이야기는 야곱이 형 에사우를 속인 뒤 그를 피해 외삼촌인 라반에게 가서 생활하다 유배를 끝낸 후 아버지의 나라로 돌아가는 과정에 등장한다. 야곱에게 축복이 되는 천사 또는 신비로운 존재의 의미를 완전히 이해하기 위해, 우리는 야곱과 그의 쌍둥이 형 에사우 사이에서 일어난 상처 입은 형제애의 경험에서 탐구를 시작해야 한다. 〈창세기〉 27장은 야곱이 늙고 눈먼 아버지 이삭을 속여 형으로부터 부당하게 아버지의 축복을 강탈한 이야기를 들려준다. 야곱은 어머니 레베카와 공모한 후 자신이 형 에사우인 것처럼 위장하여 아버지의 축복을 얻어낸다.[4] 따라서 야곱이 씨름하는 과정에서 천사에게 입은 상처는 형제애의 손상과 연계하여 훨씬 깊이 있게 이해해야 한다.

현시대의 시장 중심 사회는 자유를 위해 형제애를 희생했다. 이 것은 우리에게 고통과 함께 무상성도 없는 공동의 삶을 주겠다고 기만하는 것과 같다. 그러나 그러한 기만은 우리의 공동의 삶에서 고통과 슬픔을 없애기는커녕 오히려 커지게 하는 결과를 초래했 다. 사실상 시장 중심 사회는 남자, 여자, 어린아이 할 것 없이 많 은 나라의 사람들을 시장과 정치, 중재로부터 배제하는 상처와 사 회 구조를 만들어냈다. 여기서 나는 아프리카를 생각하지 않을 수 없다. 그들 전통 사회의 고유문화와 사회 구조는 비인간적인 상처 를 만들어냈지만 강력한 정치 권력자들과 시장은 그보다 훨씬 더 치명적인 상처를 보태고 있다. 공동의 삶은 상처를 내포하기 마련 이다. 우리가 그 상처를 똑바로 바라보지 않는다면 세상 속에서 그 모든 상처를 껴안을 희생양들을 찾아야 한다. 그 희생양들은 마치 블랙홀처럼, 우리가 계속 생산해내면서도 보고 싶지 않아 눈을 돌 려버리는 모든 부정적인 측면들을 빨아들이는 역할을 하게 될 것 이다. 이와 같은 역사의 블랙홀 안에서는 타인과의 상처는 증폭되 고 전염될 뿐, 결코 축복이 될 수 없다.[5] '거대한 환상'에 속은 사람,

---

4　"나에게 사냥한 것을 가져와 맛있는 음식을 준비하여라. 그러면 내가 죽기 전에 주님 앞 에서 너를 축복하겠다."(《창세기》 27장 7절) 여기서 이 이야기가 적힌 히브리어에 숨겨진 메시지에 주목해보면 상당히 재미있는 사실을 발견하게 된다. 일부 번역가에 의하면, 영 어의 '축복'을 의미하는 'blessing'의 셈어 어간인 'barach'는 사실 야곱이 천사와의 씨름 에서 다친 바로 그 '사람의 넓적다리'를 의미한다.

공동체, 또는 국민들 가운데에는 자신이 강탈당한 축복을 돌려달라고 요구하는 새로운 '에사우'가 숨어 있다.

만약 인간다움의 의미를 되찾고 지속 가능한 미래를 상상하고 싶다면 이러한 '거대한 기만'을 속죄하고 보편적 형제애에 대한 상처를 치유하여야 한다. 세상의 블랙홀은 늦건 빠르건 폭발할 것이다! 오직 타인의 체온을 느낄 수 있는, '손에 손을 맞잡은' 관계에서만이, 그리고 이러한 씨름에서 받을 수도 있는 상처를 인정할 때만이, 우리는 비록 어떠하리라고 아직은 예견할 수 없지만 새로운 사회적 유대와 새로운 형제애를 다시 정립할 수 있을 것이다.

이 도전은 만만치 않겠지만 앞으로 다가올 새 시대에 인간의 삶의 질을 좌우하는 매우 중요한 일일 것이다. 우리가 그것을 해낼 수 있을까?

---

5   2001년 10월, 영국의 토니 블레어 총리는 다음과 같이 연설했다. "아프리카의 상태는 세계의 양심에 대한 깊은 상처라고 할 수 있다. 그러나 세계가 하나의 공동체로서 이 문제에 집중한다면 우리는 그 상처를 치유할 수 있다. 그러지 않는다면 그 상처는 더욱 깊어지고 곪아터질 것이다."

출간 10년,* 나의 발전에 분수령이 된 책

* 이 책은 2007년 이탈리아어로 처음 출간되었고, 이 글은 제8판이 발간된 2017년에 저자가
출간 10주년을 기념하여 썼다.

그날 새벽은 평소보다 짧았다. 태양은 본래의 일출 시각보다

두 시간 먼저 떠올랐다. … 그리고 때 이르게 등장한

그 태양은 탄복할 만한 힘을 갖추고 있었다.

즉, 6일간에 걸친 창조 사업의 기간 동안 지녔던,

바로 그 찬란했던 광채, 또 세상 종말에 다시 자랑스레 비추게 될,

그 광채로 태양은 찬연히 빛나고 있었던 것이다.

– 《창세기에 대한 주요 미드라시Midrash》, 68장

생명체로 태어나 성장하다

《La ferita dell'altro - Economia e telazioni umane(타인에 의한 상처-경제와 인간관계)》는 내가 특별히 애정을 가지는 책이다. 이 책은 나의 인간적, 영성적, 문화적 발전 과정에서 진정한 분수령 역할을 했다. 나는 처음에 경제사상사를 연구했고 다음으로는 행복에 대해 연구했다. 그 후 인류학, 시장경제의 기본 원칙들, 취약성에 대해 연구했고, 영성, 성서학, '경제와 신학,' 덕에 대해서도 연구했다. 그 과정에서 나는 몇 가지 질문을 하게 되었고, 시간이 흐르면서 그 질문들에 조금은 응답해보고자 했다. 그 질문들은 수년간 숙성 과정을 거치면서 보다 부요扶搖해졌다. 그중 많은 질문은 더욱 비극적이 되어버렸기에, 결국 외치듯 이 질문들을 던지지 않을 수 없게 되기도 했다. 이 질문들의 상당수는 아직 답을 찾지 못했는데, 바로 이 때문에 아직 현재적인 질문이자 비옥한 질문이라고 하겠다.

이 책은 상당히 드문 운명, 즉 생명체로 태어난 존재와도 같은 운명을 지니게 되었다. 따라서 나와 함께 성장하는 운명, 또 이 책을 읽게 된 여러 언어의 독자들과 함께 성장하는 운명을 지니게 된 것이다. 이 책은 지난 10년간 벌어진, 짙고도 짙은 농도의 역사와 더불어 성장했다. 내가 2007년 봄 이 책을 탈고했을 당시에는 아직 금융위기와 경제위기가 폭발하지 않았고, 소셜미디어도 스마트폰도 없었다. 시리아의 전쟁도, 이탈리아와 유럽에 대규모 이주민이 유입되는 현상도 없었다. 브렉시트Brexit도, 터키에서의 국민 투표도 없었고, '보다 세계화되고 보다 포용적인 세상'이라는 개념이 심각한 위기 상황을 맞고 있지도 않았다. 그러나 희미하게나마 이 같은 현상의 징후를 이미 어느 정도 감지할 수는 있었다. 이 책의 가치는, 이 책이 쓰인 이후 몇 년간에 걸쳐 폭발하게 되어 있었던 그 위기들에 한 가지 공통된 원인이 있다는 점을 예측했다는 데 있다고 하겠다. 그 공통된 원인이란 타인에 대한 두려움, 상대편이 지니고 있는 상처에 대한 두려움, 그리고 우리가 상대편을 진정으로 만나게 될 때 그가 우리에게 영향을 끼칠 수도 있는 것들에 대한 두려움이니, 바로 이것이 이 책의 제목이 지닌 모호하고도 행복한 의미이다. 따라서 그 공통된 원인은 타인의 상처와 우리의 상처 안에 감추어져 있는 **축복**을 더 이상 보지 못하는 무능력, 집단적인 것이 되어버린 그 무능력이라고 하겠다.

거기에 상징적으로 예시되어 있던 면역성의 문화는 최대의 힘과 속도로 모습을 드러냈다. 10년 전 이 책의 서론에서 그렸던 어떤 도시의 아파트는 과장된 상상이었지만 이제는 현재 건축 중인 신도시 단지들의 사진이 되어버렸다. 관계재를 의사관계재로 대체하는 현상을 이 책에서는 텔레비전에 의한 영향을 예로 들면서 설명한 바 있는데, 오늘날에는 이 같은 현상이 소셜미디어와 스마트폰의 등장으로 인해 더욱더 강력해졌다(그리고 더 복잡해지기도 했다). 공동체의 결여와 다른 사람들과의 깊은 만남 부족으로 인해 행복이 점점 더 사라지고 있고, 이와 함께 타인에 대한 우리의 그리움과 갈망은 점점 더 깊어지고 절실해지고 있다.

이미 분명한 점은, 자본주의적 시장에 대한 커다란 유토피아는 우리가 선택하지 않은 사람들과의 만남, 곧 우리가 선택하지 않은 모든 만남을 배제함으로써 우리 마음에 드는 타인들만을 만날 수 있게 될 경제와 세계를 구축하는 데에 이른다는 것이다.—아! '비선택성'이야말로 수 세기에 걸쳐 민주주의와 인권의 핵심이었는데도 말이다. 또한 자본주의와 기업, 그리고 기술, 이 셋 사이의 철석같은 서약은 이러한 유토피아가 머지않아 현실이 될 수 있게 하고 있다. 그리하여 우리는 근로자 없는 기업, 직원 없는 사무실, 의사도 간호사도 없는 병원, 교사도 학생도 없는 학교에 익숙해져야 하는 상황을 맞이할 것이다. 우리 모두는 대인 관계에서 오는 상처들을 주고받을 어떤 리스크도 없이, 집에서 모든 것을 받아볼 수 있게 될 것이다. 생생히 살아 있는 상태, 인간다운 상태로 남아 있을 그 어떤 리스크도 없이 말이다.

그럼에도 불구하고 우리는 계속 희망을 가져야 한다. 우리는 새로운 형태의 공동체, 다채로운 미디어의 세계, 공유경제sharing economy의 몇 가지 형태 등을 통해 새롭게 부각되고 있는 희망의 신호, 약하지만 새로운 이 신호들을 어렴풋하게나마 감지할 수 있어야 한다. 이 신호들은 아직 전파 방해를 받아 약하디약하다. 그런데 꼼짝 않고 그저 희망을 기다리기만 하는 것이 아니라 오히려 그 희망을 찾으러 가는 사람들이 있다. 마치 새벽 여명을 앞당기기 위해 동쪽으로 걸어가는 사람처럼 말이다. 우리는 이런 사람들에게서 이 희망의 신호를 이미 좀 더 제대로 볼 수 있다.

10년 전 이 책의 집필에 영감을 주었던 야곱과 천사의 이미지는 그동안 나와 함께 성장을 거듭해왔다. 이 이미지는 나의 또 다른 많은 작업과 삶에서 나와 함께했고 내게 양분을 주었으며 영감을 가져다주었다. 10년 전 야곱과 천사의 그 놀라운 '한밤의 씨름'을 발견한 것은 내가 성서 연구를 시작한 지 얼마 되지 않았던 때였고, 나는 이 부분에 감추어져 있는 의미를 모르고 있었다. 이 부분이야말로 영성 문학 전체에 걸쳐 가장 아름답고 가장 웅대한 부분들 중 하나이다. 만일 지금 다시 이에 대해 글을 쓴다면 훨씬 더 많은 내용을 담을 것이다. 즉 다른 의미를 추가하고 〈창세기〉의 이 대목에 나오는 다른 상징들도 설명하고 싶다. 그러나 그렇게 하지 않으려고 한다. 생명체와도 같은 책들은 고치지 않는 법이다. 그런 책들은 저자의 손이 다시 닿지 않아야 하고 존중받아야 한다. 바로 이러한 이유로 나는 이 책이 나온 후 한참 뒤에 쓴 나의 논평 하나를 인용하고자 한다. 이는 나의 책 《거룩한 조상의 사업(Le imprese del patriarca)》(2015)에 나오는 내용이기도 하다. 이 책이 없었다면, 또 야곱과 그의 씨름에 대한 발견이 없었다면, 나는 결코 이런 지면들을 쓰지 못했을 것이다. 여기에는 자녀가 부모에게 감사와 존경을 보내듯, 2007년에 쓴 책에 대한 감사와 존경의 마음이 담겨 있다.

형제애와 축복을 간구하는 사람들

우리의 소비문화에서 벌어지곤 하는 일들과는 달리, 성경에서 사람과 장소의 이름은 매우 중요하다. 이와 같은 이름은 항상 어떤 소명이나 운명을 상징적으로 가리키기 위해 선택된다. 그런데 첫 번째 이름이 어떤 사건이나 특별한 만남에 의해 바뀔 때, 그 이름은 특별하고도 보편적인 하나의 과제를 수행하도록 하는 부름, 소명이 되기도 한다. 예를 들어 하느님과의 계약 이후 '사라이'와 '아브람’의 이름은 ‘사라’와 ‘아브라함’으로 바뀌고, 야곱은 한밤의 씨름 이후 ‘이스라엘’이라는 이름으로 불리게 되었다.

야곱은 외삼촌 라반과 화해하고 나서 가장 어려운 만남, 곧 자신이 속였던 형 에사우와의 만남이 기다린다는 것을 알았다. 그러나 에사우와 재회하기 전에 또 다른 특별한 만남이 요르단강의 지류인 ‘야뽁’ 건널목에서 자신을 기다리고 있다는 것은 몰랐다. 야곱은 20년간의 망명 생활 후에 이제 형의 땅으로 돌아가는 것이 두려웠다. 그가 20년 전에 훔친 축복은 망명 기간 동안에 그와 함께해 주었는데, 에사우가 그때 속았던 일을 잊지 않고 있을까 봐 두려웠던 것이다.

야곱이 첫 번째로 한 일은 형 에사우에게 자신이 도착한다는 것을 알리는 것이었다.

“야곱은 에돔 지방 세이르 땅에 있는 형 에사우에게 자기보다 먼저 심부름꾼들을 보내면서”(〈창세기〉 32장 4절) 그들에게 지시했다. “너희는 나의 주인인 에사우에게 이렇게 말하여라. … ‘이제 저에게 호의를 베풀어 주십사고, 이렇게 사람들을 보내어 주인님께 소식을 전해 드립니다.’”(〈창세기〉 32장 5~6절 참조)

하지만 야곱은 형이 장정 400명을 거느리고 자신을 만나러 온다는 것을 알게 되었고, 이로 인해 “몹시 놀라고 걱정이 되었다.”(〈창세기〉 32장 8절)

야곱은 에사우를 두려워하면서 형과 화해하고자, 그 중요한 만남에 앞서 만남을 준비하는 의미에서 많고 많은 선물, "암염소 이백 마리와 숫염소 스무 마리, … 황소 열 마리, 암나귀 스무 마리"(〈창세기〉 32장 15~16절 참조) 등을 보낸다. 그리고 '선물을 먼저 보내어 형의 마음을 풀어야지'(〈창세기〉 32장 21절)라고 생각하며 희망을 가져본다.

이는 아주 오래전 고대부터의 관습이었다. 즉 서로 다른 공동체는 첫마디 말을 주고받듯이 서로 선물을 주고받으면서 만나거나 재회했던 것이다. 그러므로 야곱이 에사우와의 만남을 준비하는 이야기는 선물dono과 용서per-dono 사이의 깊은 연관성을 보여주는, 가장 오랜 역사를 지닌 이야기들 중 하나라고 하겠다. 야곱은 에사우에게 용서의 선물, 은사를 청하기 위해 선물을 보냈던 것이다. 모든 진정한 용서는 결코 일방적이 아니며 언제나 선물들의 만남이다.

이탈리아어로 '용서'를 뜻하는 단어 perdono가 전치사 per(-을 위해, -로서)와 명사 dono(선물, 은사)의 결합으로 '선물을 위해, 선물로서'라는 의미를 함축한다고 저자는 풀이한다.

그런데 에사우와의 만남을 준비하는 것과 만남 그 자체, 이 두 가지 단계 사이에 성경의 저자는 이야기 서술 방식의 측면에서 매우 두드러진 불연속성을 지닌 내용을 삽입해놓는다. 곧 우리를 어느 강 건널목으로 데려가서, 우리로 하여금 성경에서 가장 특별한 에피소드 중 하나를 살게 하는데, "속임수로 축복을 얻은 자"였던 야곱은 이 에피소드에서는 "씨름으로 축복을 얻은 자"가 된다. 야곱은 인간적인 면에서나 신적인 면에서나 크나큰 정신적 자산, 즉 복합적이면서도 고통스러운 정신적 자산을 지닌 채 이 한밤의 만남에 이르게 된다.

곧 야곱은 그 강 건널목에 가축 떼와 자신의 가족뿐만 아니라 다음과 같은 것들도 함께 데려왔다. 곧 장자권과 불콩죽, 축복을 가로챘던 일, 연로한 아버지 이삭에게 (그리고 YHWH께) 거짓말들을 했던 점, 라반에게 속아 넘어갔던 일들도 함께 데려왔던 것이다. 그리고 하늘에 닿아 있던 그 '층계'가 등장하는 꿈과 함께, 또 그 층계를 오르내리고 있던 천사들과 함께, 약속과 부르심, 새롭게 맺은 계약과 함께 야곱 자신 안에 더불어 살아가고 있던 고통들도 같이 데려왔던 것이다.

> 구약 시대에 이스라엘인들이 하느님을 부르던 고유 명사. "나는 있는 나다"라는 뜻. 그러나 사람들은 하느님의 이름을 함부로 부를 수 없어 '야훼' 대신 아도나이(Adonai, 주님) 또는 엘로힘(Elohim)이라는 호칭을 썼고, 이 때문에 '야훼'는 자음자 'YHWH'로 표기하게 되었다. 출처: 천주교 용어 자료집

이제 우리는 야뽁 건널목까지 야곱과 동반하자. 또한 그 밤을 맞게 될 그를 계속 지켜보자. 이 이야기를 처음 읽는 것처럼 말이다. (처음으로 읽는 성경 대목이야말로 유일하게 비옥한 일독(一讀)이라고 하겠다.) 그리고 우리도 그의 곁에서 씨름을 하자.

"바로 그 밤에 야곱은 일어나, 두 아내와 두 여종과 열한 아들을 데리고 야뽁 건널목을 건넜다. … 그러나 야곱은 혼자 남아 있었

다. 그런데 어떤 사람이 나타나 동이 틀 때까지 야곱과 씨름을 했다."(〈창세기〉 32장 23~25절)

강 건널목을 건너는 이 단계에서 어떤 사람(히브리어로는 'ish')이 야곱과 마주하게 된 것이다. 이 이야기가 그야말로 실제의 매복 및 기습 상황으로 소개되는 이유를 우리는 알지 못한다. 그 어떤 사람은 '동이 틀 때까지' 씨름을 끝내야 하는, '밤에 속한, 밤의 주민'인 것처럼 보인다. 씨름은 길게 이어졌고, 그 불가사의한 인물은 야곱을 이길 수 없었기에―〈창세기〉는 야곱이 특별한 힘을 타고난 사람이었다는 점을 우리에게 여러 차례 보여준다(〈창세기〉 29장 10절 참조)―야곱을 무력화하기 위해 야곱의 "허리띠 아래," 곧 "엉덩이뼈의 움푹 패인 곳"을 쳐서 탈골되게 하지만 야곱을 이기지는 못한다.(32장 26절) 씨름 상대는 야곱에게 이렇게 청한다. "동이 트려고 하니 나를 놓아 다오."(32장 27절)

씨름 중 대화의 바로 이 지점에서 야곱은 축복을 간구하는 사람의 위치로 돌아온다. 곧 야곱은 "저에게 축복해 주시지 않으면 놓아 드리지 않겠습니다."(32장 27절) 하고 대답하였던 것이다. 씨름 상대가 그에게 "네 이름이 무엇이냐?" 하고 묻자, 그는 "야곱입니다." 하고 대답했다(32장 28절 참조). 그러자 상대가 이렇게 말했다. "네가 하느님과 겨루고 사람들과 겨루어 이겼으니, 너의 이름은 이제 더 이상 야곱이 아니라 이스라엘이라 불릴 것이다."(32장 29절)

야곱 역시 씨름 상대의 이름을 묻는데, 대답을 듣는 대신 그 상대에게 청했던 축복을 얻어낸다. [야곱이 "당신의 이름을 알려 주십시오." 하고 여쭈었지만, 그는 "내 이름은 무엇 때문에 물어보느냐?" 하고는, 그곳에서 야곱에게 복을 내려 주었다.(32장 30절)]

사실 그 불가사의한 씨름 상대의 이름은 이미 야곱에게 밝혀진 셈이었다. "네가 하느님과 겨루고 사람들과 겨루어 이겼으니"라는 구절이 이를 말해준다. 야곱의 씨름 상대는 인간이면서도 엘로힘(Elohim, 하느님)이었다. 야곱은 그 동일한 사람persona으로부터, 혹은 그 동일한 하느님의 위격Persona으로부터 축복도 받았고 상처도 받았던 것이다.

이는 믿음의 크나큰 비유metafora로서—여기서 말하는 믿음은 감정적, 정신적 소모품을 판매하는 자들의 믿음이 아닌 성경적 믿음이다—이러한 믿음은 경험이며, 이 경험은 우리에게 상처를 입힐 때에만 비로소 우리를 축복하게 되는 경험이다.

이는 참된 인간관계의 위대한 아이콘이라고도 하겠는데—씨름 상대는 **인간이기도** 했기 때문이다—참된 인간관계에서 서로의 차이점이 지닌 축복이 우리에게 도달하는 때는, 우리가 상처를 입을지도 모르는 가능성에 자신을 노출할 용의가 있을 때이다. 그런데 이와 같은 씨름은 우리가 타인의 상처에 대해 두려워하므로 타인으로 인한 축복도 잃고 있는, 우리의 시장경제 사회와 기업, 조직 안에서의 인간관계를 표상하는 강력한 이미지이다. 이로써 우리는 축복의 기근, 행복의 기근 안에 들어서게 된 것이다.

"(아직 절뚝거리고 있던) 야곱이 눈을 들어 보니, 에사우가 … 오고 있었다. … 야곱 자신은 … 형에게 다가갈 때까지 일곱 번 땅에 엎드려 절했다. 그러자 에사우가 야곱에게 달려와서 그를 껴안았다. 에사우는 야곱의 목을 끌어안고 입 맞추었다. 그들은 함께 울었다."(〈창세기〉 33장 1~4절)

우리는 끝없이 소송을 걸고 재판에서 수천 번 이길 수도 있을 것이다. 하지만 진정한 화해는 우리가 '함께 울 수 있을 때'에야 비로소 이루어진다. 누구든지 심각한 피해를 입은 사람이라면, 특히 가족에게나 친지에게 그런 피해를 입은 경우라면, 다른 어떤 처벌이나 배상금보다도 고통이 훨씬 더 깊다는 것을 잘 알고 있다. 그런 상처를 치유할 수 있는 유일하고도 효과적인 방법은 화해뿐이다. 서로 얼싸안는 것뿐이다. '함께 우는 것'에 도달하지 못한다면 고통과 배상 사이의 간극이 너무 크기에 상처는 봉합되지 못한 채 남고 계속 피가 흘러나올 것이다.

우리가 사랑하는 사람이 죽임을 당했을 때, 심각한 불의를 겪었을 때, 혹은 터무니없는 중상과 모략을 당했을 때, 또는 우리 자신이 받을 축복을 누군가 훔쳐갔을 때 우리가 흘리는 많은 눈물은 우리가 눈물 흘리게 한 당사자를 끌어안으면서 그의 눈물과 우리의 눈물을 섞을 때에야 비로소 마를 수 있다. 우리는 그것을 알고 있다. 또한 그것이 온통 매우 어렵다는 것도 알고 있다. 그러나 이 모든 것 이상으로 우리가 더 잘 알고 있는 사실은, 우리 삶의 가장 기본적인 관계에서 입은 상처를 치유하고자 한다면 이것 외에 다른 진정한 길은 없다는 점이다. 형사소송 절차와 민사소송 절차는 이렇게 서로 끌어안는 것이 가능해지도록 여건을 조성하는 것을 돕는 역할을 해야 할 것이다.

수많은 질문 가운데 한 가지가 여전히 답을 찾지 못한 채 의문으로 남아 있다. "왜 하느님은 야곱이 형제애를 복원하기 위해 가는 과정에서 그와 맞서 씨름을 하셨을까? 왜 하느님은 야곱과 약속 사이에 끼어들어 개입하셨을까?" 하는 점이다.

이 씨름에서 우리는 인간성의 가장 심오한 법칙 중 하나이면서도 그동안 제대로 탐구되지 못했던 법칙을 발견할 수 있다. 삶의 결정적인 순간에 의로운 사람, 곧 의인이 씨름하는 대상은 바로 자신의 의로움이라는 것이다. 한 사업회의 창설자가 씨름하는 대상은 자신의 사업회이다. 카리스마를 받은 사람이 씨름하는 대상은 자신의 카리스마이다. 시인이 씨름하는 대상은 바로 자신의 시이다. 기업가가 씨름하는 대상은 자신의 사업이다. 이는 어떤 탈선이나 삶에 대한 내재적인 악의, 혹은 하느님에 대한 내재적인 악의 때문이 아니라, 하나의 소명을 받아 응답한 사람이 자신의 존재의 윤리적인 절정에 도달하게 되면 불가피하게도 '새로운 이름을 갖는 단계'에 이르기 때문이다.

그는 첫 소명이었던 예전의 소명, 첫 축복이었던 예전의 축복과 이제 씨름을 해야 한다. 씨름으로 인한 상처 이후에 보다 참된 다른 소명들, 보다 참된 다른 축복들을 받을 수 있기 위해서이다. 야뽁이라는 건널목과 야곱이라는 이름은 히브리어의 발음이 비슷해서, 거의 철자 순서를 바꾸어 만든 단어라고 할 수 있다. 이 씨름이 벌어지는 동안, 주된 씨름 상대는 자신의 내면에서 '죽는 것'을 원하지 않는 바로 그것, 자신의 삶에서 가장 아름답고 가장 위대한 그것으로서, 나와 함께 씨름을 하고 상처를 입하는 존재이다. 곧 **'신神이 신神을 거슬러 싸우는 것**deus contra deum'이다. 그런데 이 강물의 '건널목'을 건널 때에만 비로소 무한을 향해 날아오르는 비상이 참으로 시작되는 것이다. 어렸을 때 이름이 라이문트Rajmund였던 막시밀리안 콜베Maximilian Kolbe가 마침내 콜베 신부가 된 것처럼, 그것도 영원히 그렇게 된 것처럼 말이다.

씨름이 끝날 무렵, '이스라엘'은 '야곱'으로부터 축복을 받는다. 왜냐하면 어제의 삶-과제는 싸워야 할 적이 아니라 우리를 끌어안고 축복해주는 친구라는 점을 깨닫고 느끼게 되기 때문이다. 그리고 어제의 삶-과제는 그 상처로써 가장 심오한 부분, 우리보다 더 훌륭한 부분에 접근할 수 있도록 길을 열어주었다는 점을 깨닫고 느끼게 되기 때문이다. 그 밤의 강 건널목에 이르기까지 야곱이 지녔던 축복은 형제에게서 훔친 것이었다. 이제 야곱은 온전히 자신의 것인 새로운 축복, 영원히 자신의 살에 새겨진 채 남을 축복을 받았기에―랍비 전승에 따르면 야곱은 남은 생애 내내 절뚝거렸다―이제 그도 다음과 같이 말하며 에사우를 축복할 수 있게 된다.

"제발 주인께 드리는 이 선물을 받아 주십시오."(〈창세기〉 33장 11절)
그리하여 관계의 원圓이 완성되는 것이다.

우리 역시 야곱처럼 축복을 간절히 청하는 사람들이다. 그러나 오늘날 우리는 우리 관계의 '살'에 새겨진 상처 안에 크나큰 축복이 감추어져 있다는 사실을 깨달을 영성적인 능력을 상실할 위기에 처해 있다.

"(그리하여) 야곱은 … 가나안 땅에 있는 스켐 성읍에 무사히 이르렀다."(〈창세기〉 33장 18절 참조)

《La ferita dell'altro》 이후 발간된 루이지노 브루니의 책들과 관련 사이트

《Benedetta Economia(축복받은 경제)》, A. Smerilli 공저, Città Nuova, 2008.

《L'ethos del mercato(시장의 윤리)》, Bruno Mondadori, 2010.

《Le nuove virtù del mercato(시장의 새로운 덕)》, Città Nuova, 2012.

《Fondati sul lavoro(노동에 기초하여)》, Vita e Pensiero, 2014.

《Le imprese del patriarca − Economia e relazioni umane nel libro della Genesi(거룩한 조상의 사업 − 창세기의 경제와 인간관계)》, EDB, 2015.

《Le levatrici d'Egitto − Un economista legge il libro dell'Esodo(이집트의 산파들 − 한 경제학자가 출애굽기를 읽다)》, EDB, 2016.

《La sventura di un uomo giusto − Una rilettura del libro di Giobbe(어느 의인義人의 불운 − 욥기 다시 읽기)》, EDB, 2016.

《Elogio dell'auto-sovversione(자가自家 전복顚覆에 대한 찬사)》, Città Nuova, 2017.

http://www.luiginobruni.it/en/books.html

《La ferita dell'altro》의 번역본

스페인어판 − 《A Herida do altro》, Ciudad Nueva, Madrid, Buenos Aires, 2009.

포르투갈어판 − 《A ferida do otro》, Cidade Nova, Lisbona, 2010.

영어판 − 《The wound and the blessing》, Living City, New York, 2012.

프랑스어판 − 《La blessure de la rencontre》, Nouvelle Cité, Parigi, 2014.

슬로베니아어판 − 《Rana socloveka, Ekonomija in medsebojni odnosi》, Ljubljana, 2018.

세르비아어판 − 《Rana drugova, Ekonomija i ljudski odnosi》, Novi svet, Belgrado, 2018.

참고 문헌

Akerlof, George Arthur, "The Market for 'Lemons': Quality Uncertainty and the Market Mechanism," *The Quarterly Journal of Economics* 84, 3, pp. 488–500, 1970.

Alici, Luigi 편, "Forme della reciprocità," *Comunità, istituzioni, ethos*, 2004, Bologna, Il Mulino.

Arendt, Hannah, *Vita activa. La condizione umana*, [1958]1994, Milano, Bompiani.

Argyle, Michael, "Do Happy Workers Work Harder? The Effect of Job Satisfaction on Work Performance," *How Harmful is Happiness? Consequences of Enjoying Life or Not*, 1989, Rotterdam, Universitaire Pers.

———, *The Psychology of Happiness*, 2001, New York, Taylor & Francis.

Aristotele, *Etica Nicomachea*, 1979, Milano, Rusconi.

———, *Politica*, 1983, Bari, Laterza.

Baggio, Antonio M. 편, *Il principio dimenticato*, 2007, Rome, Città Nuova.

Battigalli, Pierpaolo and Martin Dufwenberg, "Dynamic Psychological Games", *Journal of Economic Theory*, 144, pp. 1–35, 2009.

Becattini, Giacomo, "Introduzione," Luigino Bruni – Pier Luigi Porta 편, *Felicità ed economia*, 2004, Milano, uerini & Associati.

Biavati, Michele 외, "Preferenze endogene e dinamiche relazionali: un modello coevolutivo," *Complessità relazionale e comportamento economico. Materiali per un nuovo paradigma di razionalità*, Pierluigi Sacco and Stefano Zamagni 편, pp. 431–85, 2002, Bologna, Il Mulino.

Binmore, Ken, *Natural Justice*, 2005, Oxford, Oxford University Press.

Bobbio, Norberto, *Thomas Hobbes and the Natural Law Tradition*, 1993, Chicago, University of Chicago Press.

Brickman, Philip and Donald T. Campbell, "Hedonic Relativism and Planning the Good Society," *Adaptation-Level Theory: A Symposium*, Mortimer H. Apley 편, pp. 287–302, 1971, New York, Academic Press.

Bruni, Luigino, *L'economia, la felicità e gli altri. Un'indagine su beni e benessere*, 2004, Roma, Città Nuova.

————, "Hic sunt leones: Social Relations as Unexplored Territory in the Economic Tradition," Benedetto Gui and Robert Sugden 편, *Economics and Social Interaction*, 2005, Cambridge, Cambridge University Press.

————, *Reciprocità. Dinamiche di cooperazione, economia e società civile*, 2006, Milano, Bruno Mondadori.

Bruni, Luigino and Pier Luigi Porta, "'Pubblica felicità' and 'Economia Civile' in the Italian Enlightenment," *History of Political Economy* 35, pp. 361–85, 2003.

———— 편, *Felicità ed economia*, 2004, Milano, Guerini & Associati.

Bruni, Luigino and Luca Stanca, "Watching Alone: Relational Goods, Television and Happiness," *Journal of Economic Behavior and Organization* 65, pp. 506–28, 2008.

Bruni, Luigino and Robert Sugden, "Trust and Social Capital in the Work of Hume, Smith and Genovesi," *Economics and Philosophy* 16, pp. 21–45, 2000.

———— "Fraternity: Why the Market Need not to be a Morally Free Zone," *Economics and Philosophy* 24, pp. 35–64, 2008.

Bruni, Luigino and Stefano Zamagni, *Economia civile. Efficienza, equita e pubblica felicità*, 2004, Bologna, Il Mulino.

Bruni, Luigino and Luca Zarri, "La grande illusione: False relazioni e felicità nelle economie di mercato contemporanee," *Aiccon Working Papers* 39, 2007.

Buchanan, James, "The Samaritan's Dilemma," *Altruism, Morality and Economic Theory*, Edmund S. Phelps 편, pp. 71–85, 1975, New York, Russell Sage Foundation.

Cantril, Hadley, *The Pattern of Human Concerns*, 1965, New Brunswick, Rutgers University Press.

Coase, Ronald H., "The Nature of the Firm," *Economica* 4, pp. 386–405, 1937.

Coda, Pietro, "Il logos e il nulla," *Trinità religioni mistica*, 2003, Roma, Città Nuova.

Cognetti de Martiis, Salvatore, *Economisti contemporanei italiani, Enrico Cernuschi*, 1876, Padova, Cedam.

Colozzi, Ivo, *I diversi usi dell'espressione 'beni relazionali' nelle scienze sociali*, 2005, Bologna.

Deci, Edward L. and Richard M. Ryan, "A Motivational Approach to Self: Integration in Personlity," *Perspectives on Motivation*, Richard A. Dienstbier 편, pp. 237–88, 1991, Lincoln, University of Nebraska Press.

———, "On Happiness and Human Potentials: A Review of Research on Hedonic and Eudaimonic Well-Being," *Annual Review of Psychology* 52, pp. 141–66, 2001.

Diener, Edward and Martin E .P. Seligman, "Very Happy People," *Psychological Science* 13, pp. 81–84, 2002.

Donati, Pierpaolo, *Introduzione alla sociologia relazionale*, 1986, Milano, Franco Angeli.

———, "La sociologia relazionale: una pro pettiva sulla distinzione umano/non umano nelle scienze sociali," *Nuova umanità* 15, pp. 97–122, 2005.

Dragonetti, Giacinto, *Delle virtù e dei prem ii*, 2nd ed, 1767, Modena, Stamperia Reale.

Duesenberry, James, *Income, Saving and the Theory of Consumer Behavior*, 1949, Cambridge, Harvard University Press.

Dumont, Luis, *Homo aequalis*, 1984, Milano, Adelphi.

———, *Homo hierarchicus, Il sistema delle caste e le sue implicazioni*, 1991, Milano, Adelphi.

Easterlin, Richard, "Does Economic Growth Improve Human Lot? Some Empirical Evidence," *Nation and Households in Economic Growth: Essays in Honor of Moses Abromowitz*, Paul A Davis and Melvin W. Reder 편, pp. 89–125, 1974, New York, Academic Press.

———, "Per una migliore teoria del benessere soggettivo," Luigino Bruni and Pier Luigi

Porta, *Felicità ed economia*, 2004, Milano, Guerini & Associati.

Esposito, Roberto, *Communitas*, 1998, Torino, Einaudi.

——, *Terza persona*, 2007, Torino, Einaudi.

Ferguson, Adam, *Principles of Moral and Political Science: Being Chiefly a Retrospect of Lectures Delivered in the College of Edinburgh*, 1792, London, Strahan and Cadell.

Filangieri, Gaetano, *La scienza della legislazione*, [1780]2003, Napoli, Grimaldi & C. Editori.

Frey, Bruno S. *Non solo per denaro*, 2005, Milano, Bruno Mondadori.

Frey, Bruno S. and Alois Stutzer, *Happiness in Economics*, 2002, Princeton, Princeton University Press.

Friedman, Milton, *Capitalism and Freedom*, 1962, Chicago, University of Chicago Press.

Galiani, Ferdinando, *Della moneta*, 1751, Napoli, Stamperia Reale.

Gallino, Luciano, *L'impresa irresponsabile*, 2005, Torino, Einaudi.

Garin, Eugenio, *La cultura del Rinascimento*, 1988, Milano, Il Saggiatore.

Genovesi, Antonio, *Lezioni di commercio o sia di economia civile*, Maria Luisa Perna, [1765–67]2005, Napoli, Istituto italiano per gli studi filosofici.

——, *Della diceosina o sia della filosofia del giusto e dell'onesto*, [1766]1973, Milano, Marzorati.

——, *Autobiografia e lettere*, 1962, Milano, Feltrinelli.

Gide, Charles, *Principi di economia politica*, 1915, Milano, Vallardi.

Gioja, Melchiorre, *Del merito e delle ricompense* Vol. 1. 1818, Milano, Giovanni Pirotta in Santa adegonda. Volume II. 1819, Philadelphia.

Girard, René, *Le bouc émissaire*, 1982, Paris, Editions Grasset & Fasquelle.

Gui, Benedetto, "Eléments pour une définition d'économie Communautaire," *Notes et documents de l'Institut International Jacques Maritain* 19–20, pp. 32–42, 1987.

——, "Più che scambi incontri. La teoria economica alle prese con i fenomeni relazionali," Pier Luigi Sacco and Stefano Zamagni, *Complessità relazionale e* comportamento economico:Materiali per un nuovo paradigma di razionalità, pp. 15–66, 2002, Bologna, Il Mulino.

————, "From Transactions to Encounters: The Joint Generation of Relational Goods and Conventional Values," Economics and Social Interaction, Benedetto Gui and Robert Sugden 편, 2005, Cambridge, Cambridge University Press.

Gui, Benedetto and Robert Sugden 편, Economics and Social Interaction, 2005, Cambridge, Cambridge University Press.

Hegel, G.W. Friedrich, Lineamenti di filosofia del diritto, [1821]1979, Bari, Laterza.

Hirsch, Fred, Social Limits to Growth, 1976, London, Routledge.

Hirschman, Albert O., Exit Voice and Loyalty, 1970, Cambridge, Harvard University Press.

Jankélévitch, Vladimir, Traité des vertus, 3 Vols, Vol. II, "Les vertus et l'amour," 1970, Paris, Bordas.

Kahneman, Daniel, "Felicità oggettiva," Luigino Bruni and Pier Luigi Porta, Felicità ed economia, 2004, Milano, Guerini & Associati.

Kahneman, Daniel 외 편, Well-Being. Foundations of Hedonic Psychology, 1999, New York, Russell Sage Foundation.

Kahneman, Daniel, "A Survey Method for Characterizing Daily Life Experience: The Day Reconstruction Method (DRM)," Science 306, 3, pp. 1776–80, 2004.

Kant, Immanuel, Idea di una storia universale dal punto di vista cosmopolitico, [1784]1965, Torino, Utet.

La Rochefoucauld, Francais de, Massime, [1665]1963, Torino, Utet.

Latouche, Sérge, L'invention de l'économie, 2005, Paris, Albin Michel.

Layard, Richard. "Rethinking Public Economics: the Implications of Rivalry and Habit," In Luigino Bruni and Pier Luigi Porta, Happiness and Economics, pp. 147–69, 2005a, Oxford, Oxford University Press.

————, Felicità. La nuova scienza del benessere, 2005, Milano, Rizzoli.

Lubac, Henri de, *L'alba incompiuta del Rinascimento*, 1994, Milano, Jaca Book.

Machiavelli, Nicolò, *Tutte le opere*, [1714]1992, Firenze, Sansoni.

―――, *Discourses on the First Decade of Titus Livius*, [1519]1883, London, Kegan Paul, Trench & Co.

Mandeville, Bernard, *La favola delle api*, [1714]1987, Bari, Laterza.

Marx, Karl, *Il Capitale*, [1867]1975, Torino, Einaudi.

McCabe, Kevin A. 외, "Positive Reciprocity and Intentions in Trust Games," *Journal of Economic Behavior and Organization* 52, 2, pp. 267–275, 2003.

McIntyre, Alasdair, *After Virtue*, 1981, Notre Dame, University of Notre Dame Press.

Meier, Stephan and Alois Stutzer, "Is Volunteering Rewarding in Itself?" *IZA (Institute for the Study of Labor) Discussion Papers*, p. 1045, 2004.

Mill, John Stuart, *Principles of Political Economy*, [1848]1920, London, Macmillan.

―――, *The Subjection of Women*, [1869]1975, Oxford, Oxford University Press.

―――, *Autobiografia*, [1874]1919, Lanciano, Carabba.

Myers, David G., "Close Relationship and Quality of Life," Kahneman 외, *Well-Being. Foundations of Hedonic Psychology*, pp. 374–91, 1999, New York, Russell Sage Foundation.

Nussbaum, Martha C., *La fragilità del bene: fortuna ed etica nella tragedia e nella filosofia greca*, [1986]1996, Bologna, Il Mulino.

Palmieri, Giuseppe, *Riflessioni sulla pubblica felicità relativamente al Regno di Napoli*, 1788, Milano, Pirotta and Maspero.

―――, *Della ricchezza nazionale*, [1792]1853, Livorno.

Pantaleoni, Maffeo, *Erotemi di economia*, 2 vols. 1925, Bari, Laterza.

Pascal, Blaise, *Pensieri*, [1670]1970, Torino, Einaudi.

Pelligra, Vittorio, *Fiducia r(el)azionale*, Pier Luigi Sacco and Stefano Zamagni, *Complessità relazionale e comportamento economico*, pp. 291–336, 2002, Bologna, Il Mulino.

————, *Sex, Justice and Other Encounters: Remarks on the Evolutionary Explanation of the Concept of Fairness*, 2005, Universita di Cagliari, Unpublished document.

————, *Il paradosso della fiducia*, 2007, Bologna, Il Mulino.

Domenico Pezzini, *Giacobbe e l'angelo. Il mistero della relazione*, 2001, Milano, Ancora.

Rabbeno, Ugo, *Le società cooperative di produzione*, F.lli Dumolard, Reprinted in *Rivista della cooperazione*, [1889]1953.

Rabin, Matthew. "Incorporating Fairness into Game Theory and Economics," *The American Economic Review* 83, 5, pp. 1281–1302, 1993.

Ranhema, Majid, *Quando la povertà diventa miseria*, 2005, Torino, Einaudi.

Rawls, John, *A Theory of Justice*, 1971, Cambridge, Harvard University Press.

Robertson, Dennis H., *Lectures on Economic Principles*, vol. 1, 1957, Staples Press Ltd, Londra.

Robertson, John, *The Case for the Enlightenment: Scotland and Naples, 1680-1760*, 2005, Cambridge, Cambridge University Press.

Rumi, Jalal al Din, *Il libro delle profondita interiori*, 2006, Firenze, Luni.

Ryff, Carol D. and Burt Singer, "Interpersonal Flourishing: A Positive Health Agenda for the New Millennium," *Personality and Social Psychology Review* 4, pp. 30–44, 2000.

Sacco, Pier Luigi and Stefano Zamagni, *Complessità relazionale e comportamento economico:Materiali per un nuovo paradigma di razionalita*, 2002, Bologna, Il Mulino.

———— 편, *Teoria economica e relazioni interpersonali*, 2006, Bologna, Il Mulino.

Sacconi, Lorenzo 편, *Guida critica alla Responsabilità sociale e al governo d'impresa*, 2005, Milano, Bancaria Editrice.

Schumpeter, Joseph A., *Teoria dello sviluppo economico*, [1911]1971, Torino, Utet.

Scitovsky, Tibor, *The Joyless Economy: An Inquiry into Human Satisfaction and Consumer Dissatisfaction*, 1976, Oxford, Oxford University Press.

Sen, Amartya K., "Rational Fools. A Critique of the Behavioral Foundations of Economic Theory," *Philosophy & Public Affairs* 6, 4, pp. 317–44, 1977.

————, *Commodities and Capabilities*, 1985, Amsterdam, North Holland.

————, "Capability and Well-Being," *The Quality of Life*, Martha Nussbaum and Amartya K Sen 편, 1993, Oxford, Clarendon Press.

Silver, Allan, "Friendship in Commercial Society. Eighteenth Century Social Theory and Modern Sociology," *American Journal of Sociology* 95, pp. 1474–1504, 1990.

Smith, Adam, *The Theory of Moral Sentiments*, [1759]1984, Indianapolis, Liberty Fund.

————, *Lectures on Jurisprudence*, [1763]1978, Indianapolis, Liberty Found.

————, *The wealth of nations*, [1776]1976, Oxford, Oxford University Press.

Stanca, Luca, Luigino Bruni, and Luca Corazzini, "Testing Theory of Reciprocity," *Working Papers Series*, Dipartimento di Economia Politica Milano–Bicocca, p. 109, 2007.

Sugden, Robert, "The Correspondence of Sentiments: An Explanation of the Pleasure of Social Interaction," In Luigino Bruni and Pier Luigi Porta, *Happiness and Economics*, pp. 91–115, 2005, Oxford, Oxford University Press.

Taylor, Charles, *Sources of the Self*, 1989, Cambridge, Harvard University Press.

Todeschini, Giacomo, *Il mercante e il tempio*, 2002, Bologna, Il Mulino.

Todorov, Tzvetan, *La vita in comune*, 1998, Milano, Pratiche.

Tondini, Giovanni and Luca Zarri, "La teoria dei giochi e il vaso di Pandora della complessità morale," *Etica ed economia* 6, 2, pp. 173–94, 2004.

Uhlaner, Carole J., "Relational Goods and Participation: Incorporating Sociality into a Theory of Rational Action," *Public Choice* 62, pp. 253–85, 1989.

Valenti, Ghino, *Cooperazione rurale*, 1902, Firenze, Barbera.

Veblen, Thorstein, *The Theory of the Leisure Class*, [1899]1998, New York, Prometheus Books.

Virgili, Filippo, *Cooperazione, nella dottrina e nella legislazione*, 1924, Milano, Hoepli.

Zamagni, Stefano, "Responsabilità sociale delle imprese e democratic stakeholding," *Aiccon Working Papers* 28, 2006.

Zanghì, Giuseppe Maria, *La notte della cultura europea*, 2007, Roma, Città Nuova.

Zingales, Luigi, "Corporate Governance," *The New Palgrave Dictionary of Economics and Law*, pp. 497–503, 1998, London, Macmillan.

찾아보기

역자 후기   우리가 보고 겪은 상처 너머의 축복

루이지노 브루니 교수가 한국 독자들에게 가장 소개하고 싶어
했던 책을 드디어 내놓게 되어 더없이 기쁘다. 이 책에는 지나친
개인주의와 계층 간 대립으로 고통받는 현대 사회에서 형제애와
일치의 영성을 추구하는 포콜라레focolare 운동과, 그 정신을 경제 분
야에서 실현하고자 하는 모두를 위한 경제Economy of Communion, EoC의
이론화에 노력해온 브루니 교수의 학문적 여정이 집약되어 있다.

가톨릭 평신도 운동 가운데 하나인 포콜라레 운동은 제2차 세계
대전 중 이탈리아 북부 트렌토에서 당시 20대 초반의 끼아라 루빅
Chiara Lubich에 의해 시작되었다. 이 운동은 점차 오대륙으로 전파되
어 현재까지 180여 개국에 전해졌고, 한국에도 1969년 첫 포콜라
레가 문을 열었다. 나는 20대 초반이던 1980년 포콜라레 운동을
알게 되었고, 1991년 브라질에서 EoC가 시작되는 장면을 영상으

로 볼 기회가 있었다. 포콜라레 운동의 경제적 실천 부문인 EoC는 우리가 여분의 돈을 기부하는 것만으로는 심각한 궁핍에 처한 이웃의 절박한 필요를 채울 수 없다는 현실 인식에서 출발한다. 기업 경영의 목적을 가난한 이들에게 맞추자는 끼아라 루빅Chiara Lubich의 호소는 EoC라는 새로운 경제 패러다임 운동이 출범하는 동력이 되었다. 대학원에서 경영학을 공부하면서 나는 EoC에 더욱 깊은 관심을 갖게 되어 이탈리아어 공부를 시작했다. 그리고 2008년 이탈리아 소피아대학원대학교에 입학하여 브루니 교수의 강의를 접했다. 경제를 효율과 합리성을 추구하는 과학으로만 이해하던 나는 브루니 교수의 강의를 통해 경제학에서 인문학적 풍요로움을 맛보는 지적 즐거움과 함께, 현실에서의 실현 가능성을 함께 꿈꾸는 가슴 뛰는 경험을 했다.

2016년 5월, 브루니 교수가 국회의원 연구단체인 '일치를 위한 정치 포럼'과 EoC 한국 본부의 초청으로 방한하게 되었다.《21세기 시민경제학의 탄생-'관계 속 행복'의 관점으로 경제학을 재구성하다》와《행복의 역설: 행복의 정치경제학》등을 통해 한국에 이름이 알려져 있었지만 그의 방한은 처음이었다. 당시 '일치를 위한 정치 운동'의 일부 멤버는 브루니 교수의 방한 강연이 관련 학계에 새로운 지평을 여는 계기가 되기를 바랐다. 우리는 인터넷을 검색하여《21세기 시민경제학의 탄생》과《행복의 역설》에 관한 서평이나 기사를 쓴 교수, 언론인, 출판사 대표, 번역자 등의 목록을 만들어 한 분 한 분 직접 찾아다니며 서울과 대전에서 열릴 강연회에 오시도록 초청했다. 이 강연회가 계기가 되어 브루니 교수는 같은 해 11월, 한겨레신문사에서 주최하는 아시아미래포럼에 기조연사로 초청되어 한 해 두 번이나 방한하게 되었고 전주에서도 강연회를 열었다.

제7회 아시아미래포럼이 열리던 2016년 11월 23일은 로마의 알티에리궁에서 권위 있는 문학상 레스 마그나에Res Magnae의 '실천의 문화' 부문 시상식이 있는 날이기도 했다. 브루니 교수는 로마와 원격으로 연결된 영상으로 수상 소감을 전하면서 만일 자신의 책이 한국에 소개된다면 그날 상을 받은 《La foresta e l'albero(숲과 나무)》(2020년 한국어판 출간 예정)와 바로 이 책 《La ferita dell'altro- Economia e relazioni umane(타인에 의한 상처-경제와 인간관계)》가 먼저 출간되기를 바란다고 했다. 그는 집필하면서 가장 큰 학문적 영감을 받았고 이후 연구의 방향을 정하는 데도 빛이 되었다는 말로 이 책을 소개했다.

이 책의 번역은 예상을 넘어선 기나긴 여정을 거치면서 무상성의 관계가 맺어지고 확장되어온 과정의 결실이라고 말할 수 있다. 2007년 이탈리아에서 출간된 《La ferita dell'altro》는 2012년 'The Wound and the Blessing - Economics, Relationships and Happiness(상처와 축복-경제학, 관계, 그리고 행복)'라는 제목으로 영역되어 있었지만 철학, 신학, 경제사상사 그리고 게임 이론까지 다양한 영역을 넘나드는 이 책을 번역하겠다는 분은 좀처럼 나타나지 않았다.

그러던 중 2017년 2월, EoC 선포 25주년을 기념하여 교종 프란치스코께서 EoC 관련 기업가, 연구자, 활동가들을 바티칸으로 초청하였고, 이 자리에 유철규 교수, 허문경 교수, 천세학 교수, 북돋움출판사의 김기호 대표, 최석균 선생과 내가 참석하여 브루니 교수를 직접 만나 생각을 나누게 되었다. 로마 방문을 계기로 2017년 9월 한국에서 EoC 연구 모임이 시작되었고, 이 책의 번역을 구체적으로 기획하게 되었다.

그사이 생각을 모을 사람도 늘어 이전에 브루니 교수를 만나기도 했고 학술지에 EoC 관련 논문들을 게재해온 문병기 교수, 책을 통해 EoC를 접한 서보광 교수와 손현주 박사, 이가람 박사까지 합류하여 팀이 꾸려졌다. 이 책을 장별로 나누어 번역을 시작한 것이 2018년 5월이었다. 당시에는 각자 번역할 부분을 나누고 8월쯤 원고를 취합하여 함께 교정을 보면 연내에 출간할 수 있으리라 예상했다. 그런데 원고를 취합한 후 영역본과 이탈리아어 원본을 대조하면서 시작된 교정 작업이 2년에 걸친 대장정이 되었다. 우리는 함께 모여서 각자 완성해온 초벌 번역 원고를 읽고 또 읽으며 단어 하나 문단 하나까지 의미를 이해했다고 확신할 때까지 열띤 토론을 벌이곤 했다. 개인적인 일정만으로도 매우 바쁜 사람들이 매달 한 번씩 만났고 책 내용에 몰입하여 5시간이 넘도록 아무도 쉬자는 말을 꺼내지 않았다. 2020년 8월, 이 책은 이탈리아에서 약간의 수정을 거쳐 개정판이 나왔고, 우리 번역본에 개정판의 수정 내용도 포함시킬 수 있었다. 한없이 늘어지던 이 비효율적인 연구 모임의 진행 방식을 끝까지 바꾸지 않을 수 있었던 힘은 무엇이었을까? 아마도 각자 품고 있던 지향과 갈망이 발산되어 서로 부딪치고 어우러지는 화학 작용 같은 것이 있었고 우리는 이 작업을 통해 어떤 빛을 보았던 것 같다.

자본주의 시장경제의 폐해를 극복하기 위해 다양한 대안의 모색이 이뤄지는 시대에 이 책의 저자는 시장에 대한 반대를 부추기거나 시장 없는 사회 건설을 꿈꾸지 않는다. 오히려 시장을 상호 유익한 방식으로 사람들이 만날 수 있는 문명화된 장치로 본다. 또한 관계와 무상성, 에로스·필리아·아가페, 콤무니타스와 임무니타스 같은 개념을 경제적 관점으로 풀어냄으로써 우리의 시야를 넓혀 준다. 시장을 이익을 추구하는 개인들의 경쟁이 아니라 형제적 우애와 인간 공존, 그리고 무상성을 실현할 수 있는 장으로 보는 관점은 얼핏 비현실적인 유토피아처럼 느껴지기도 한다. 하지만 책을 읽어갈수록 우리 내면 깊은 곳에는 이미 참된 가치에 대한 목마름이 잠재되어 있었음을 깨닫게 되고, 그 실현 가능성 또한 우리에게 달려 있음을 자각하게 되는 것이다. 이 책을 번역하기 시작했을 때 우리는 서로 잘 아는 사이가 아니었고 전공과 나이, 사는 도시도 달랐다. 하지만 열띤 토론 끝에 적절한 표현을 찾아내고 문득

행간의 깊은 의미를 감지하며 환호하는 순간을 함께하면서 서로를 소중하게 생각하는 마음이 점점 커졌다.

누구나 관계를 통해 상처를 받기도 하지만, 상처 안에 머물지 않고 함께 치유와 화해를 향해 나아갈 때, 그 상처는 우리가 함께 성장하는 축복으로 변화될 수 있다. 이러한 지향과 시도는 연약해 보이지만 강고한 현실에 흠집을 내고 그 틈으로 새로운 생명이 솟아나리라는 것을 우리는 차츰 더 확신하게 되었다. 우리는 이 책이 이야기하는 '상처를 넘어서는 축복'과, 대가를 기대하지 않으며 '주는 행위'가 지닌 풍요로움을 누렸다고 감히 말할 수 있다. 그 소중한 시간의 작은 결실이라고도 할 수 있는 이 책이 독자들에게 우리와 같은 행복을 맛볼 수 있는 계기가 되기를 진심으로 바란다.

한국에 처음으로 브루니 교수의 책을 소개했던 북돋움출판사 김기호 대표의 혜안과, 이 원고의 편집을 기꺼이 맡아주고 우리들의 작업 방식을 존중해준 북돋움출판협동조합 상현숙 이사장의 정성에 깊은 감사를 드린다.

2020년 10월

역자를 대표하여, 강영선

콤무니타스 이코노미
모두를 위한 경제는 어떻게 가능한가

초판 1쇄 2020년 11월 20일

지은이 | 루이지노 브루니
옮긴이 | 강영선, 문병기, 서보광, 손현주, 유철규, 이가람, 천세학, 최석균, 허문경

펴낸곳 | 북돋움coop(북돋움출판협동조합)
펴낸이 | 상현숙
디자인 | 채홍디자인

신고 | 2020년 7월 30일 제25100-2020-000056호
주소 | 서울시 마포구 잔다리로7안길 41, 101호
전화 | 02-6369-0715
팩스 | 0303-3447-0715
블로그 | http://blog.naver.com/bookddcoop
이메일 | bookddcoop@naver.com

ISBN | 979-11-971422-0-8 03320

이 도서의 국립중앙도서관 출판예정도서목록(CIP)은
서지정보유통지원시스템 홈페이지(http://seoji.nl.go.kr)와
국가자료공동목록시스템(http://www.nl.go.kr/kolisnet)에서 이용하실 수 있습니다.
(CIP제어번호: CIP2020043489)

* 책값은 뒤표지에 있습니다.
* 파본이나 잘못된 책은 구입한 서점에서 바꿔드립니다.